EUROPA LEHRMITTEL

EUROPA-FACHBUCHREIHE
für Metallberufe

Formeln Metallbau Konstruktionsmechanik *PLUS*+

Bearbeitet von Lehrern an beruflichen Schulen

1. Auflage

VERLAG EUROPA-LEHRMITTEL · Nourney, Vollmer GmbH & Co. KG
Düsselberger Straße 23 · 42781 Haan-Gruiten

Europa-Nr.: 13824

Autoren

Bulling, Gerhard	München
Bahnmüller, Harald	Landshut
Dillinger, Josef	Hausen
Weingartner, Alfred	München

Lektorat und Leitung des Arbeitskreises
Alfred Weingartner

Bildbearbeitung
Zeichenbüro des Verlags Europa-Lehrmittel, Ostfildern

1. Auflage 2025
Druck 5 4 3 2 1

Alle Drucke derselben Auflage sind parallel einsetzbar, da sie bis auf die Korrektur von Druckfehlern identisch sind.

ISBN 978-3-7585-1382-4

Umschlag: Zeichenbüro des Verlags Europa-Lehrmittel, 73760 Ostfildern
Umschlagfotos: Schlosserei Wendt, Braunschweig, Architekt Klaus Krüger, Braunschweig, Asymptotische Gitterschale, Prof. Dr.-Ing. R. Barthel TUM und Prof. Dr.-Ing. Eike Schling IEK-Universität Hannover
Satz: Grafische Produktionen Jürgen Neumann, 97222 Rimpar
Druck: mediaprint solutions GmbH, 33100 Paderborn

Vorwort

Das vorliegende Buch **Formeln Metallbau, Konstruktionsmechanik** *PLUS*$^{+}$ ist eine Zusammenstellung der wichtigsten Formeln und mathematischen Beziehungen für den technischen Bereich des Metallbaus und der Konstruktionsmechanik. Dabei wird der Anspruch der Vollständigkeit nicht erhoben, da dies den Umfang und die Handhabbarkeit des Werkes weit übersteigen würde.

Die Inhalte orientieren sich an den bereits bestehenden Büchern im Verlag Europa-Lehrmittel **Technische Mathematik Metallbau, Konstruktionsmechanik** und der Formelsammlung **Formeln Metallbau, Konstruktionsmechanik**, den Lehrplänen und den praktischen Anforderungen. Dabei gehen die Inhalte und die formale Darstellung über die bisherige Formelsammlung hinaus.

Der Schwerpunkt liegt auf der ausführlichen Darstellung der Formeln und den mathematisch-technischen Beziehungen. Ausgehend von einer „Grundformel" werde dabei die Umstellungen nach allen Größen einer Beziehung – soweit dies sinnvoll ist – aufgeführt. Damit soll den Benutzern einerseits ein schnelleres und zuverlässigeres Lösen von Aufgaben erleichtert werden und andererseits eine Kontrolle für eigenständige Umstellung von Formeln angeboten werden.

Im Anhang sind Arbeitshilfen für noch nicht so sichere Nutzer und weiterführende Tabellen eingefügt.

Für Anregungen und sachkritische Hinweise sind wir dankbar (lektorat@europa-lehrmittel.de).

Frühjahr 2025

Autoren und Verlag

1.1 Grundrechnungsarten

Addition, Subtraktion, Multiplikation und Division zählen zu den Grundrechnungsarten. Man unterscheidet dabei zwischen den beiden Gruppen Strich- und Punktrechnung.

Rechnungsart	Rechnungsvorgang	Rechenzeichen	Ergebnis	Gruppe
Addition Subtraktion	addieren subtrahieren	+ plus – minus	Summe Differenz	Strichrechnung
Multiplikation Division	multiplizieren dividieren	· mal : geteilt	Produkt Quotient	Punktrechnung

Strichrechnungen
Bei Strichrechnungen handelt es sich um Summierungen, d.h. Additionen und Subtraktionen.

Regel	Zahlenbeispiel	Algebraisches Beispiel
Nur Zahlen mit gleichen Variablen können summiert werden.	–	$18 \cdot a + a - 3 \cdot a + 2 \cdot b = 16 \cdot a + 2 \cdot b$
Zahlen und Buchstaben können vertauscht werden (Kommutativgesetz).	$3 - 9 + 7 = 7 + 3 - 9$ $= -9 + 3 + 7 = -9 + 7 + 3$	$a - b + c = a + c - b$ $= -b + a + c = c + a - b$
Einzelne Glieder können zu Teilsummen zusammengefasst werden (Assoziativgesetz).	$3 + 7 - 9 = (3 + 7) - 9$	$a + b - c = (a + b) - c$

Klammern

Regel	Zahlenbeispiel	Algebraisches Beispiel
Klammern, vor denen ein Pluszeichen steht, können weggelassen werden. Die Vorzeichen der Glieder bleiben dann unverändert.	$16 + (9 - 5) = 16 + 9 - 5 = 20$	$a + (b - c) = a + b - c$
Klammern, vor denen ein Minuszeichen steht, können aufgelöst (weggelassen) werden, wenn alle Glieder in der Klammer entgegengesetzte Vorzeichen erhalten.	$16 - (9 - 5) = 16 - 9 + 5 = 12$	$a - (b - c) = a - b + c$

Punktrechnungen
Punktrechnungen sind Multiplikationen und Divisionen.

Regel	Zahlenbeispiel	Algebraisches Beispiel
Faktor · Faktor = Produkt	$2 \cdot 5 = 10$	$a \cdot b = c$
Faktoren dürfen vertauscht werden (Kommutativgesetz).	$3 \cdot 4 \cdot 5 = 4 \cdot 3 \cdot 5 = 5 \cdot 3 \cdot 4 = 5 \cdot 4 \cdot 3$	$a \cdot b \cdot c = b \cdot a \cdot c = c \cdot b \cdot a = c \cdot a \cdot b$
Einzelne Faktoren dürfen zu Teilprodukten zusammengefasst werden (Assoziativgesetz).	$3 \cdot 4 \cdot 5 = (3 \cdot 4) \cdot 5 = 3 \cdot (4 \cdot 5)$	$a \cdot b \cdot c = (a \cdot b) \cdot c = a \cdot (b \cdot c)$
Haben zwei Faktoren gleiche Vorzeichen, so wird das Produkt (Ergebnis) positiv. + **mal** + = + ; – **mal** – = +	$2 \cdot 5 = 10$ $(-2) \cdot (-5) = 10$	$a \cdot b = ab$ $(-a) \cdot (-b) = ab$

Grundrechnungsarten Fortsetzung

Punktrechnungen

Punktrechnungen sind Multiplikationen und Divisionen.

Regel	Zahlenbeispiel	Algebraisches Beispiel
Haben zwei Faktoren verschiedene Vorzeichen, so wird das Produkt (Ergebnis) negativ. + **mal** – = –; – **mal** + = –	$3 \cdot (-8) = -24$ $(-3) \cdot 8 = -24$	$a \cdot (-b) = -a \cdot b$ $(-a) \cdot b = -a \cdot b$
Ein Klammerausdruck wird mit einem Faktor multipliziert, indem man jedes Glied der Klammer mit dem Faktor multipliziert. Man kann auch zuerst den Inhalt der Klammer berechnen und danach das Ergebnis mit dem Faktor multiplizieren.	$7 \cdot (4+8) = 7 \cdot 4 + 7 \cdot 8 = 84$ oder $7 \cdot (4+8) = 7 \cdot 12 = 84$	$a \cdot (b+c) = a \cdot b + a \cdot c$ *oder* $a \cdot (b-c) = a \cdot b - a \cdot c$
Ein Klammerausdruck wird mit einem Klammerausdruck multipliziert, indem man jedes Glied der einen Klammer mit jedem Glied der anderen Klammer multipliziert. Bei Zahlen können auch erst die Klammerausdrücke berechnet und danach hieraus das Produkt gebildet werden.	$(3+5) \cdot (10-7) =$ $3 \cdot 10 + 3 \cdot (-7) + 5 \cdot 10 + 5 \cdot (-7) =$ $30 - 21 + 50 - 35 = 24$ oder $(3+5) \cdot (10-7) = 8 \cdot 3 = 24$	$(a+b) \cdot (c-d) =$ $a \cdot c - a \cdot d + b \cdot c - b \cdot d$ $(a-b) \cdot (c+d) =$ $a \cdot c + a \cdot d - b \cdot c - b \cdot d$

Gemischte Punkt- und Strichrechnungen

Regel	Zahlenbeispiel	Algebraisches Beispiel
Punktrechnungen müssen vor Strichrechnungen gelöst werden.	$8 \cdot 4 - 18 \cdot 3$ $= 32 - 54 = -22$	$a \cdot b + c - d =$ $c + a \cdot b - d$
	$\frac{16}{4} + \frac{20}{5} - \frac{18}{3}$ $= 4 + 4 - 6 = 2$	$\frac{a}{b} - \frac{c}{d} + \frac{e}{f} =$ $\frac{a \cdot d \cdot f - c \cdot b \cdot f + e \cdot b \cdot d}{b \cdot d \cdot f}$
Sind in einer gemischten Punkt- und Strichrechnung auch Klammerausdrücke vorhanden, so werden, wenn möglich, zuerst die Klammern berechnet. Danach wird die Punkt- und dann die Strichrechnung durchgeführt.	$8 \cdot (3-2) + 4 \cdot (16-5) =$ $8 \cdot 1 + 4 \cdot 11 =$ $8 + 44 = 52$	$b \cdot (3 \cdot a - 6 \cdot a) - c \cdot (5 \cdot d - 2 \cdot d) =$ $b \cdot (-3 \cdot a) - c \cdot (3 \cdot d) =$ $-3 \cdot a \cdot b - 3 \cdot d \cdot c$

Potenzen

Zehnerpotenzen

Schreibweise als			Schreibweise als		
ausgeschriebene Zahl	Zehnerpotenz	Vorsatz bei Einheiten	ausgeschriebene Zahl	Zehnerpotenz	Vorsatz bei Einheiten
1 000 000	10^6	Mega (M)	1	10^0	–
100 000	10^5	–	0,1	10^{-1}	deci (d)
10 000	10^4	–	0,01	10^{-2}	centi (c)
1 000	10^3	kilo (k)	0,001	10^{-3}	milli (m)
100	10^2	hekto (h)	0,000 1	10^{-4}	–
10	10^1	deka (da)	0,000 01	10^{-5}	–
1	10^0	–	0,000 001	10^{-6}	mikro (q)

Grundrechnungsarten Fortsetzung

Potenzieren

Regel	Zahlenbeispiel	Algebraisches Beispiel	
Potenzen dürfen nur addiert oder subtrahiert werden, wenn sie sowohl denselben Exponenten als auch dieselbe Basis haben.	$2 \cdot 5^2 + 4 \cdot 5^2 =$ $= 5^2 (2+4) = 6 \cdot 5^2$ $\frac{2}{3^2} - \frac{1}{3^2} + \frac{1}{3^2} = \frac{2}{3^2} = 2 \cdot 3^{-2}$	$a^3 + a^3 = 2 \cdot a^3$ $\frac{7}{d^n} - \frac{4}{d^n} = \frac{3}{d^n} = 3 \cdot d^{-n}$	$a \cdot x^n + b \cdot x^n$ $= x^n \cdot (a+b)$ $\frac{a}{x^n} = a \cdot x^{-n}$
Potenzen mit gleicher Basis werden multipliziert, indem man die Exponenten addiert und die Basis beibehält.	$3^2 \cdot 3^3 = 3 \cdot 3 \cdot 3 \cdot 3 \cdot 3 = 3^5$ oder $3^2 \cdot 3^3 = 3^{(2+3)} = 3^5 = 243$	$x^4 \cdot x^2 =$ $= x \cdot x \cdot x \cdot x \cdot x \cdot x = x^6$ oder $x^4 \cdot x^2 = x^{(4+2)} = x^6$	$x^m \cdot x^n = x^{m+n}$
Potenzen mit gleichen Exponenten werden multipliziert, indem man ihre Basen multipliziert und den Exponenten beibehält.	$4^2 \cdot 6^2 = (4 \cdot 6)^2 = 24^2$ $= 576$	$6 \cdot x^2 \cdot 3 \cdot y^2$ $= 18 \cdot x^2 \cdot y^2$ $= 18 \cdot (x \cdot y)^2$	$x^n \cdot y^n = (x \cdot y)^n$
Potenzen mit gleicher Basis werden dividiert, indem man ihre Exponenten subtrahiert und die Basis beibehält.	$\frac{4^3}{4^2} = \frac{4 \cdot 4 \cdot 4}{4 \cdot 4} = 4$ oder: $4^3 \cdot 4^{-2} = 4^{3-2} = 4^1 = 4$	$\frac{m^3}{m^2} = \frac{m \cdot m \cdot m}{m \cdot m} = m$ oder $m^3 \cdot m^{-2} = m^{3-2} = m^1 = m$	$\frac{x^m}{x^n} = x^m \cdot x^{-n} = x^{m-n}$
Potenzen mit gleichem Exponenten werden dividiert, indem man ihre Basen dividiert und den Exponenten beibehält.	$\frac{15^2}{3^2} = \left(\frac{15}{3}\right)^2 = 5^2 = 25$	$\frac{a^3}{b^3} = \left(\frac{a}{b}\right)^3$	$\frac{a^n}{b^n} = \left(\frac{a}{b}\right)^n$
Jede Potenz mit dem Exponenten Null hat den Wert 1.	$\frac{10^4}{10^4} = 10^{4-4} = 10^0 = 1$	$(m+n)^0 = 1$	$a^0 = 1; a \neq 0$

Radizieren (Wurzelziehen)

Regel	Zahlenbeispiel	Algebraisches Beispiel	
Wurzeln dürfen nur dann addiert oder subtrahiert werden, wenn sie gleiche Exponenten und Radikanden haben. Man addiert (subtrahiert) die Faktoren und behält die Wurzel bei.	$2 \cdot \sqrt{6} + 3 \cdot \sqrt{6}$ $= (2+3) \cdot \sqrt{6}$ $= 5 \cdot \sqrt{6}$	$8 \cdot \sqrt{m} - 3 \cdot \sqrt{m}$ $= (8-3) \cdot \sqrt{m}$ $= 5 \cdot \sqrt{m}$	$a \cdot \sqrt{m} + b \cdot \sqrt{m}$ $= (a+b) \cdot \sqrt{m}$
Ist der Radikand ein Produkt, so kann die Wurzel entweder aus dem Produkt oder aus jedem einzelnen Faktor gezogen werden.	$\sqrt{9 \cdot 16} = \sqrt{144} = 12$ oder $\sqrt{9 \cdot 16} = \sqrt{9} \cdot \sqrt{16}$ $= 3 \cdot 4 = 12$	$\sqrt[3]{a \cdot b} = \sqrt[3]{a} \cdot \sqrt[3]{b}$	$\sqrt[n]{a \cdot b} = \sqrt[n]{a} \cdot \sqrt[n]{b}$
Ist der Radikand eine Summe oder eine Differenz, so kann nur aus dem Ergebnis die Wurzel gezogen werden.	$\sqrt{9+16} = \sqrt{25} = 5$ $\sqrt{5^2 - 4^2} = \sqrt{25-16}$ $= \sqrt{9} = 3$	$\sqrt[3]{a-b} = \sqrt[3]{(a-b)}$	$\sqrt[n]{a-b} = \sqrt[n]{(a-b)}$
Ist der Radikand ein Quotient (Bruch), so kann die Wurzel aus dem Quotienten oder aus Zähler und Nenner getrennt gezogen werden.	$\sqrt{\frac{9}{25}} = \sqrt{0{,}36} = 0{,}6$ oder $\sqrt{\frac{9}{25}} = \frac{\sqrt{9}}{\sqrt{25}} = \frac{3}{5} = 0{,}6$	$\sqrt[4]{\frac{a}{b}} = \frac{\sqrt[4]{a}}{\sqrt[4]{b}}$	$\sqrt[n]{\frac{a}{b}} = \frac{\sqrt[n]{a}}{\sqrt[n]{b}}$

1.2 Umrechnung von Einheiten

Länge	Fläche
1 m = 10 dm = 100 cm = 1 000 mm	1 m^2 = 100 dm^2 = 10 000 cm^2 = 1 000 000 mm^2
m ← 1 Stelle → dm ← 1 Stelle → cm ← 1 Stelle → mm	m^2 ← 2 Stellen → dm^2 ← 2 Stellen → cm^2 ← 2 Stellen → mm^2
1 m = 10^1 dm = 10^2 cm = 10^3 mm	1 m^1 = 10^2 dm^2 = 10^4 cm^2 = 10^6 mm^2
10 kleine Einheiten geben die nächst größere Einheit. Bei den Längenmaßen ist die Umrechnungszahl 10.	100 kleine Einheiten geben die nächst größere Einheit. Bei den Flächenmaßen ist die Umrechnungszahl 100.
Bei Umrechnung der Längenmaße rückt das Komma von Einheit zu Einheit um *eine* Stelle.	Bei Umrechnung der Flächenmaße rückt das Komma von Einheit zu Einheit um *zwei* Stellen.

Volumen	Masse
1 m^3 = 1 000 dm^3 = 1 000 000 cm^3 = 1 000 000 000 mm^3	1 t = 1 000 kg = 1 000 000 g = 1 000 000 000 mg
m^3 ← 3 Stellen → dm^3 ← 3 Stellen → cm^3 ← 3 Stellen → mm^3	t ← 3 Stellen → kg ← 3 Stellen → g ← 3 Stellen → mg
1 m^3 = 10^3 dm^3 = 10^6 cm^3 = 10^9 mm^3	1 t = 10^3 kg = 10^6 g = 10^9 mg
1 000 kleine Einheiten geben die nächst größere Einheit. Bei den Volumenmaßen ist die Umrechnungszahl 1 000.	1 000 kleine Einheiten geben die nächst größere Einheit. Bei den Massen ist die Umrechnungszahl 1 000.
Bei Umrechnung der Volumenmaße rückt das Komma von Einheit zu Einheit um *drei* Stellen.	Bei Umrechnung der Masse rückt das Komma von Einheit zu Einheit um *drei* Stellen.

Hohlmaß	Kraft
Den Inhalt von Gefäßen misst man in Litern. 1 l = 1 dm^3; 1 dl = 0,1 dm^3; 1 cl = 0,01 dm^3; 1 ml = 0,01 dm^3 = 1 cm^3	1 MN = 1 000 kN = 1 000 000 N = 1 000 000 000 mN 1 MN = 10^3 kN = 10^6 N = 10^9 mN

Umrechnung von Zollmaßen

1 Inch = 1 Zoll = 25,4 mm; 1 mm = 1/25,4 inch

1 foot = 12 inches = 304,8 mm; 1 m = 39,37 inches = 3,28 feet

Vergrößernde Vorsätze			Verkleinernde Vorsätze		
Vorsatz	Bedeutung	Beispiel	Vorsatz	Bedeutung	Beispiel
da = Deka-	10-fach	1 daN = 10 N	D = Dezi-	10tel	1 dm = 1/10 m
h = Hekto-	100-fach	1 hl = 100 l	c = Zenti-	100stel	1 cm = 1/100 m
k = Kilo-	1 000-fach	1 kW = 1 000 W	m = Milli-	1 000stel	1 mV = 1/1 000 V
M = Mega-	1 000 000-fach	1 MN = 1 000 000 N	μ = Mikro-	1 000 000stel	1 µm = 1/1 000 000 m = 0,001 mm

1.3 Winkelfunktionen

Winkelfunktionen im rechtwinkligen Dreieck

Formel Gleichung

Geometrisches Erklärungsmodell

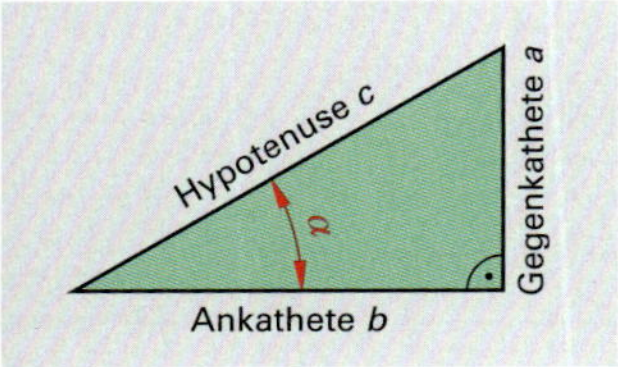

Für Winkel α:

$$\sin\alpha = \frac{a}{c}$$

$a = c \cdot \sin\alpha$

$c = \frac{a}{\sin\alpha}$

$\alpha = \text{arc}\sin^{-1}\left(\frac{a}{c}\right)$

$$\cos\alpha = \frac{b}{c}$$

$b = c \cdot \cos\alpha$

$c = \frac{b}{\cos\alpha}$

$\alpha = \text{arc}\cos^{-1}\left(\frac{b}{c}\right)$

$$\tan\alpha = \frac{a}{b}$$

$a = b \cdot \tan\alpha$

$b = \frac{a}{\tan\alpha}$

$\alpha = \text{arc}\tan^{-1}\left(\frac{a}{b}\right)$

$$\cot\alpha = \frac{b}{a}$$

$b = a \cdot \cot\alpha$

$a = \frac{b}{\cot\alpha}$

Wichtige Beziehungen:

$\cot\alpha = \frac{\cos\alpha}{\sin\alpha} = \frac{1}{\tan\alpha}$

$\tan\alpha = \frac{\sin\alpha}{\cos\alpha}$

$\sin\alpha^2 + \cos\alpha^2 = 1$

Geometrisches Erklärungsmodell

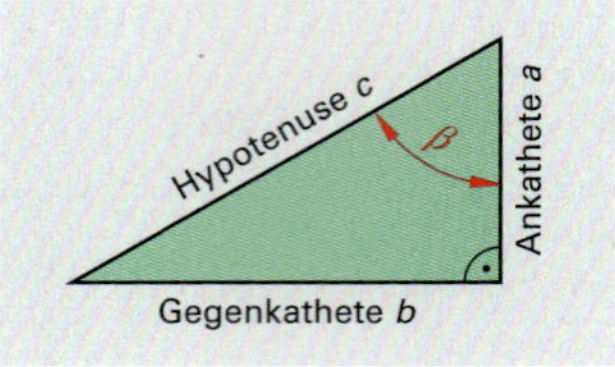

Für Winkel β:

$$\sin\beta = \frac{b}{c}$$

$b = c \cdot \sin\beta$

$c = \frac{b}{\sin\beta}$

$\beta = \text{arc}\sin^{-1}\left(\frac{b}{c}\right)$

$$\cos\beta = \frac{a}{c}$$

$a = c \cdot \cos\alpha$

$c = \frac{a}{\cos\beta}$

$\beta = \text{arc}\cos^{-1}\left(\frac{a}{c}\right)$

$$\tan\beta = \frac{b}{a}$$

$b = a \cdot \tan\beta$

$a = \frac{b}{\tan\beta}$

$\beta = \text{arc}\tan^{-1}\left(\frac{b}{a}\right)$

$$\cot\beta = \frac{a}{b}$$

$a = b \cdot \cot\beta$

$b = \frac{a}{\cot\beta}$

$\cot\beta = \frac{\cos\beta}{\sin\beta} = \frac{1}{\tan\beta}$

$\tan\beta = \frac{\sin\beta}{\cos\beta}$

$\sin\alpha^2 + \cos\alpha^2 = 1$

Formelzeichen Bezeichnung		Einheit
Für Winkel α:		
α	Winkel	° Grad
a	Gegenkathete zu ∡ α	mm, cm, m
b	Ankathete zu ∡ α	mm, cm, m
c	Hypotenuse zum ⊿	mm, cm, m
Für Winkel β:		
β	Winkel	° Grad
b	Gegenkathete zu ∡ β	mm, cm, m
a	Ankathete zu ∡ β	mm, cm, m
c	Hypotenuse zum ⊿	mm, cm, m

Winkelfunktionen Fortsetzung

Winkelfunktionen im rechtwinkligen Dreieck Merkregel

Bild Grafik	Erklärung	Formelzeichen Bezeichnung	Einheit
Geometrisches Hilfsmodell 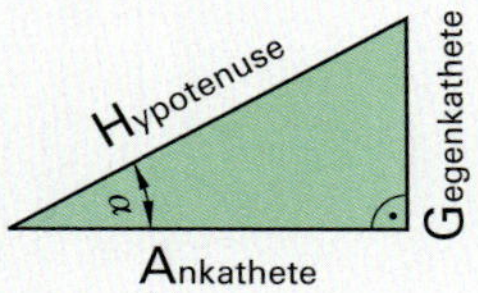 $\frac{G}{H}$ sin α $\frac{A}{H}$ cos α $\frac{G}{A}$ tan α $\frac{A}{G}$ cot α	Vorgehensweise **1.** Die Seiten nach Lage des gegebenen bzw. gesuchten Winkels in **G**egenkathete, **A**nkathete und **H**ypotenuse festlegen. **2.** Mithilfe der Merkregel ermitteln, welche zwei gegebenen Größen und die gesuchte Größe in den Winkelfunktionen vorkommen. **3.** Die gewählte Winkelfunktion nach der gesuchten Größe umstellen. (s. S. 10)	G Gegenkathete A Ankathete H Hypotenuse α Winkel	mm, cm, m mm, cm, m mm, cm, m ° Grad

Funktionswerte für ausgewählte Winkel

	0°	30°	45°	60°	90°	180°	270°	360°
sin	0	$\frac{1}{2}$ = 0,5000	$\frac{1}{2}\cdot\sqrt{2}$ = 07071	$\frac{1}{2}\cdot\sqrt{3}$ = 0,8660	1	0	−1	0
cos	1	$\frac{1}{2}\cdot\sqrt{3}$ = 0,8660	$\frac{1}{2}\cdot\sqrt{2}$ = 07071	$\frac{1}{2}$ = 0,5000	0	−1	0	1
tan	0	$\frac{1}{3}\cdot\sqrt{3}$ = 0,5774	1	$\sqrt{3}$ = 1,7321	∞	0	∞	0
cot	∞	$\sqrt{3}$ = 1,7321	1	$\frac{1}{3}\cdot\sqrt{3}$ = 0,5771	0	∞	0	∞

Winkelfunktionen in einem nicht rechwinkligen Dreieck

Bild Grafik	Formel Gleichung	Formelzeichen Bezeichnung	Einheit
Geometrisches Erklärungsmodell 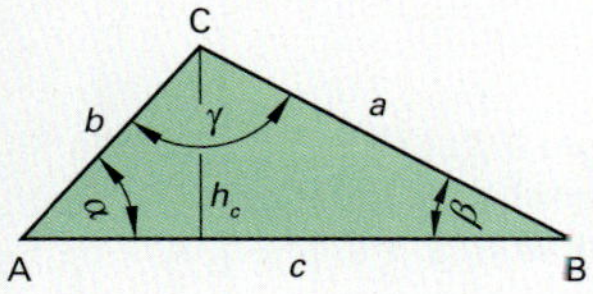	Sinussatz $a \div b \div c = \sin\alpha \div \sin\beta \div \sin\gamma$ $\frac{a}{\sin\alpha} = \frac{b}{\sin\beta} = \frac{c}{\sin\gamma}$ Cosinussatz $a^2 = b^2 + c^2 - 2 \cdot b \cdot c \cdot \cos\alpha$ $b^2 = a^2 + c^2 - 2 \cdot a \cdot c \cdot \cos\beta$ $c^2 = a^2 + b^2 - 2 \cdot a \cdot b \cdot \cos\gamma$	a Kathete b Kathete c Hypotenuse α Winkel β Winkel γ Winkel A Fläche h_c Höhe des Dreiecks mit der Grundlänge c	mm, cm, m mm, cm, m mm, cm, m ° Grad ° Grad ° Grad mm^2, cm^2, m^2 mm, cm, m

Anwendung von Sinus- und Cosinussatz

Seitenberechnung	Winkelberechnung		Flächenberechnung
$a = \frac{b \cdot \sin\alpha}{\sin\beta} = \frac{c \cdot \sin\alpha}{\sin\gamma}$	$\sin\alpha = \frac{a \cdot \sin\beta}{b} = \frac{a \cdot \sin\gamma}{c}$	$\cos\alpha = \frac{b^2 + c^2 - a^2}{2 \cdot b \cdot c}$	$A = \frac{a \cdot b \cdot \sin\gamma}{2}$
$b = \frac{a \cdot \sin\beta}{\sin\alpha} = \frac{c \cdot \sin\beta}{\sin\gamma}$	$\sin\beta = \frac{b \cdot \sin\alpha}{a} = \frac{b \cdot \sin\gamma}{c}$	$\cos\beta = \frac{a^2 + c^2 - b^2}{2 \cdot a \cdot c}$	$A = \frac{b \cdot c \cdot \sin\alpha}{2}$
$c = \frac{a \cdot \sin\gamma}{\sin\alpha} = \frac{b \cdot \sin\gamma}{\sin\beta}$	$\sin\gamma = \frac{c \cdot \sin\alpha}{a} = \frac{c \cdot \sin\beta}{b}$	$\cos\gamma = \frac{a^2 \cdot b^2 - c^2}{2 \cdot a \cdot b}$	$A = \frac{a \cdot c \cdot \sin\beta}{2}$

1.4 Winkelarten

Bild Grafik	Formel Gleichung	Formelzeichen Bezeichnung	Einheit
Nebenwinkel 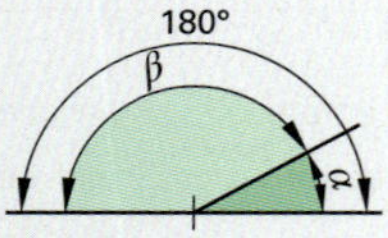	Werden zwei Parallelen durch eine Gerade geschnitten, so bestehen für die dabei gebildeten Winkel geometrische Zusammenhänge.		
	$\alpha + \beta = 180°$ $\alpha = 180° - \beta$ $\beta = 180° - \alpha$	Nebenwinkel ergänzen sich zu 180°.	° Grad
Wechselwinkel 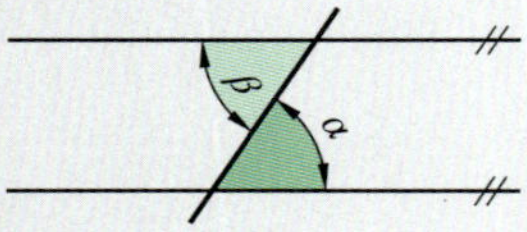	$\alpha = \beta$	Wechselwinkel sind gleich groß.	° Grad
Stufenwinkel 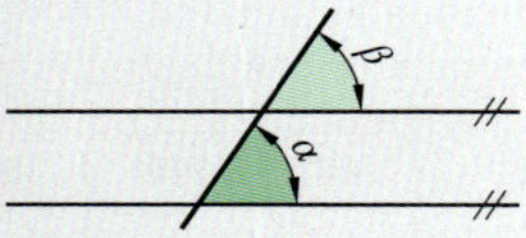	$\alpha = \beta$	Stufenwinkel sind gleich groß.	° Grad
Scheitelwinkel 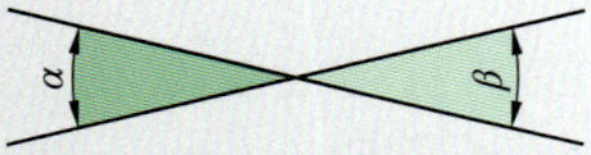	$\alpha = \beta$	Scheitelwinkel sind gleich groß.	° Grad

1.5 Winkelsumme im Dreieck

Bild Grafik	Formel Gleichung	Formelzeichen Bezeichnung	Einheit
Winkelsumme im Dreieck 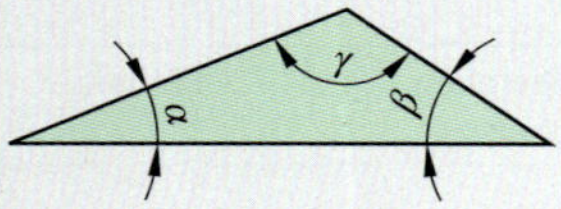	In jedem Dreieck ist die Summe der Innenwinkel gleich 180°. Im **rechtwinkligen Dreieck** ist $\gamma = 90°$, die Winkel α und β ergänzen sich zu 90°.		
	$\alpha + \beta + \gamma = 180°$ $\alpha = 180° - \beta - \gamma$ $\beta = 180° - \alpha - \gamma$ $\gamma = 180° - \alpha - \beta$	In jedem Dreieck ist die Summe der Innenwinkel gleich *180°*.	° Grad
Winkelsumme im rechtwinkligen Dreieck 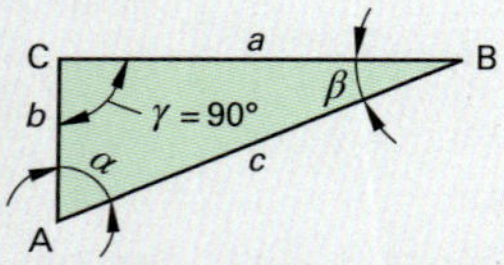	$\alpha + \beta = 90°$ $\alpha = 90° - \beta$ $\beta = 90° - \alpha$	Im rechtwinkligen Dreieck ist $\gamma = 90°$, die Winkel α und β ergänzen sich zu *90°*.	° Grad

1.6 Strahlensatz

Bild Grafik	Formel Gleichung	Formelzeichen Bezeichnung	Einheit
Strahlensatz 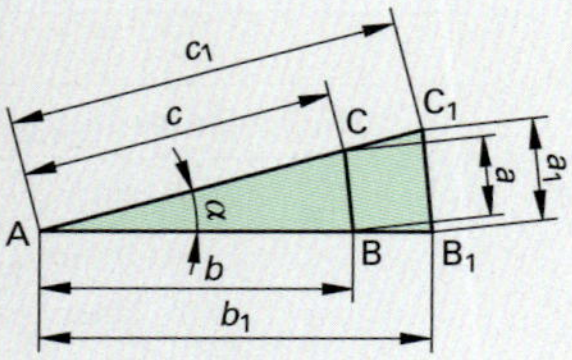	Werden zwei von einem Punkt ausgehende Strahlen von zwei Parallelen geschnitten, bilden die Abschnitte der Parallelen und die zugehörigen Strahlenabschnitte gleiche Verhältnisse.		
	$\frac{a}{a_1} = \frac{b}{b_1} = \frac{c}{c_1}$ $\frac{a}{b} = \frac{a_1}{b_1}$ $\frac{b}{c} = \frac{b_1}{c_1}$ $a = \frac{a_1 \cdot b}{b_1} = \frac{a_1 \cdot c}{c_1}$; $b = \frac{b_1 \cdot a}{a_1} = \frac{b_1 \cdot c}{c_1}$; $c = \frac{c_1 \cdot a}{a_1} = \frac{c_1 \cdot b}{b_1}$ $a_1 = \frac{a \cdot b_1}{b} = \frac{a \cdot c_1}{c}$; $b_1 = \frac{b \cdot a_1}{a} = \frac{b \cdot c_1}{c}$; $c_1 = \frac{c \cdot a_1}{a} = \frac{c \cdot b_1}{b}$		mm, cm, m

1.7 Mischung zweier Flüssigkeiten

Bild Grafik	Formel Gleichung	Formelzeichen Bezeichnung	Einheit

Mischung zweier Flüssigkeiten

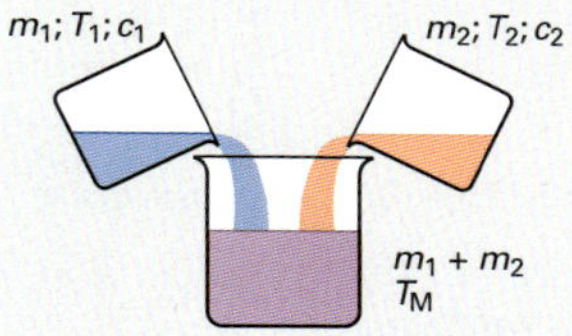

$$T_M = \frac{c_1 \cdot m_1 \cdot T_1 + c_2 \cdot m_2 \cdot T_2}{c_1 \cdot m_1 + c_2 \cdot m_2}$$

$$T_1 = \frac{T_M \cdot (c_1 \cdot m_1 + c_2 \cdot m_2) - c_2 \cdot m_2 \cdot T_2}{c_1 \cdot m_1}$$

$$T_2 = \frac{T_M \cdot (c_1 \cdot m_1 + c_2 \cdot m_2) - c_1 \cdot m_1 \cdot T_1}{c_2 \cdot m_2}$$

Formelzeichen	Bezeichnung	Einheit
m_1, m_2	Teilmassen	kg
T_1, T_2	Temperaturen der Teilmassen	K, °C
c_1, c_2	spez. Wärmekapazitäten der Teilmassen	kJ/kg · K, kJ/kg · °C
T_M	Temperatur der Mischung	K, °C

1.8 Prozentrechnen

Prozentrechnen

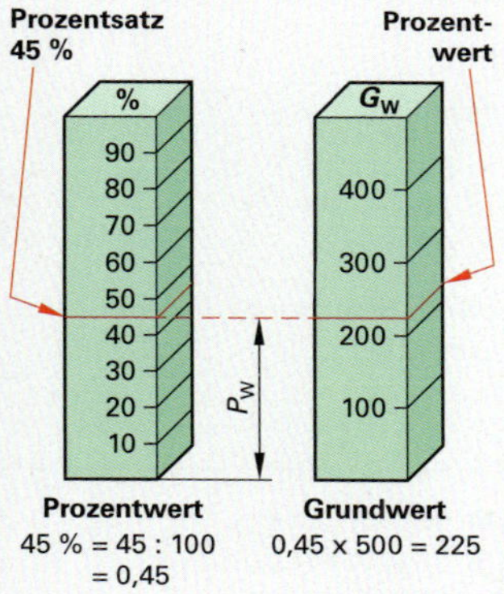

$$P_w = \frac{G_w \cdot P_s}{100\,\%}$$

$$G_w = \frac{P_w \cdot 100\,\%}{P_s}$$

$$P_s = \frac{P_w \cdot 100\,\%}{G_w}$$

Formelzeichen	Bezeichnung	Einheit
P_w	Prozentwert	z. B. €, kg, mm
P_s	Prozentsatz	%
G_w	Grundwert	z. B. €, kg, mm

1.9 Zinsrechnen (einfache Verzinsung)

Kapitalentwicklung

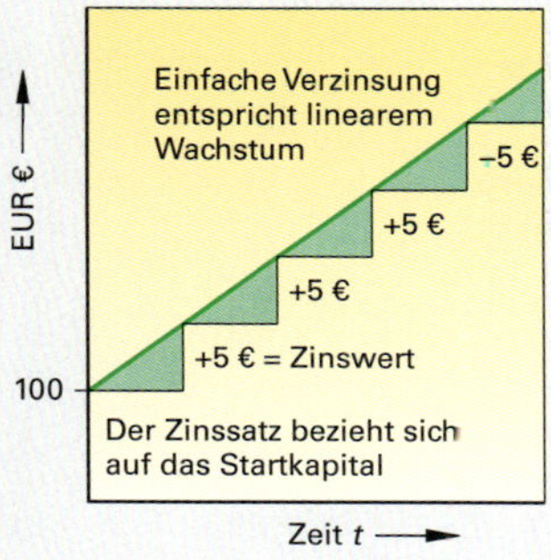

$$z = \frac{k \cdot p \cdot t}{100\,\%}$$

$$k = \frac{z \cdot 100\,\%}{p \cdot t}$$

$$p = \frac{z \cdot 100\,\%}{k \cdot t}$$

$$t = \frac{z \cdot 100\,\%}{k \cdot p}$$

Formelzeichen	Bezeichnung	Einheit
z	Zinswert	EUR
p	Zinssatz pro Jahr	%
k	Kapital	EUR
t	Zeit in Jahre, Tage	Jahre, Tage

1.10 Längen

Bild Grafik	Formel Gleichung	Formelzeichen Bezeichnung	Einheit
Teilung von Längen			
Randabstand = Teilung 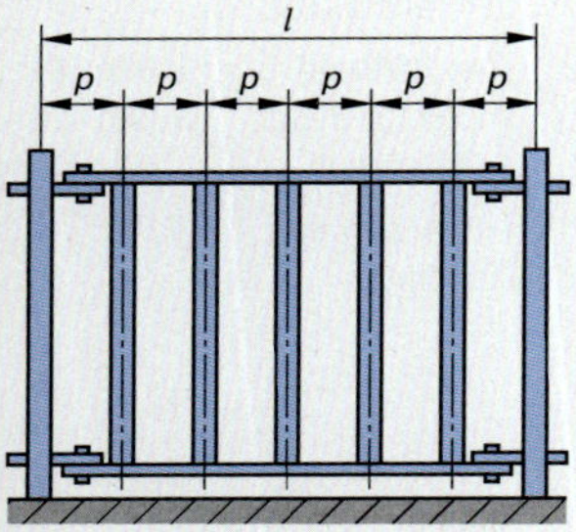	**$p = \frac{l}{n+1}$** $l = p \cdot (n+1)$ $n = \frac{l}{p} - 1$	p Teilung l Teilungslänge n Anzahl der Bohrungen, Sägeschnitte, …	mm, cm, m mm, cm, m –
Randabstand + Teilung 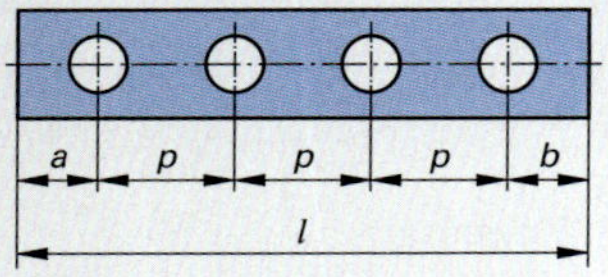	**$p = \frac{l-(a+b)}{n-1}$** $l = p \cdot (n-1) + a + b$ $a = l - b - p \cdot (n-1)$ $b = l - a - p \cdot (n-1)$ $n = \frac{l-(a+b)}{p} + 1$	p Teilung l Gesamtlänge a, b Randabstände n Anzahl der Bohrungen, Sägeschnitte, …	mm, cm, m mm, cm, m mm, cm, m –
Ablängen von Profilen 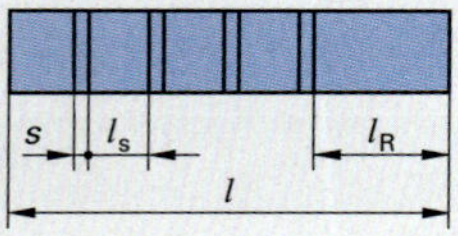	**$n = \frac{l}{l_s + s}$** $l_s = \frac{l}{n} - s$ $s = \frac{l}{n} - l_s$ **$l_R = l - (l_s + s) \cdot n$** $l = l_R + (l_s + s) \cdot n$ $n = \frac{l - l_R}{l_s + s}$ $l_s = \frac{l - l_R}{n} - s$ $s = \frac{l - l_R}{n} - l_s$	n Anzahl der Teilelemente, z. B. Sägeschnitte, Stäbe, Bohrungen l_s Teillänge beim Trennen s Sägeschnittbreite l_R Restlänge l Gesamtlänge, Stablänge	– mm, cm, m mm, cm, mm, cm, m mm, cm, m

Längen Fortsetzung

Bild Grafik	Formel Gleichung	Formelzeichen Bezeichnung	Einheit
Teilung von Längen			
Kreisumfänge und Kreisteilungen 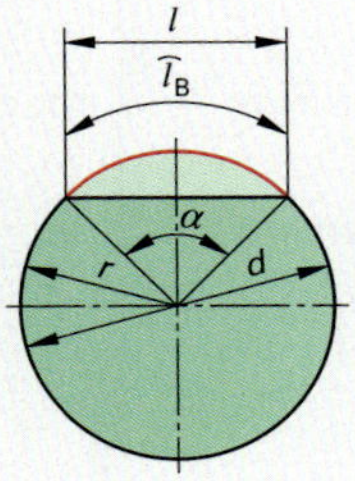	$U = \pi \cdot d$	U Umfang	mm, cm, m
	$d = \frac{U}{\pi}$	d Durchmesser	mm, cm, m
	$p = \frac{U}{n} = \pi \cdot \frac{d}{n}$	p Teilung	–
		π Kreiszahl Pi = 3,14…	
	$U = p \cdot n$ $n = \frac{U}{P}$	n Anzahl der Teilelemente, z. B. Sägeschnitte, Stäbe, …	–
	$l_B = \frac{\pi \cdot d \cdot \alpha}{360°}$	l_B Kreisbogenlänge	mm, cm, m
	$l = 2 \cdot r \cdot \sin\frac{\alpha}{2}$	l Sehnenlänge	mm, cm, m
	$r = \frac{l}{2 \cdot \sin\frac{\alpha}{2}}$	r Radius	mm, cm, m
	$\alpha = 2 \cdot \sin^{-1}\left(\frac{l}{2 \cdot r}\right)$	α Zentriwinkel	° (Grad)
Gestreckte Länge und zusammengesetzte Längen 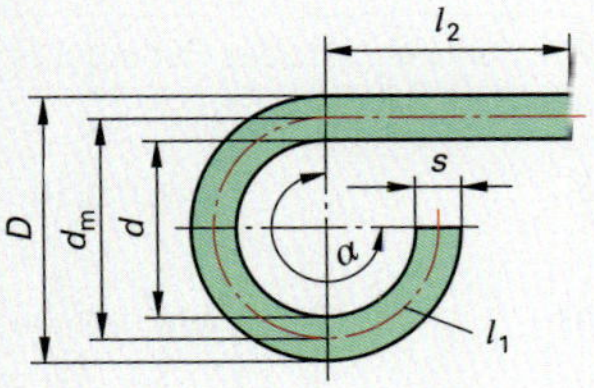	$L = l_1 + l_2 + l_3 + \ldots$	L zusammengesetzte Länge	mm, cm, m
		l_1, l_2 Teillängen	mm, cm, m
	$l = \frac{\pi \cdot d_m \cdot \alpha}{360°}$	l gestreckte Länge	mm, cm, m
	$d_m = \frac{l \cdot 360°}{\pi \cdot \alpha}$	d_m Mittlerer Durchmesser	mm, cm, m
	$\alpha = \frac{l \cdot 360°}{\pi \cdot d_m}$	α Biegewinkel	° (Grad)
		π Kreiszahl Pi = 3,14…	
	$d_m = \frac{D + d}{2}$	D Außendurchmesser	mm, cm, m
	$D = 2 \cdot d_m - d$ $d = 2 \cdot d_m - D$	d Innendurchmesser	mm, cm, m

Längen Fortsetzung

Bild Grafik	Formel Gleichung	Formelzeichen Bezeichnung	Einheit
Gestreckte Länge und zusammengesetzte Längen (Fortsetzung) 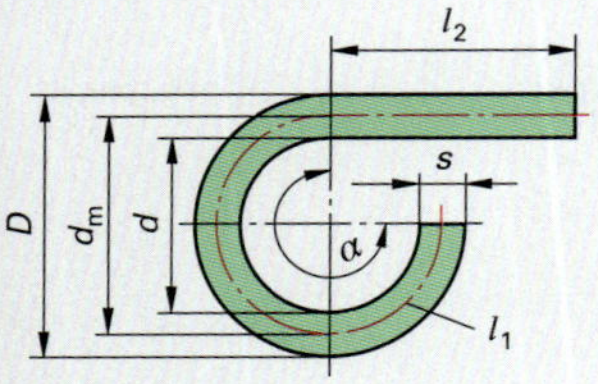	$$d_m = d + s$$ $d = d_m - s$ $s = d_m - d$ $$d_m = D - s$$ $D = d_m + s$ $s = D - d_m$	s Dicke D Außendurchmesser d Innendurchmesser d_m Mittlerer Durchmesser	mm, cm, m mm, cm, m mm, cm, m mm, cm, m

1.11 Berechnungen am rechtwinkligen Dreieck

Lehrsatz des Pythagoras

Geometrisches Erklärungsmodell	Im **rechtwinkligen Dreieck** ist das Hypotenusenquadrat flächengleich der Summe der beiden Kathetenquadrate.		
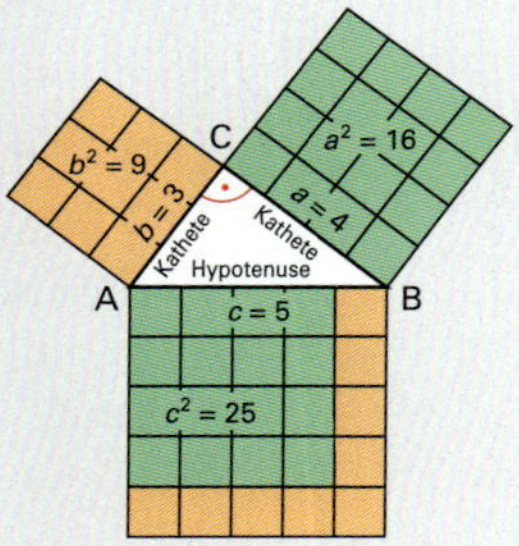	$$c^2 = a^2 + b^2$$ $c = \sqrt{a^2 + b^2}$ $a = \sqrt{c^2 - b^2}$ $b = \sqrt{c^2 - a^2}$	a Kathete b Kathete c Hypotenuse ∟ rechter Winkel	mm, cm, m mm, cm, m mm, cm, m 90°

Gleichseitiges Dreieck	Im **gleichseitigen Dreieck** ergibt sich für die Höhe nach dem Lehrsatz des Pythagoras:		
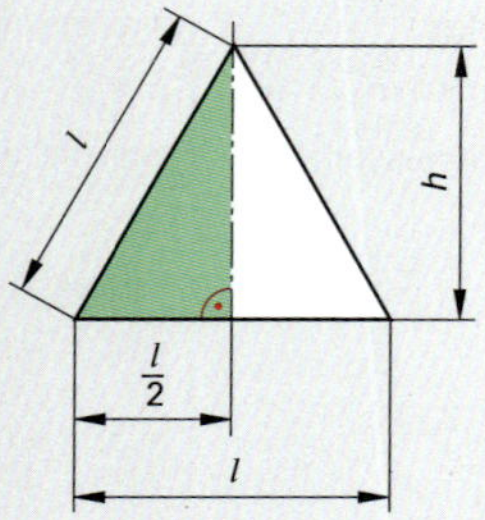	$$h = \frac{1}{2} \cdot \sqrt{3} \cdot l$$ $l = \frac{2 \cdot h}{\sqrt{3}}$ $$A = \frac{1}{4} \cdot \sqrt{3} \cdot l^2$$ $l = \sqrt{\frac{A \cdot 4}{\sqrt{3}}}$	h Höhe A Fläche l Seitenlänge ∟ rechter Winkel	mm, cm, m mm^2, cm^2, m^2, mm, cm, m 90°

Berechnungen am rechtwinkligen Dreieck Fortsetzung

Bild Grafik	Formel Gleichung	Formelzeichen Bezeichnung	Einheit
Lehrsatz des Euklid (Kathetensatz)			
Geometrisches Erklärungsmodell 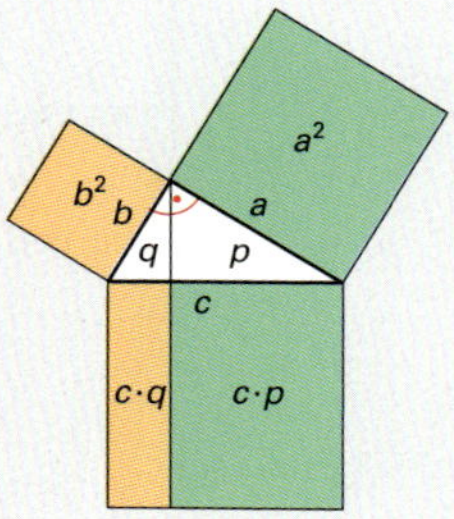 	Das Quadrat über einer Kathete ist flächengleich einem Rechteck aus der Hypotenuse und dem anliegenden Hypotenusenabschnitt. $a^2 = c \cdot p$ $b^2 = c \cdot q$ $a = \sqrt{c \cdot p}$ $b = \sqrt{c \cdot q}$ $c = \frac{a^2}{p}$ $p = \frac{a^2}{c}$	*a, b* Kathete *p, q* Hypotenusenabschnitt *c* Hypotenuse $\measuredangle$ rechter Winkel	mm, cm, m mm, cm, m mm, cm, m 90°
Lehrsatz des Euklid (Höhensatz)			
Geometrisches Erklärungsmodell 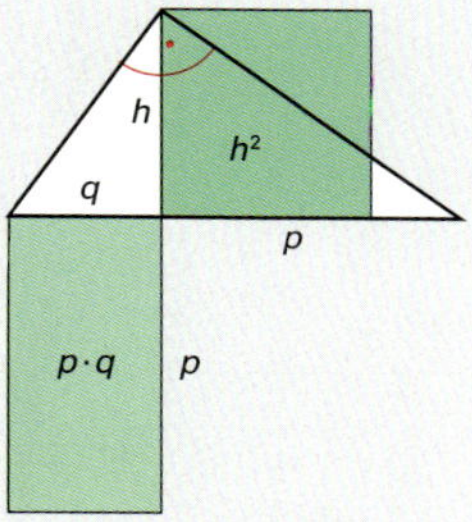 	Das Quadrat über der Höhe *h* ist flächengleich dem Rechteck aus den Hypotenusenabschnitten *p* und *q*. $h^2 = p \cdot q$ $h = \sqrt{p \cdot q}$ $p = \frac{h^2}{q}$ $q = \frac{h^2}{p}$	*p, q* Hypotenusenabschnitt *h* Höhe $\measuredangle$ rechter Winkel	mm, cm, m mm, cm, m 90°

1.12 Flächen

Quadrat 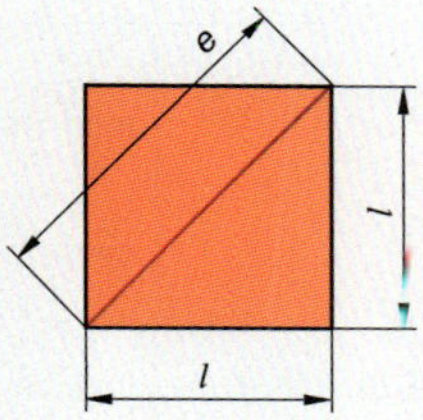 	$A = l^2$ $l = \sqrt{A}$ $e = l \cdot \sqrt{2}$ $l = \frac{e}{\sqrt{2}}$	*A* Fläche *l* Seitenlänge *e* Eckmaß (Diagonale)	mm^2, cm^2, m^2 mm, cm, m mm, cm, m

Flächen Fortsetzung

Bild Grafik	Formel Gleichung	Formelzeichen Bezeichnung	Einheit
Rechteck 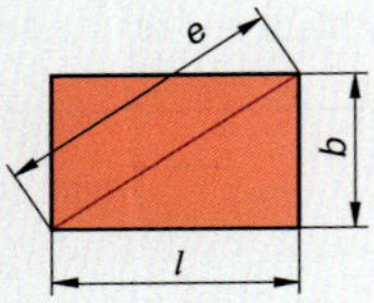	$A = l \cdot b$ $l = \frac{A}{b}$ $b = \frac{A}{l}$ $e = \sqrt{l^2 + b^2}$ $l = \sqrt{e^2 - b^2}$ $b = \sqrt{e^2 - l^2}$	A Fläche l Länge b Breite e Eckmaß	mm^2, cm^2, m^2 mm, cm, m mm, cm, m mm, cm, m
Raute (Rhombus) 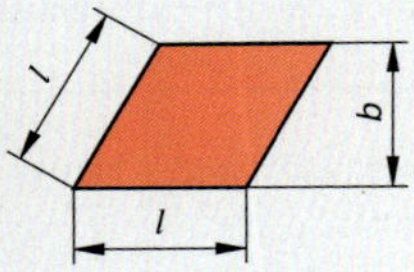	$A = l \cdot b$ $l = \frac{A}{b}$ $b = \frac{A}{l}$	A Fläche l Länge b Breite	mm^2, cm^2, m^2 mm, cm, m mm, cm, m
Parallelogramm 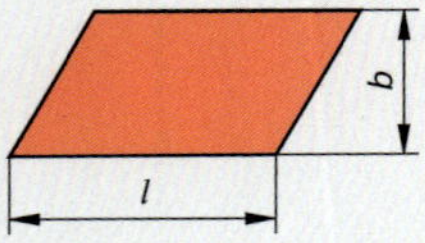	$A = l \cdot b$ $l = \frac{A}{b}$ $b = \frac{A}{l}$	A Fläche l Länge b Breite	mm^2, cm^2, m^2 mm, cm, m mm, cm, m
Dreieck 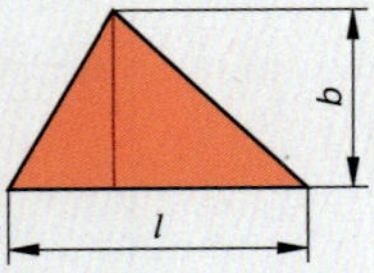	$A = \frac{l \cdot b}{2}$ $l = \frac{2 \cdot A}{b}$ $b = \frac{2 \cdot A}{l}$	A Fläche l Länge b Höhe für Grundlänge c	mm^2, cm^2, m^2 mm, cm, m mm, cm, m

Flächen Fortsetzung

Bild Grafik	Formel Gleichung	Formelzeichen Bezeichnung	Einheit
Trapez 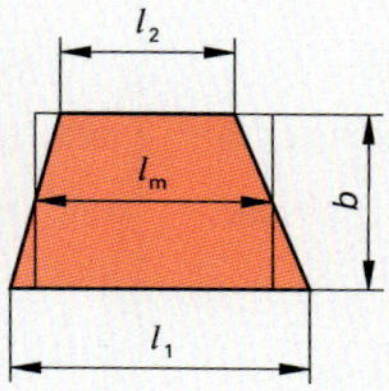 	$A = \left(\frac{l_1 + l_2}{2}\right) \cdot b$	A Fläche	mm², cm², m²
	$b = \frac{2 \cdot A}{(l_1 + l_2)}$	l_1 große Länge	mm, cm, m
	$l_1 = \frac{2 \cdot A}{b} - l_2$	l_2 kleine Länge	mm, cm, m
	$l_2 = \frac{2 \cdot A}{b} - l_1$	l_m mittlere Länge	mm, cm, m
		b Breite	mm, cm, m
	$A = l_m \cdot b$		
	$l_m = \frac{A}{b}$		
	$b = \frac{A}{l_m}$		
	$l_m = \frac{l_1 + l_2}{2}$		
Unregelmäßiges Vieleck 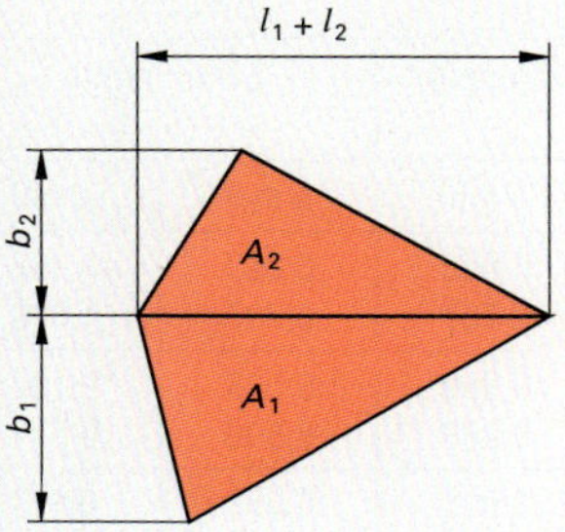 	$A = A_1 + A_2 + \ldots$	A Gesamtfläche	mm², cm², m²
	$A_1 = A - A_2 - \ldots$	$A_1, A_2, \ldots$ Teilflächen	mm², cm², m²
	$A_2 = A - A_1 - \ldots$	l_1, l_2 Längen	mm, cm, m
	$A_1 = \frac{l_1 \cdot b_1}{2}$	b_1, b_2 Breiten	mm, cm, m
	$A_2 = \frac{l_2 \cdot b_2}{2}$		
Regelmäßiges Vieleck 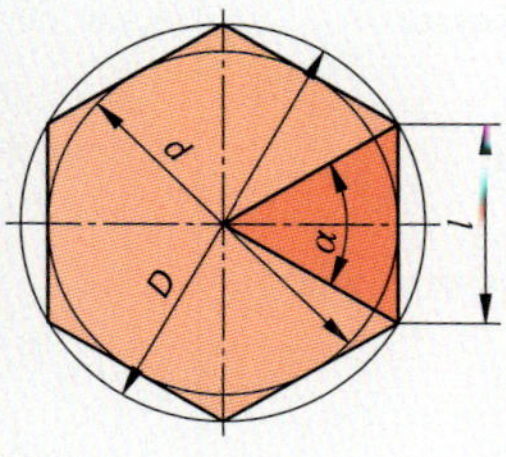 	$A = \frac{n \cdot l \cdot d}{4}$	A Fläche	mm², cm², m²
	$n = \frac{A \cdot 4}{l \cdot d}$	l Seitenlänge	mm, cm, m
	$l = \frac{A \cdot 4}{n \cdot d}$	D Umkreisdurchmesser	mm, cm, m
	$d = \frac{A \cdot 4}{n \cdot l}$	d Inkreisdurchmesser	mm, cm, m
		n Eckenzahl	–
		α Mittelpunktswinkel	°Grad

Flächen Fortsetzung

Bild Grafik	Formel Gleichung	Formelzeichen Bezeichnung	Einheit
Regelmäßiges Vieleck 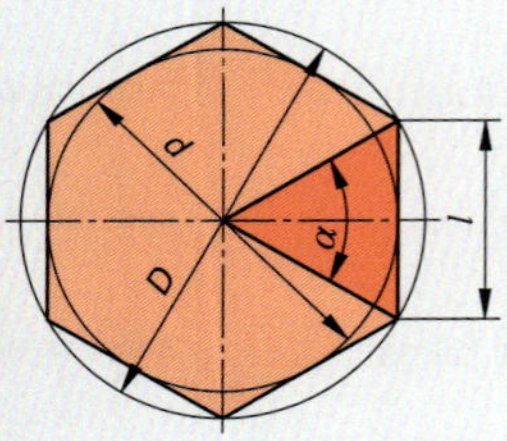	$l = D \cdot \sin\left(\frac{180°}{n}\right)$ $D = \frac{l}{\sin\left(\frac{180°}{n}\right)}$ $\alpha = \frac{360°}{n}$ $n = \frac{360°}{\alpha}$	A Fläche l Seitenlänge D Umkreisdurchmesser d Inkreisdurchmesser n Eckenzahl α Mittelpunktswinkel	mm^2, cm^2, m^2 mm, cm, m mm, cm, m mm, cm, m – °Grad
	$D^2 = d^2 + l^2$ $D = \sqrt{d^2 + l^2}$ $l = \sqrt{D^2 - d^2}$ $d = \sqrt{D^2 - l^2}$ $A \approx 0{,}649 \cdot D^2 \approx 0{,}866 \cdot d^2$	Im regelmäßigen Sechseck ist: $D \approx 1{,}155 \cdot d$	

Berechnung regelmäßiger Vielecke mithilfe der Tabelle

Eckenzahl	Fläche $A \approx$			Umkreisdurchmesser $D \approx$		Inkreisdurchmesser $d \approx$		Seitenlänge $l \approx$	
n	D^2 mal	d^2 mal	l^2 mal	l mal	d mal	l mal	D mal	D mal	d mal
3	0,325	1,299	0,433	1,154	2,000	0,578	0,500	0,867	1,732
4	0,500	1,000	1,000	1,414	1,414	1,000	0,707	0,707	1,000
5	0,595	0,908	1,721	1,702	1,236	1,376	0,809	0,588	0,727
6	0,649	0,866	2,598	2,000	1,155	1,732	0,866	0,500	0,577
8	0,707	0,829	4,828	2,614	1,082	2,414	0,924	0,383	0,414
10	0,735	0,812	7,694	3,236	1,052	3,078	0,951	0,309	0,325
12	0,750	0,804	11,196	3,864	1,035	3,732	0,966	0,259	0,268

Bild Grafik	Formel Gleichung	Formelzeichen Bezeichnung	Einheit
Kreis 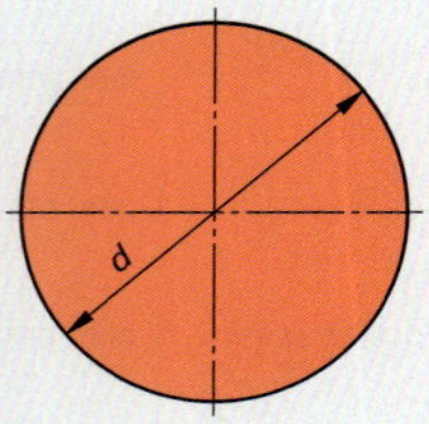	$A = \frac{\pi \cdot d^2}{4}$ $d = \sqrt{\frac{4 \cdot A}{\pi}}$ $A \approx 0{,}785 \cdot d^2$ $d \approx \sqrt{\frac{A}{0{,}785}}$ $U = \pi \cdot d$ $d = \frac{U}{\pi}$	A Fläche d Durchmesser U Umfang π Kreiszahl Pi = 3,14...	m^2, cm^2, mm^2 m, cm, mm m, cm, mm

Flächen Fortsetzung

Bild Grafik	Formel Gleichung	Formelzeichen Bezeichnung	Einheit
Kreisring 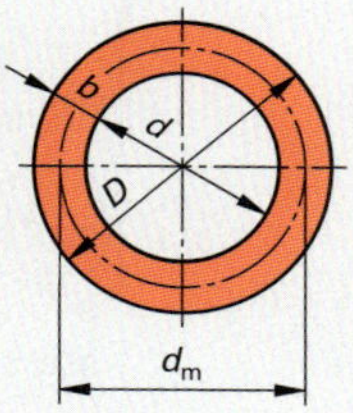	$$A = \frac{\pi \cdot D^2}{4} - \frac{\pi \cdot d^2}{4}$$ $$A = \frac{\pi}{4} \cdot (D^2 - d^2)$$ $D = \sqrt{\frac{4 \cdot A}{\pi} + d^2}$ $d = \sqrt{D^2 - \frac{4 \cdot A}{\pi}}$ $$A = \pi \cdot d_m \cdot b$$ $b = \frac{A}{\pi \cdot d_m}$ $d_m = \frac{A}{\pi \cdot b}$ $d_m = \frac{D + d}{2}$ $d = 2 \cdot d_m - D$ $D = 2 \cdot d_m - d$ $$b = \frac{D - d}{2}$$ $D = 2 \cdot b + d$ $d = D - 2 \cdot b$	A Fläche D Außendurchmesser d Innendurchmesser d_m mittlerer Durchmesser b Breite π Kreiszahl Pi = 3,14...	m^2, cm^2, mm^2 m, cm, mm m, cm, mm m, cm, mm m, cm, mm

Flächen Fortsetzung

Bild Grafik	Formel Gleichung	Formelzeichen Bezeichnung	Einheit
Kreisausschnitt 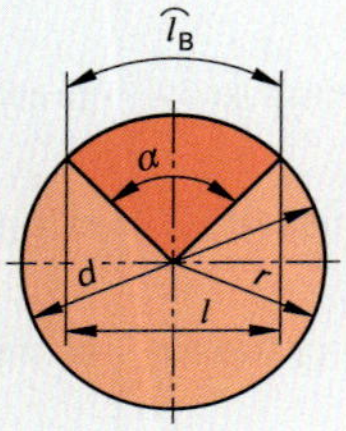	$$A = \frac{l_B \cdot r}{2}$$ $r = \frac{2 \cdot A}{l_B}$ $\widehat{l}_B = \frac{2 \cdot A}{r}$ $$A = \frac{\pi \cdot d^2}{4} \cdot \frac{\alpha}{360°}$$ $d = \sqrt{\frac{4 \cdot 360° \cdot A}{\pi \cdot \alpha}}$ $\alpha = \frac{4 \cdot 360° \cdot A}{d^2 \cdot \pi}$	A Fläche Ausschnitt d Durchmesser r Radius l Sehnenlänge $\widehat{l}_B$ Bogenlänge α Mittelpunktswinkel π Kreiszahl Pi = 3,14...	mm^2, cm^2, m^2 mm, cm, m mm, cm, m mm, cm, m mm, cm, m °Grad
Bogenlänge 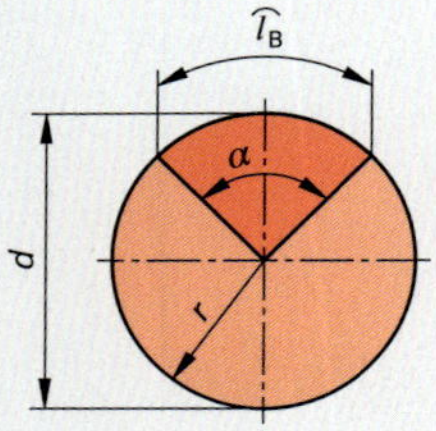	$$\widehat{l}_B = \frac{\pi \cdot r \cdot \alpha}{180°}$$ $r = \frac{\widehat{l}_B \cdot 180°}{\pi \cdot \alpha}$ $\alpha = \frac{\widehat{l}_B \cdot 180°}{\pi \cdot r}$		
Sehnenlänge 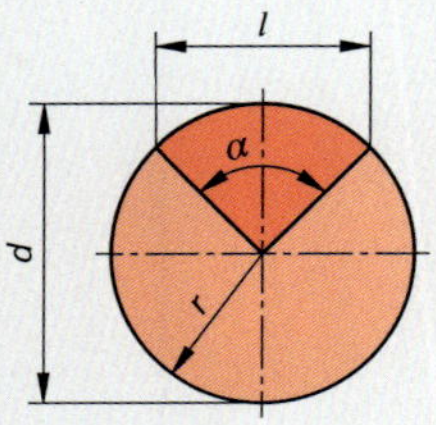	$$l = 2 \cdot r \cdot \sin\left(\frac{\alpha}{2}\right)$$ $r = \frac{l}{2 \cdot \sin\left(\frac{\alpha}{2}\right)}$ $\alpha = 2 \cdot \sin^{-1}\left(\frac{l}{2 \cdot r}\right)$		

Flächen Fortsetzung

Bild **Grafik**	**Formel** **Gleichung**	**Formelzeichen** **Bezeichnung**	**Einheit**
Kreisabschnitt 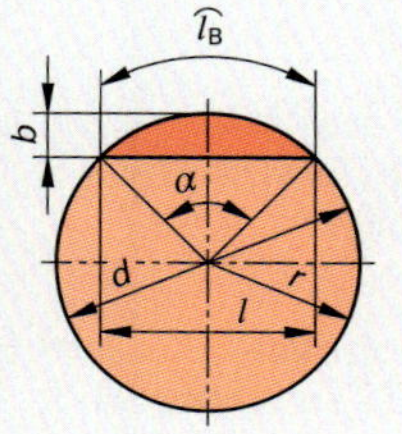	$A = \frac{\widehat{l}_B \cdot r - l \cdot (r - b)}{2}$ $\widehat{l}_B = \frac{2 \cdot A + l \cdot (r - b)}{r}$ $l = \frac{\widehat{l}_B \cdot r - 2 \cdot A}{(r - b)}$ $A = \frac{\pi \cdot d^2}{4} \cdot \frac{\alpha}{360°} - \frac{l \cdot (r - b)}{2}$ $d = \sqrt{\left[A + \frac{l \cdot (r - b)}{2}\right] \cdot \frac{4 \cdot 360°}{\pi \cdot \alpha}}$ $\alpha = \left[A + \frac{l \cdot (r - b)}{2}\right] \cdot \frac{4 \cdot 360°}{\pi \cdot d^2}$ $b = r + \left(A - \frac{\pi \cdot d^2}{4} \cdot \frac{\alpha}{360°}\right) \cdot \frac{2}{l}$ $b = r \cdot \left(1 - \cos\left(\frac{\alpha}{2}\right)\right)$ $r = \frac{b}{\left(1 - \cos\left(\frac{\alpha}{2}\right)\right)}$	A Fläche Abschnitt d Durchmesser r Radius l Sehnenlänge $\widehat{l}_B$ Bogenlänge b Breite α Mittelpunktwinkel π Kreiszahl Pi = 3,14...	mm^2, cm^2, m^2 mm, cm, m mm, cm, m mm, cm, m mm, cm, m mm, cm, m °Grad
Ellipse 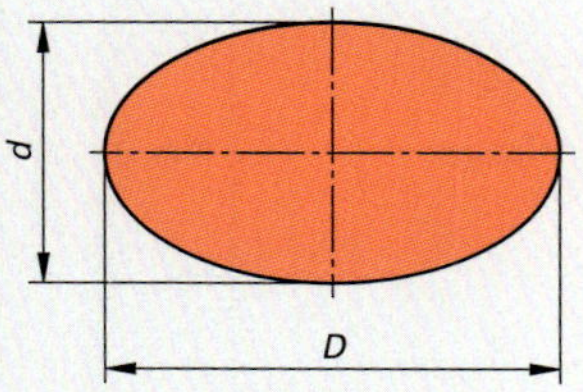	$A = \frac{\pi \cdot D \cdot d}{4}$ $D = \frac{4 \cdot A}{\pi \cdot d}$ $d = \frac{4 \cdot A}{\pi \cdot D}$ Die angegebene Formel gilt auch für Oval und Korbbogen. $U \approx \frac{\pi}{2} \cdot (D + d)$ $D \approx \frac{2 \cdot U}{\pi} - d$ $d \approx d - \frac{2 \cdot U}{\pi}$	A Fläche D großer Durchmesser d kleiner Durchmesser U Umfang π Kreiszahl Pi = 3,14...	m^2, cm^2, m^2 mm, cm, m mm, cm, m mm, cm, m

1

Mathematische Grundlagen

1.13 Verschnitt von Flächen (Tafeln)

Bild Grafik | **Formel Gleichung** | **Formelzeichen Bezeichnung** | **Einheit**

Blechtafel / Rohteil

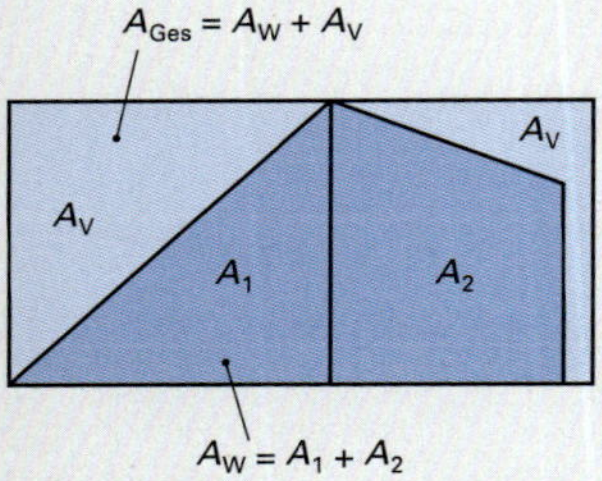

Formel / Gleichung	Formelzeichen	Bezeichnung	Einheit
$A_V = A_{Ges} - A_W$ $A_W = A_{Ges} - A_V$ $A_{Ges} = A_W + A_V$	A_{Ges}	Fläche des Rohteils, Ausgangsfläche	mm^2, cm^2, m^2
$A_W = A_1 + A_2$ $A_2 = A_W - A_1$ $A_1 = A_W - A_2$	A_W	Fläche des Werkstückes, Abwicklungsfläche	mm^2, cm^2, m^2
$A_{V\%} = \frac{A_{Ges} - A_W}{A_{Ges}} \cdot 100\,\%$ $A_{W\%} = A_{Ges} - \frac{A_V \cdot A_{Ges}}{100\,\%}$	A_V	Fläche des Verschnitts, Verschnitt	mm^2, cm^2, m^2
	$A_{Ges\%}$	Fläche des Rohteils, Ausgangsfläche = 100 %	%
	$A_{W\%}$	Fläche des Werkstücke Abwicklungsfläche	%
	$A_{V\%}$	Fläche des Verschnitts, Verschnitt	%

1.14 Körper, Volumen und Oberfläche

Würfel

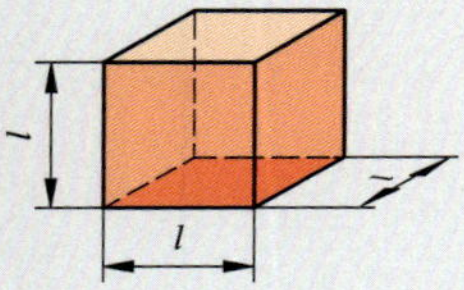

Formel / Gleichung	Formelzeichen	Bezeichnung	Einheit
$V = l^3$ $l = \sqrt[3]{V}$	V	Volumen	mm^3, cm^3, m^3
	l	Seitenlänge	mm, cm, m
$A_O = 6 \cdot l^2$ $l = \sqrt{\frac{A_O}{6}}$	A_O	Oberfläche	mm^2, cm^2, m^2

Vierkantprisma, Quader

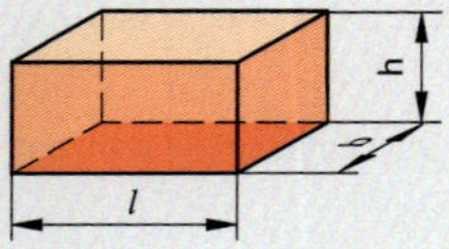

Formel / Gleichung	Formelzeichen	Bezeichnung	Einheit
$V = l \cdot b \cdot h$ $l = \frac{V}{b \cdot h}$ $b = \frac{V}{l \cdot h}$ $h = \frac{V}{l \cdot b}$	V	Volumen	mm^3, cm^3, m^3
	l	Seitenlänge	mm, cm, m
	h	Höhe	mm, cm, m
	b	Breite	mm, cm, m
$A_O = 2 \cdot (l \cdot b + l \cdot h + b \cdot h)$ $l = \frac{A_O - 2 \cdot b \cdot h}{2 \cdot (b + h)}$ $b = \frac{A_O - 2 \cdot h \cdot l}{2 \cdot (h + l)}$ $h = \frac{A_O - 2 \cdot b \cdot l}{2 \cdot (b + l)}$	A_O	Oberfläche	mm^2, cm^2, m^2

Körper, Volumen und Oberfläche Fortsetzung

Bild Grafik	**Formel Gleichung**	**Formelzeichen Bezeichnung**	**Einheit**
Zylinder 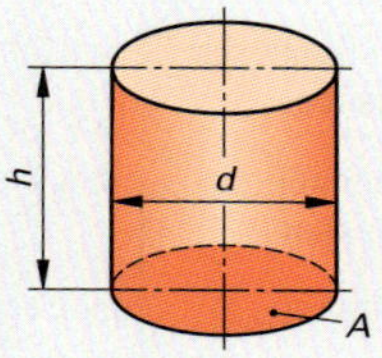	$$V = \frac{\pi \cdot d^2}{4} \cdot h$$	V Volumen	mm^3, cm^3, m^3
	$h = \frac{4 \cdot V}{\pi \cdot d^2}$	d Durchmesser	mm, cm, m
	$d = \sqrt{\frac{4 \cdot V}{\pi \cdot h}}$	h Höhe	mm, cm, m
		A Grundfläche, Deck- und Bodenfläche	mm^2, cm^2, m^2
	$$A_O = 2 \cdot A + A_M$$	A_0 Oberfläche	mm^2, cm^2, m^2
Zylinder Abwicklung 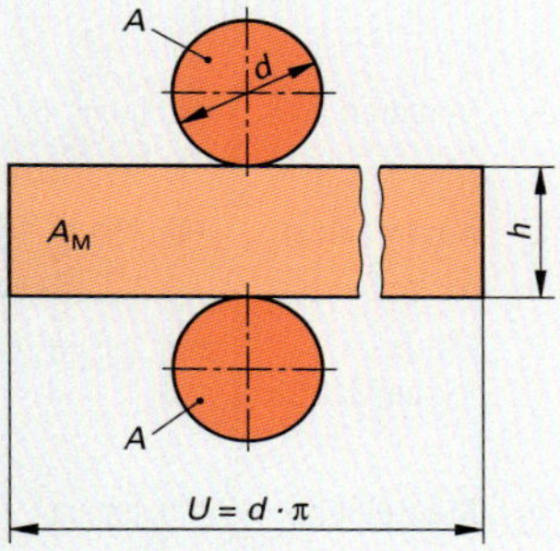	$A_M = A_O - 2 \cdot A$	A_M Mantelfläche	mm^2, cm^2, m^2
	$A = \frac{A_O - A_M}{2}$	π Kreiszahl Pi = 3,14...	
	$$A_M = U \cdot h = \pi \cdot d \cdot h$$		
	$d = \frac{A_M}{\pi \cdot h}$		
	$h = \frac{A_M}{\pi \cdot d}$		
	$A = \frac{\pi \cdot d^2}{4}$		
	$$A_O = 2 \cdot \frac{\pi \cdot d^2}{4} + \pi \cdot d \cdot h$$		
	$h = \frac{A_O}{\pi \cdot d} - \frac{d}{2}$		
Hohlzylinder 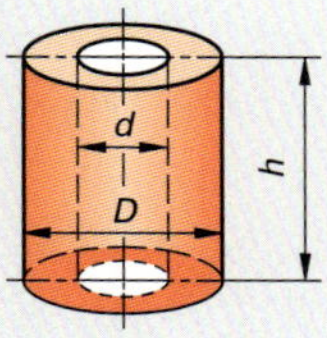	$$V = \frac{\pi \cdot h}{4} \cdot (D^2 - d^2)$$	V Volumen	mm^3, cm^3, m^3
	$D = \sqrt{\frac{4 \cdot V}{\pi \cdot h} + d^2}$	D Außendurchmesser	mm, cm, m
	$d = \sqrt{D^2 - \frac{4 \cdot V}{\pi \cdot h}}$	d Innendurchmesser	mm, cm, m
	$h = \frac{4 \cdot V}{\pi \cdot (D^2 - d^2)}$	h Höhe	mm, cm, m
		A_0 Oberfläche	mm^2, cm^2, m^2
		π Kreiszahl Pi = 3,14...	

Körper, Volumen und Oberfläche Fortsetzung

Bild **Grafik**	**Formel** **Gleichung**	**Formelzeichen** **Bezeichnung**	**Einheit**
Hohlzylinder 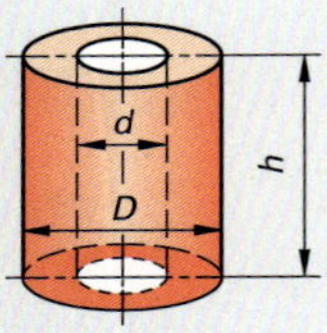 Gültig für $d < h$ Gültig für $d > h$	$A_O = \pi \cdot (D + d) \cdot \left[\frac{1}{2} \cdot (D - d) + h\right]$ $h = \frac{A_O}{\pi \cdot (D + d)} - \frac{1}{2} \cdot (D - d)$ $D = \sqrt{h^2 + \frac{2 \cdot A_O}{\pi} + d^2 - 2 \cdot h \cdot d} - h$ $d = h - \sqrt{h^2 - \frac{2 \cdot A_O}{\pi} + D^2 + 2 \cdot h \cdot D}$ $d = h + \sqrt{h^2 - \frac{2 \cdot A_O}{\pi} + D^2 + 2 \cdot h \cdot D}$	V Volumen D Außendurchmesser d Innendurchmesser h Höhe A_O Oberfläche π Kreiszahl Pi = 3,14...	mm³, cm³, m³ mm, cm, m mm, cm, m mm, cm, m mm², cm², m²
Pyramide mit quadratischer Grundfläche 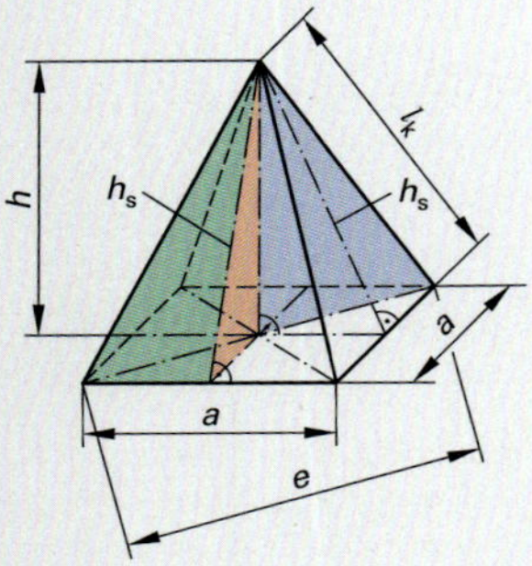 Voraussetzung: $a = b$; $h_S = h_{Sb} = h_{Sa}$	Volumen $V = \frac{a^2 \cdot h}{3}$ $a = \sqrt{\frac{3 \cdot V}{h}}$ $h = \frac{3 \cdot V}{a^2}$ Kantenlänge $l_K = \sqrt{h_S^2 + \left(\frac{a}{2}\right)^2}$ $h_S = \sqrt{l_K^2 - \left(\frac{a}{2}\right)^2}$ $a = 2 \cdot \sqrt{l_K^2 - h_S^2}$ $l_K = \sqrt{h^2 + \left(\frac{e}{2}\right)^2}$ $h = \sqrt{l_K^2 - \left(\frac{e}{2}\right)^2}$ $e = 2 \cdot \sqrt{l_K^2 - h^2}$ $e = a \cdot \sqrt{2}$; $a = \frac{2 \cdot \sqrt{l_K^2 - h^2}}{\sqrt{2}}$ Mantelhöhe $h_S = \sqrt{h^2 + \left(\frac{a}{2}\right)^2}$ $h = \sqrt{h_S^2 - \left(\frac{a}{2}\right)^2}$ $a = 2 \cdot \sqrt{h_S^2 - h^2}$	V Volumen l_K Kantenlänge h Höhe Pyramide h_S Mantelhöhe a Seitenlängen A Grundfläche A_O Oberfläche A_M Mantelfläche e Eckmaß	mm³, cm³, m³ mm, cm, m mm, cm, m mm, cm, m mm, cm, m mm², cm², m² mm², cm², m² mm², cm², m² mm, cm, m

Körper, Volumen und Oberfläche Fortsetzung

Bild Grafik	Formel Gleichung	Formelzeichen Bezeichnung	Einheit

Pyramide mit quadratischer Grundfläche

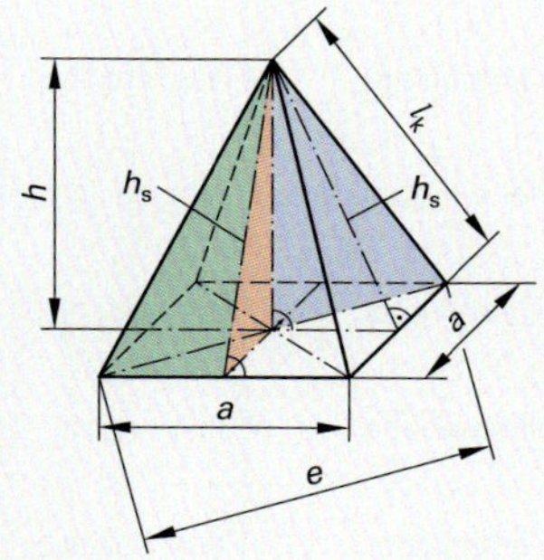

Voraussetzung:

$a = b,$

$h_S = h_{Sa} = h_{Sb}$

Pyramide mit rechteckiger Grundfläche

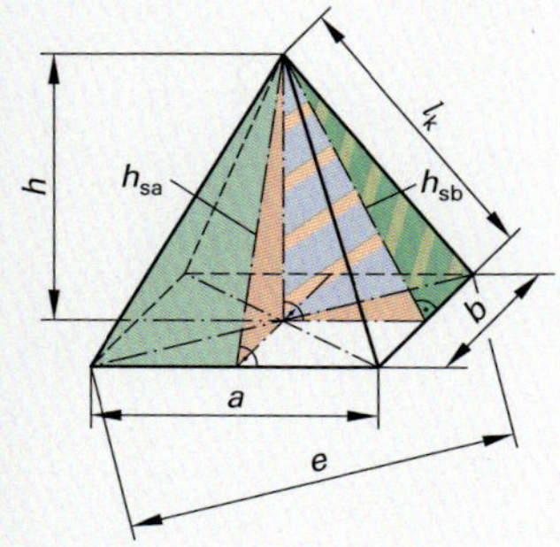

Voraussetzung:

$a \neq b,$

$h_{sa} \neq h_{sb}$

Mantelhöhe

$$h_S = \sqrt{l_K^2 - \left(\frac{a}{2}\right)^2}$$

$l_K = \sqrt{h_S^2 + \left(\frac{a}{2}\right)^2}$ $\quad a = 2 \cdot \sqrt{l_K^2 - h_S^2}$

Flächen

$$A_O = A + A_M$$

$A = A_O - A_M$ $\quad A_M = A_O - A$

$$A = a^2$$

$a = \sqrt{A}$

$$A_M = 2 \cdot a \cdot h_S$$

$a = \frac{A_M}{2 \cdot h_S}$ $\quad h_S = \frac{A_M}{2 \cdot a}$

Volumen

$$V = \frac{a \cdot b \cdot h}{3}$$

$a = \frac{3 \cdot V}{b \cdot h}$ $\quad b = \frac{3 \cdot V}{a \cdot h}$

$h = \frac{3 \cdot V}{a \cdot b}$

Kantenlänge

$$l_K = \sqrt{h_{Sa}^2 + \left(\frac{a}{2}\right)^2} = \sqrt{h_{Sb}^2 + \left(\frac{b}{2}\right)^2}$$

$h_{Sa} = \sqrt{l_K^2 - \left(\frac{a}{2}\right)^2}$; $\quad h_{Sb} = \sqrt{l_K^2 - \left(\frac{b}{2}\right)^2}$

$a = 2 \cdot \sqrt{l_K^2 - h_{Sa}^2}$; $\quad b = 2 \cdot \sqrt{l_K^2 - h_{Sb}^2}$

$$l_K = \sqrt{h^2 + \left(\frac{e}{2}\right)^2}$$

$h = \sqrt{l_K^2 - \left(\frac{e}{2}\right)^2}$ $\quad e = 2 \cdot \sqrt{l_K^2 - h^2}$

Formelzeichen	Bezeichnung	Einheit
V	Volumen	mm^3, cm^3, m^3
l_K	Kantenlänge	mm, cm, m
h	Höhe Pyramide	mm, cm, m
h_S	Mantelhöhe	mm, cm, m
h_{Sa}	Mantelhöhe	mm, cm, m
h_{Sb}	Mantelhöhe	mm, cm, m
a	Seitenlänge	mm, cm, m
b	Seitenbreite	mm, cm, m
A	Grundfläche	mm^2, cm^2, m^2
A_O	Oberfläche	mm^2, cm^2, m^2
A_M	Mantelfläche (gleichschenkliges Dreieck $\alpha = \beta \neq \gamma$)	mm^2, cm^2, m^2
e	Eckmaß	mm, cm, m

1

Mathematische Grundlagen

Körper, Volumen und Oberfläche Fortsetzung

Bild Grafik	Formel Gleichung	Formelzeichen Bezeichnung	Einheit
Pyramide mit rechteckiger Grundfläche Voraussetzung: $a \neq b$, $h_{sa} \neq h_{sb}$ 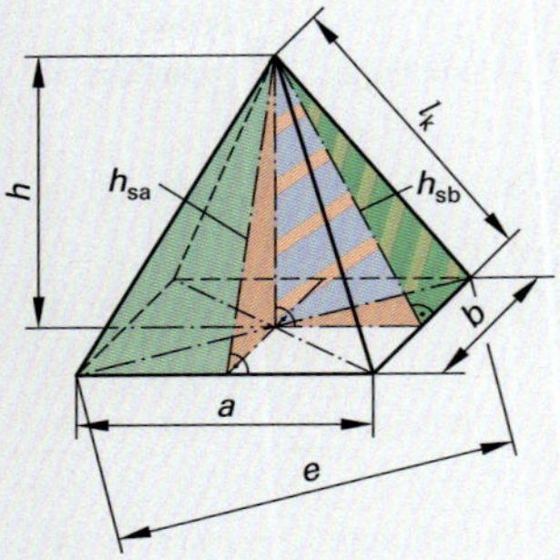 	Kantenlänge $e = \sqrt{a^2 + b^2}$ $a = \sqrt{4 \cdot (l_K^2 - h^2) - b^2}$ $b = \sqrt{4 \cdot (l_K^2 - h^2) - a^2}$ Mantelhöhen $h_{Sa} = \sqrt{h^2 + \left(\frac{b}{2}\right)^2}$ $h_{Sb} = \sqrt{h^2 + \left(\frac{a}{2}\right)^2}$ $h = \sqrt{h_{Sa}^2 - \left(\frac{b}{2}\right)^2} = \sqrt{h_{Sb}^2 - \left(\frac{a}{2}\right)^2}$ $a = 2 \cdot \sqrt{h_{Sb}^2 - h^2}$ $b = 2 \cdot \sqrt{h_{Sa}^2 - h^2}$ $h_{Sa} = \sqrt{l_K^2 - \left(\frac{a}{2}\right)^2}$ $h_{Sb} = \sqrt{l_K^2 - \left(\frac{b}{2}\right)^2}$ $l_K = \sqrt{h_{Sa}^2 + \left(\frac{a}{2}\right)^2} = \sqrt{h_{Sb}^2 + \left(\frac{b}{2}\right)^2}$ $a = 2 \cdot \sqrt{l_K^2 - l_{Sa}^2}$ $b = 2 \cdot \sqrt{l_K^2 - h_{Sb}^2}$ Flächen $A_O = A + A_M$ $A = A_O - A_M$ $A_M = A_O - A$	V Volumen l_K Kantenlänge h Höhe Pyramide h_{Sb} Mantelhöhe h_{Sa} Mantelhöhe a Seitenlänge b Seitenbreite A Grundfläche A_0 Oberfläche A_M Mantelfläche (gleichschenkliges Dreieck $\alpha = \beta \neq \gamma$) E Eckmaß	mm^3, cm^3, m^3 mm, cm, m mm, cm, m mm, cm, m mm, cm, m mm, cm, m mm, cm, m mm^2, cm^2, m^2 mm^2, cm^2, m^2 mm^2, cm^2, m^2 mm, cm, m

Körper, Volumen und Oberfläche Fortsetzung

Bild Grafik	Formel Gleichung	Formelzeichen Bezeichnung	Einheit
Pyramide mit rechteckiger Grundfläche	Flächen		
	$A = a \cdot b$	V Volumen	mm^3, cm^3, m^3
Voraussetzung: $a \neq b$, $h_{Sa} \neq h_{Sb}$	$a = \frac{A}{b}$; $b = \frac{A}{a}$	l_K Kantenlänge	mm, cm, m
	$A_M = a \cdot h_{Sa} + b \cdot h_{Sb}$	a Seitenlängen	mm, cm, m
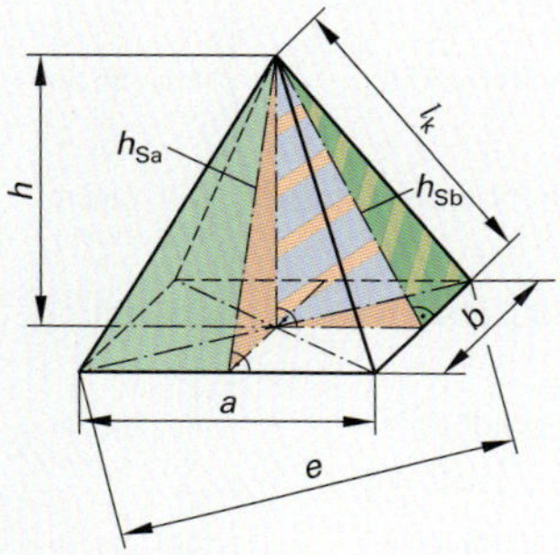	$h_{Sa} = \frac{A_M - b \cdot h_{Sb}}{a}$	b Seitenbreiten	mm, cm, m
	$h_{Sb} = \frac{A_M - a \cdot h_{Sa}}{b}$	h Höhe Pyramide	mm, cm, m
	$a = \frac{A_M - b \cdot h_{Sb}}{h_{Sa}}$	h_{Sa} Mantelhöhe	mm, cm, m
	$b = \frac{A_M - a \cdot h_{Sa}}{h_{Sb}}$	h_{Sb} Mantelhöhe	mm, cm, m
		A Grundfläche	mm^2, cm^2, m^2
		A_0 Oberfläche	mm^2, cm^2, m^2
Pyramidenstumpf mit quadratischer Deck- und Grundfläche	Volumen	A_M Mantelfläche	mm^2, cm^2, m^2
Voraussetzung: $a = b$, $h_s = h_{sa} = h_{sb}$ $A_1 \parallel A_2$	$V = \frac{A_1 \cdot H}{3} - \frac{A_2 \cdot (H - h)}{3}$	e Eckmaß	mm, cm, m
	$A_1 = \frac{3 \cdot V + A_2 \cdot (H - h)}{H}$	H Höhe Pyramide	mm, cm, m
	$A_2 = \frac{A_1 \cdot H - 3 \cdot V}{(H - h)}$	h Höhe Pyramidenstumpf	mm, cm, m
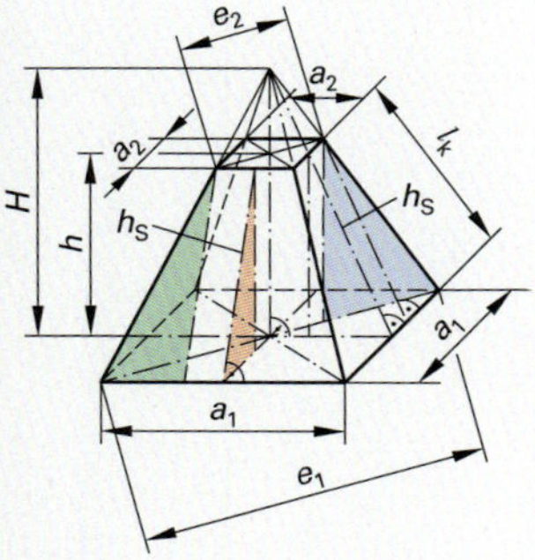	$h = \frac{3 \cdot V - H \cdot (A_1 - A_2)}{A_2}$	a_1, a_2 Seitenlängen	mm, cm, m
	$H = \frac{3 \cdot V - A_2 \cdot H}{(A_1 - A_2)}$	A_1 Grundfläche	mm^2, cm^2, m^2
	$V = \frac{h}{3} \cdot \left(A_1 + A_2 + \sqrt{A_1 \cdot A_2}\right)$	A_2 Deckfläche	mm^2, cm^2, m^2
	$A_1 = \frac{1}{2} \cdot \left(\frac{6 \cdot V}{h} - A_2\right) - \frac{1}{2} \cdot \sqrt{\frac{12 \cdot V \cdot A_2}{h} - 3 \cdot A_2^2}$		
	$A_2 = \frac{1}{2} \cdot \left(\frac{6 \cdot V}{h} - A_1\right) - \frac{1}{2} \cdot \sqrt{\frac{12 \cdot V \cdot A_1}{h} - 3 \cdot A_1^2}$		
	$h = \frac{3 \cdot V}{A_1 + A_2 + \sqrt{A_1 \cdot A_2}}$		
	$A_1 = a_1^2$; $a_1 = \sqrt{A_1}$		
	$A_2 = a_2^2$; $a_2 = \sqrt{A_2}$		

Körper, Volumen und Oberfläche Fortsetzung

Bild **Grafik**	**Formel** **Gleichung**	**Formelzeichen** **Bezeichnung**	**Einheit**
Pyramidenstumpf mit quadratischer Deck- und Grundfläche Voraussetzung: $a = b$, $h_S = h_{Sa} = h_{Sb}$ $A_1 \parallel A_2$ 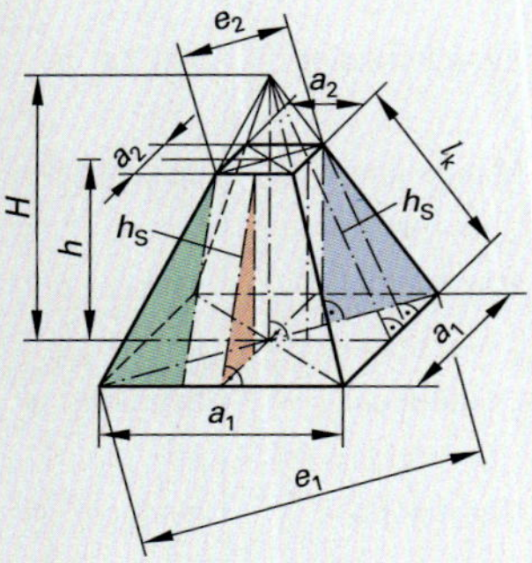 	Kantenlänge $l_K = \sqrt{\left(\frac{a_1 - a_2}{2}\right)^2 + h_S^2}$ $h_S = \sqrt{l_K^2 - \left(\frac{a_1 - a_2}{2}\right)^2}$ $a_1 = 2 \cdot \sqrt{l_K^2 - h_S^2} + a_2$ $a_2 = a_1 - 2 \cdot \sqrt{l_K^2 - h_S^2}$ $l_K = \sqrt{h^2 + \left(\frac{e_1 - e_2}{2}\right)^2}$ $h = \sqrt{l_K^2 - \left(\frac{e_1 - e_2}{2}\right)^2}$ $e_1 = 2 \cdot \sqrt{l_K^2 - h^2} + e_2$ $e_2 = e_1 - 2 \cdot \sqrt{l_K^2 - h^2}$ $e_1 = a_1 \cdot \sqrt{2}$; $e_2 = a_1 \cdot \sqrt{2}$ $a_1 = \frac{2 \cdot \sqrt{l_K^2 - h^2}}{\sqrt{2}}$ $a_2 = \frac{2 \cdot \sqrt{l_K^2 - h^2}}{\sqrt{2}}$ Mantelhöhe $h_S = \sqrt{l_K^2 - \left(\frac{a_1 - a_2}{2}\right)^2}$ $l_K = \sqrt{h_S^2 + \left(\frac{a_1 - a_2}{2}\right)^2}$ $a_1 = 2 \cdot \sqrt{l_K^2 - h_S^2} + a_2$ $a_2 = a_1 - 2 \cdot \sqrt{l_K^2 - h_S^2}$ $h_S = \sqrt{h^2 + \left(\frac{a_1 - a_2}{2}\right)^2}$	V Volumen l_K Kantenlänge a_1, a_2 Seitenlängen H Höhe Pyramide h Höhe Pyramidenstumpf h_S Mantelhöhe h_{Sa} Mantelhöhe h_{Sb} Mantelhöhe A_1 Grundfläche A_2 Deckfläche A_0 Oberfläche A_M Mantelfläche e Eckmaß	mm^3, cm^3, m^3 mm, cm, m mm, cm, m mm, cm, m mm, cm, m mm, cm, m mm, cm, m mm, cm, m mm^2, cm^2, m^2 mm^2, cm^2, m^2 mm^2, cm^2, m^2 mm^2, cm^2, m^2 mm, cm, m

Körper, Volumen und Oberfläche Fortsetzung

Bild Grafik	Formel Gleichung	Formelzeichen Bezeichnung	Einheit
Pyramidenstumpf mit quadratischer Deck- und Grundfläche	Mantelhöhe		
	$h = \sqrt{h_S^2 - \left(\frac{a_1 - a_2}{2}\right)^2}$	V Volumen	mm³, cm³, m³
Voraussetzung: $a = b$,	$a_1 = 2 \cdot \sqrt{h_S^2 - h^2} + a_2$	l_K Kantenlänge	mm, cm, m
$h_S = h_{Sa} = h_{Sb}$ $A_1 \parallel A_2$	$a_2 = a_1 - 2 \cdot \sqrt{h_S^2 - h^2}$	a_1, a_2 Seitenlängen	mm, cm, m
	Flächen	b_1, b_2 Seitenbreiten	mm, cm, m
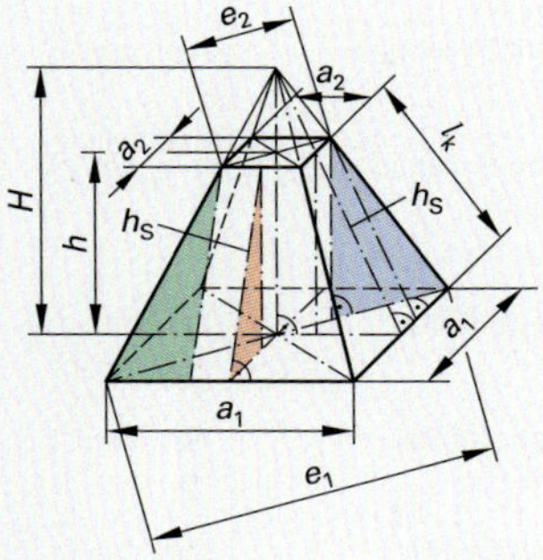	$A_O = A_1 + A_2 + A_M$	H Höhe Pyramide	mm, cm, m
	$A_1 = A_O - A_2 - A_M$ $A_2 = A_O - A_1 - A_M$	h Höhe Pyramidenstumpf	mm, cm, m
	$A_M = A_O + A_1 + A_2$	h_S Mantelhöhe	mm, cm, m
	$A_1 = a_1^2$; $A_2 = a_2^2$; $A_M = 2 \cdot (a_1 + a_2) \cdot h_S$	h_{Sa} Mantelhöhe	mm, cm, m
	$a_1 = \frac{A_M}{h_S} - a_2$; $a_2 = \frac{A_M}{h_S} - a$	h_{Sb} Mantelhöhe	mm, cm, m
	$h_S = \frac{A_M}{2 \cdot (a_1 + a_2)}$	A_1 Grundfläche	mm², cm², m²
Pyramidenstumpf mit rechteckiger Deck- und Grundfläche	Volumen	A_2 Deckfläche	mm², cm², m²
Voraussetzung: $a \neq b$, $h_{Sa} \neq h_{Sb}$ $A_1 \parallel A_2$	$V = \frac{A_1 \cdot H}{3} - \frac{A_2 \cdot (H - h)}{3}$	A_O Oberfläche	mm², cm², m²
	$A_1 = \frac{3 \cdot V + A_2 \cdot (H - h)}{H}$ $A_2 = \frac{A_1 \cdot H - 3 \cdot V}{(H - h)}$	A_M Mantelfläche (gleichschenkliges Trapez $\alpha = \beta$)	mm², cm², m²
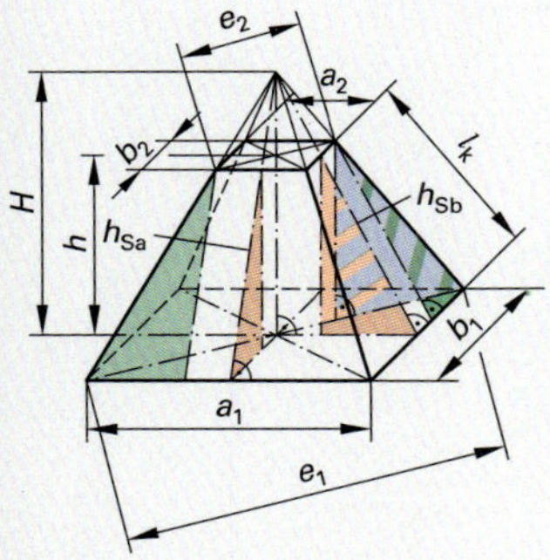	$h = \frac{3 \cdot V - H \cdot (A_1 - A_2)}{A_2}$	e Eckmaß	mm, cm, m
	$H = \frac{3 \cdot V - A_2 \cdot H}{(A_1 - A_2)}$		
	$V = \frac{h}{3} \cdot (A_1 + A_2 + \sqrt{A_1 \cdot A_2})$		
	$A_1 = \frac{1}{2} \cdot \left(\frac{6 \cdot V}{h} - A_2\right) - \frac{1}{2} \cdot \sqrt{\frac{12 \cdot V \cdot A_2}{h} - 3 \cdot A_2^2}$		
	$A_2 = \frac{1}{2} \cdot \left(\frac{6 \cdot V}{h} - A_1\right) - \frac{1}{2} \cdot \sqrt{\frac{12 \cdot V \cdot A_1}{h} - 3 \cdot A_1^2}$		
	$h = \frac{3 \cdot V}{A_1 + A_2 + \sqrt{A_1 \cdot A_2}}$		

Körper, Volumen und Oberfläche Fortsetzung

Bild Grafik	**Formel Gleichung**	**Formelzeichen Bezeichnung**	**Einheit**
Pyramidenstumpf mit rechteckiger Deck- und Grundfläche	Volumen		
	$A_1 = a_1 \cdot b_1$	V Volumen	mm³, cm³, m³
Voraussetzung:	$A_2 = a_2 \cdot b_2$		
$a \neq b$,	$a_1 = \frac{A_1}{b_1}$; $a_2 = \frac{A_2}{b_2}$	l_K Kantenlänge	mm, cm, m
$h_{Sa} \neq h_{Sb}$	$b_1 = \frac{A_1}{a_1}$; $b_2 = \frac{A_2}{a_2}$	a_1, a_2 Seitenlängen	mm, cm, m
$A_1 \parallel A_2$			
	Kantenlänge	b_1, b_2 Seitenbreiten	mm, cm, m
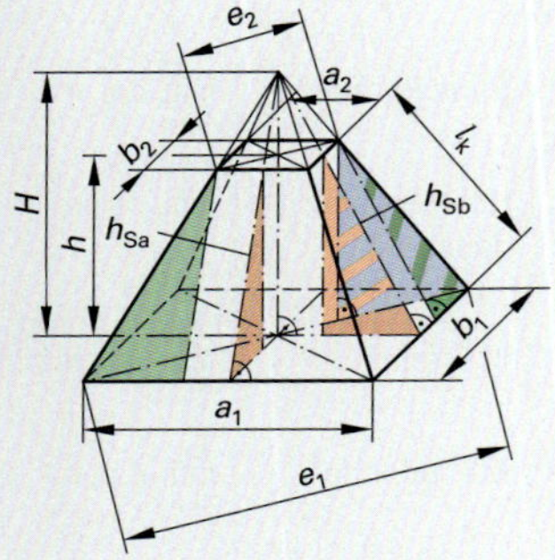 	$$l_K = \sqrt{h_{Sa}^2 + \left(\frac{a_1 - a_2}{2}\right)^2}$$	H Höhe Pyramide	mm, cm, m
		h Höhe Pyramidenstumpf	mm, cm, m
	$h_{Sa} = \sqrt{l_K^2 - \left(\frac{a_1 - a_2}{2}\right)^2}$	h_S Mantelhöhe	mm, cm, m
	$a_1 = 2 \cdot \sqrt{l_K^2 - h_{Sa}^2} + a_2$	h_{Sa} Mantelhöhe	mm, cm, m
	$a_2 = a_2 - 2 \cdot \sqrt{l_K^2 - h_{Sa}^2}$	h_{Sb} Mantelhöhe	mm, cm, m
	$$l_K = \sqrt{h_{Sb}^2 + \left(\frac{b_1 - b_2}{2}\right)^2}$$	A_1 Grundfläche	mm², cm², m²
	$h_{Sb} = \sqrt{l_K^2 - \left(\frac{b_1 - b_2}{2}\right)^2}$	A_2 Deckfläche	mm², cm², m²
	$b_1 = 2 \cdot \sqrt{l_K^2 - h_{Sb}^2} + b_2$	A_0 Oberfläche	mm², cm², m²
	$b_2 = b_1 - 2 \cdot \sqrt{l_K^2 - h_{Sb}^2}$	A_M Mantelfläche (gleichschenkliges Trapez $\alpha = \beta$)	mm², cm², m²
	$$l_K = \sqrt{h^2 + \left(\frac{e_1 - e_2}{2}\right)^2}$$	e Eckmaß	mm, cm, m
	$e_1 = \sqrt{a_1^2 + b_1^2}$; $e_2 = \sqrt{a_2^2 + b_2^2}$		
	$e_1 = 2 \cdot \sqrt{l_K^2 - h^2} + e_2$		
	$e_2 = e_1 - 2 \cdot \sqrt{l_K^2 - h^2}$		
	$a_1 = \sqrt{\sqrt{2} \cdot \left(l_K^2 - h^2\right) + a_2^2 + b_2^2 - b_1^2}$		
	$a_2 = \sqrt{a_1^2 + b_1^2 - \sqrt{2} \cdot \left(l_K^2 - h^2\right) - b_2^2}$		
	$b_1 = \sqrt{\sqrt{2} \cdot \left(l_K^2 - h^2\right) + a_2^2 + b_2^2 - a_1^2}$		
	$b_2 = \sqrt{a_2^2 + b_2^2 - \sqrt{2} \cdot \left(l_K^2 - h^2\right) - a_2^2}$		

Körper, Volumen und Oberfläche Fortsetzung

Bild / Grafik

Pyramidenstumpf mit rechteckiger Deck- und Grundfläche

Voraussetzung:

$a \neq b$,

$h_{Sa} \neq h_{Sb}$

$A_1 \parallel A_2$

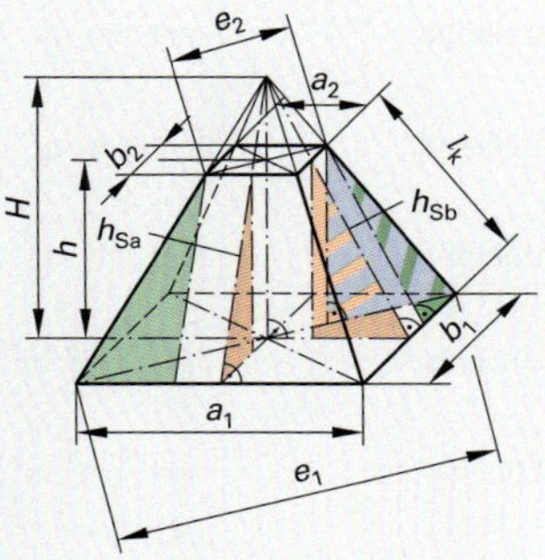

Formel / Gleichung

Mantelhöhen

$$h_{Sa} = \sqrt{l_K^2 - \left(\frac{a_1 - a_2}{2}\right)^2}$$

$$l_K = \sqrt{h_{Sa}^2 + \left(\frac{a_1 - a_2}{2}\right)^2}$$

$$a_1 = 2 \cdot \sqrt{l_K^2 - h_{Sa}^2} + a_2$$

$$a_2 = a_1 - 2 \cdot \sqrt{l_K^2 - h_{Sa}^2}$$

$$h_{Sa} = \sqrt{h^2 + \left(\frac{b_1 - b_2}{2}\right)^2}$$

$$h = \sqrt{h_{Sa}^2 - \left(\frac{b_1 - b_2}{2}\right)^2}$$

$$b_1 = 2 \cdot \sqrt{h_{Sa}^2 - h^2} + b_2$$

$$b_2 = b_1 - 2 \cdot \sqrt{h_{Sa}^2 - h^2}$$

$$h_{Sb} = \sqrt{l_K^2 - \left(\frac{b_1 - b_2}{2}\right)^2}$$

$$l_K = \sqrt{l_{Sb}^2 + \left(\frac{b_1 - b_2}{2}\right)^2}$$

$$b_1 = 2 \cdot \sqrt{l_K^2 - h_{Sb}^2} + b_2$$

$$b_2 = b_1 - 2 \cdot \sqrt{l_K^2 - h_{Sb}^2}$$

$$h_{Sb} = \sqrt{h^2 + \left(\frac{a_1 - a_1}{2}\right)^2}$$

$$h = \sqrt{h_{Sb}^2 - \left(\frac{a_1 - a_2}{2}\right)^2}$$

$$a_1 = 2 \cdot \sqrt{h_{Sb}^2 - h^2} + a_2$$

$$a_2 = a_1 - 2 \cdot \sqrt{h_{Sb}^2 - h^2}$$

Flächen

$$A_O = A_1 + A_2 + A_M$$

Formelzeichen	Bezeichnung	Einheit
V	Volumen	mm³, cm³, m³
l_K	Kantenlänge	mm, cm, m
a_1, a_2	Seitenlängen	mm, cm, m
b_1, b_2	Seitenbreiten	mm, cm, m
H	Höhe Pyramide	mm, cm, m
h	Höhe Pyramidenstumpf	mm, cm, m
h_S	Mantelhöhe	mm, cm, m
h_{Sa}	Mantelhöhe	mm, cm, m
h_{Sb}	Mantelhöhe	mm, cm, m
A_1	Grundfläche	mm², cm², m²
A_2	Deckfläche	mm², cm², m²
A_O	Oberfläche	mm², cm², m²
A_M	Mantelfläche (gleichschenkliges Trapez $\alpha = \beta$)	mm², cm², m²
e	Eckmaß	mm, cm, m

Körper, Volumen und Oberfläche Fortsetzung

Bild **Grafik**	**Formel** **Gleichung**	**Formelzeichen** **Bezeichnung**	**Einheit**
Pyramidenstumpf mit rechteckiger Deck- und Grundfläche Voraussetzung: $a \neq b$, $h_{Sa} \neq h_{Sb}$ $A_1 \parallel A_2$ 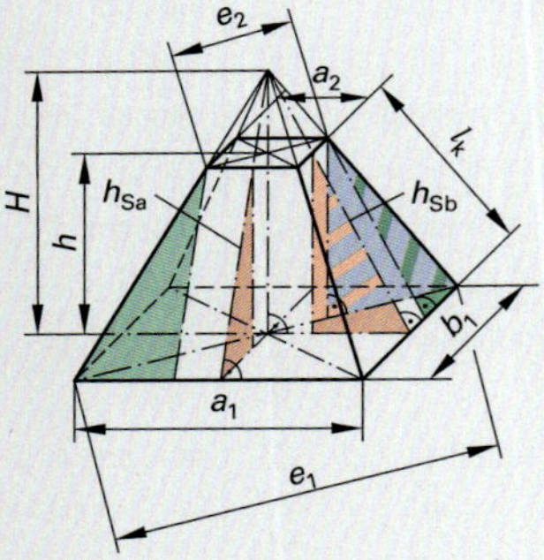	Flächen $A_1 = A_O - A_2 - A_M$ $A_2 = A_O - A_1 - A_M$ $A_M = A_O - A_1 - A_2$ $A_1 = a_1 \cdot b_1;\quad A_2 = a_2 \cdot b_2$ $a_1 = \frac{A_1}{b_1};\quad b_1 = \frac{A_1}{a_1}$ $a_2 = \frac{A_2}{b_2};\quad b_2 = \frac{A_2}{a_2}$ $A_M = (a_1 + a_2) \cdot h_{Sa} + (b_1 + b_2) \cdot h_{Sb}$ $h_{Sa} = \frac{A_M}{(a_1 + a_2)}$ $h_{Sb} = \frac{A_M}{(b_1 + b_2)}$	a_1, a_2 Seitenlängen b_1, b_2 Seitenbreiten H Höhe Pyramide h Höhe Pyramidenstumpf h_S Mantelhöhe h_{Sa} Mantelhöhe h_{Sb} Mantelhöhe A_1 Grundfläche A_2 Deckfläche A_0 Oberfläche A_M Mantelfläche (gleichschenkliges Trapez $\alpha = \beta$)	mm, cm, m mm, cm, m mm, cm, m mm, cm, m mm, cm, m mm, cm, m mm, cm, m mm^2, cm^2, m^2 mm^2, cm^2, m^2 mm^2, cm^2, m^2 mm^2, cm^2, m^2
Kegel 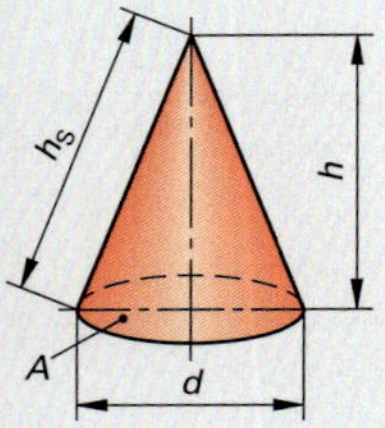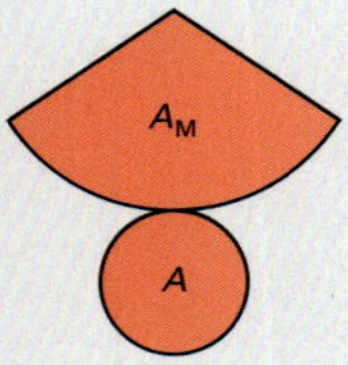	$$V = \frac{A \cdot h}{3}$$ $A = \frac{3 \cdot V}{h}\quad h = \frac{3 \cdot V}{A}$ $$V = \frac{\pi \cdot d^2}{4} \cdot \frac{h}{3}$$ $d = \sqrt{\frac{12 \cdot V}{\pi \cdot h}};\quad h = \frac{12 \cdot V}{\pi \cdot d^2}$ $$h_S = \sqrt{\left(\frac{d}{2}\right)^2 + h^2}$$ $d = \sqrt{h_S^2 - h^2};\quad h = \sqrt{h_S^2 - \frac{d^2}{4}}$ $$A_M = \frac{\pi \cdot d \cdot h_S}{2}$$ $d = \frac{2 \cdot A_M}{\pi \cdot h_S};\quad h_S = \frac{2 \cdot A_M}{\pi \cdot d}$	V Volumen d Durchmesser h Höhe h_S Mantelhöhe A Grundfläche A_M Mantelfläche A_0 Oberfläche π Kreiszahl Pi = 3,14...	mm^3, cm^3, m^3 mm, cm, m mm, cm, m mm, cm, m mm^2, cm^2, m^2 mm^2, cm^2, m^2 mm^2, cm^2, m^2

Körper, Volumen und Oberfläche Fortsetzung

Bild Grafik	Formel Gleichung	Formelzeichen Bezeichnung	Einheit
Kegelstumpf 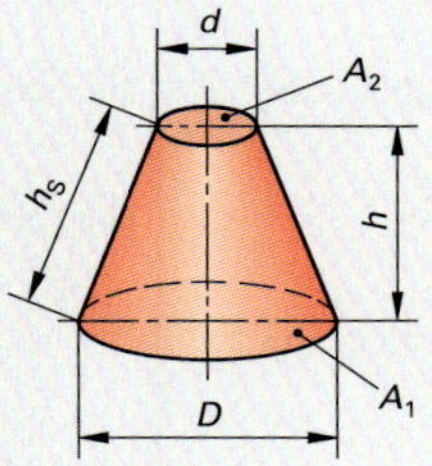 	$V = \frac{\pi \cdot h}{12} \cdot (D^2 + d^2 + D \cdot d)$ $h = \frac{12 \cdot V}{\pi \cdot (D^2 + d^2 + D \cdot d)}$ $A_O = A_M + A_1 + A_2$ $A_M = A_O - A_1 - A_2$ $A_1 = A_O - A_M - A_2$ $A_2 = A_O - A_M - A_1$ $A_M = \frac{\pi \cdot h_s}{2} \cdot (D + d)$ $D = \frac{2 \cdot A_M}{\pi \cdot h_S} - d$ $d = \frac{2 \cdot A_M}{\pi \cdot h_S} - D$ $h_s = \sqrt{h^2 + \left(\frac{D - d}{2}\right)^2}$ $h = \sqrt{h_S^2 - \left(\frac{D - d}{2}\right)^2}$	V Volumen D großer Durchmesser d kleiner Durchmesser h Höhe h_S Mantelhöhe A_1 Grundfläche A_2 Deckfläche A_0 Oberfläche A_M Mantelfläche π Kreiszahl Pi = 3,14…	mm³, cm³, m³ mm, cm, m mm, cm, m mm, cm, m mm², cm², m² mm², cm², m² mm², cm², m² mm², cm², m² mm², cm², m²
Ringförmiger Körper, Volltorus 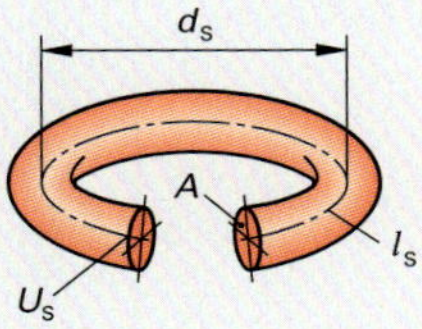 	$V = A \cdot l_S$ $A = \frac{V}{l_S}$ $l_S = \frac{V}{A} = \pi \cdot d_S$ $A_O = l_S \cdot U = \pi \cdot d_s \cdot U$ $d_S = \frac{A_O}{\pi \cdot U}$ $U = \frac{A_O}{\pi \cdot d_S}$	V Volumen A Grund-Querschnittfläche A_0 Oberfläche U Umfang der Grund-Querschnittfläche d Durchmesser d_S Schwerpunktliniendurchmesser l_S Schwerpunktlinie π Kreiszahl Pi = 3,14…	mm³, cm³, m³ mm², cm², m² mm², cm², m² mm, cm, m mm, cm, m mm, cm, m mm, cm, m

1 Mathematische Grundlagen

Körper, Volumen und Oberfläche Fortsetzung

Bild Grafik	Formel Gleichung	Formelzeichen Bezeichnung	Einheit
Kugel 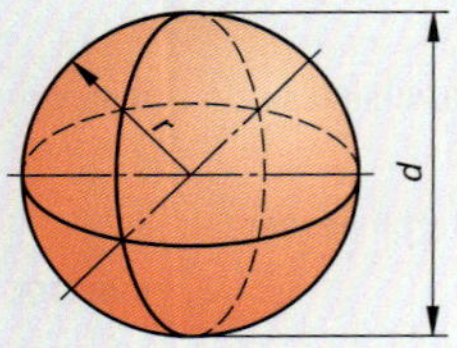	$V = \frac{\pi \cdot d^3}{6}$ $d = \sqrt[3]{\frac{6 \cdot V}{\pi}}$ $A_O = \pi \cdot d^2$ $d = \sqrt{\frac{A_O}{\pi}}$	V Volumen d Kugeldurchmesser A_O Oberfläche π Kreiszahl Pi = 3,14...	mm^3, cm^3, m^3 mm, cm, m mm^2, cm^2, m^2
Kugelabschnitt, Kalotte 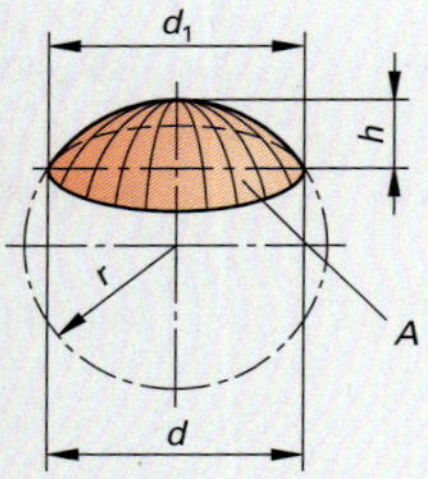	$V = \pi \cdot h^2 \cdot \left[\frac{d}{2} - \frac{h}{3}\right]$ $d = 2 \cdot \left(\frac{V}{\pi \cdot h^2} + \frac{h}{3}\right)$ $A_O = \pi \cdot h \cdot (2 \cdot d - h)$ $d = \frac{A_O}{2 \cdot \pi \cdot h} + \frac{h}{2}$ $A_M = \pi \cdot d \cdot h$ $d = \frac{A_M}{\pi \cdot h}$ $h = \frac{A_M}{\pi \cdot d}$ $A = \frac{d_1^2 \cdot \pi}{4}$ $d_1 = \sqrt{\frac{4 \cdot A}{\pi}}$ $d_1 = 2 \cdot \sqrt{h \cdot (2 \cdot r - h)}$ $A_O = \pi \cdot h \cdot (2 \cdot d - h)$ $d = \frac{A_O}{2 \cdot \pi \cdot h} + \frac{h}{2}$	V Volumen d Kugeldurchmesser r Kugelradius d_1 kleiner Kugeldurchmesser h Höhe A_O Oberfläche A_M Manteloberfläche π Kreiszahl Pi = 3,14...	mm^3, cm^3, m^3 mm, cm, m mm, cm, m mm, cm, m mm, cm, m mm^2, cm^2, m^2 mm^2, cm^2, m^2

Körper, Volumen und Oberfläche Fortsetzung

Bild Grafik	Formel Gleichung	Formelzeichen Bezeichnung	Einheit
Kugelabschnitt, Kalotte 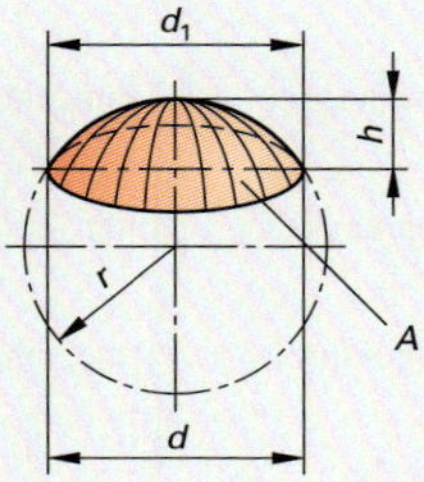	$d = h + \frac{d_1^2}{4 \cdot h}$ $h = r - \sqrt{r^2 - \frac{d_1^2}{4}}$ $h = \frac{d - \sqrt{d^2 - d_1^2}}{2}$	V Volumen d Kugeldurch-messer d_1 kleiner Kugel-durchmesser r Kugelradius h Höhe A_0 Oberfläche A_M Manteloberfläche π Kreiszahl Pi = 3,14...	mm^3, cm^3, m^3 mm, cm, m mm, cm, m mm, cm, m mm, cm, m mm^2, cm^2, m^2 mm^2, cm^2, m^2
Kugelschicht, Kugelzone 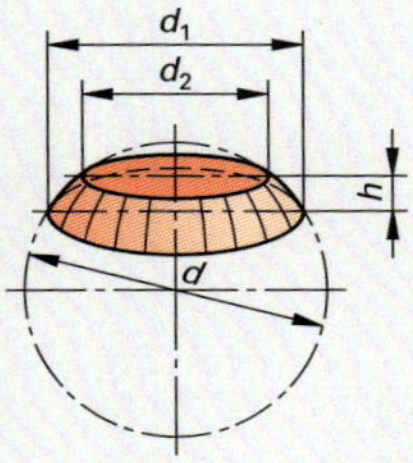	$V = \frac{\pi \cdot h}{6} \cdot \left[\frac{3 \cdot d_1^2}{4} + \frac{3 \cdot d_2^2}{4} + h^2\right]$ $d_1 = \sqrt{\frac{8 \cdot V}{\pi \cdot h} - d_2^2 - \frac{4}{3} \cdot h^2}$ $d_2 = \sqrt{\frac{8 \cdot V}{\pi \cdot h} - d_1^2 - \frac{4}{3} \cdot h^2}$ $A_M = \pi \cdot d \cdot h$ $d = \frac{A_M}{\pi \cdot h}$ $h = \frac{A_M}{\pi \cdot d}$ $A_O = \pi \cdot \left[d \cdot h + \frac{d_1^2}{4} + \frac{d_2^2}{4}\right]$ $d = \left[\frac{4 \cdot A_O}{\pi} - d_1^2 - d_2^2\right] \cdot \frac{1}{4 \cdot h}$ $d_1 = \sqrt{\frac{4 \cdot A_O}{\pi} - 4 \cdot d \cdot h - d_2^2}$ $d_2 = \sqrt{\frac{4 \cdot A_O}{\pi} - 4 \cdot d \cdot h - d_1^2}$ $h = \left[\frac{A_O}{\pi} - \frac{d_1^2}{4} - \frac{d_2^2}{4}\right] \cdot \frac{1}{d}$	V Volumen d Kugeldurch-messer d_1 großer Kugel-durchmesser d_2 kleiner Kugel-durchmesser h Höhe A_0 Oberfläche A_M Manteloberfläche π Kreiszahl Pi = 3,14...	mm^3, cm^3, m^3 mm, cm, m mm, cm, m mm, cm, m mm, cm, m mm^2, cm^2, m^2 mm^2, cm^2, m^2

1 Mathematische Grundlagen

Körper, Volumen und Oberfläche Fortsetzung

Bild Grafik	Formel Gleichung	Formelzeichen Bezeichnung	Einheit
Kugelausschnitt, Kugelsektor 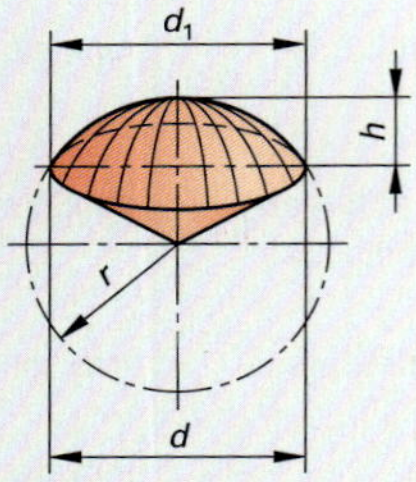	$V = \frac{\pi \cdot d^2 \cdot h}{6}$ $d = \sqrt{\frac{6 \cdot V}{\pi \cdot h}}$ $h = \frac{6 \cdot V}{\pi \cdot d^2}$ $A_O = \frac{\pi \cdot d}{4} \cdot (4 \cdot h + d_1)$ $d = \frac{4 \cdot A_O}{\pi \cdot (4 \cdot h + d_1)}$ $d_1 = \frac{4 \cdot A_O}{\pi \cdot d} - 4 \cdot h$ $h = \frac{A_O}{\pi \cdot d} - \frac{d_1}{4}$ $d_1 = 2 \cdot \sqrt{h \cdot (2 \cdot r - h)}$ $d = h + \frac{d_1^2}{4 \cdot h}$ $d_1 = \sqrt{4 \cdot h \cdot (d - h)}$ $h = r - \sqrt{r^2 - \frac{d_1^2}{4}}$ $h = \frac{d - \sqrt{d^2 - d_1^2}}{2}$	V Volumen d Kugeldurchmesser r Kugelhalbmesser d_1 kleiner Kugeldurchmesser h Höhe A_0 Oberfläche	mm^3, cm^3, m^3 mm, cm, m mm, cm, m mm, cm, m mm, cm, m mm^2, cm^2, m^2
Zusammengesetzter Körper 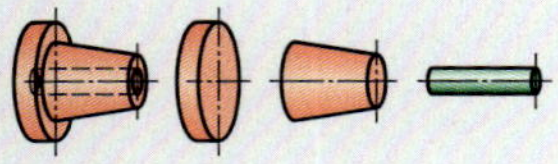	$V = V_1 + V_2 - V_3$ $V_1 = V - V_2 + V_3$ $V_2 = V - V_1 + V_3$ $V_3 = V_1 + V_2 - V$	V Volumen V_1, V_2, V_3 Teilvolumen	mm^3, cm^3, m^3 mm^3, cm^3, m^3

1.15 Masse

Bild Grafik	Formel Gleichung	Formelzeichen Bezeichnung	Einheit
Masse: Stahl unleg. $m = 7{,}85\ \text{kg}$	$m = V \cdot \varrho$	m Masse	mg; g; kg; t
Volumen:	$V = \dfrac{m}{\varrho}$	V Volumen	mm^3; cm^3; dm^3; m^3
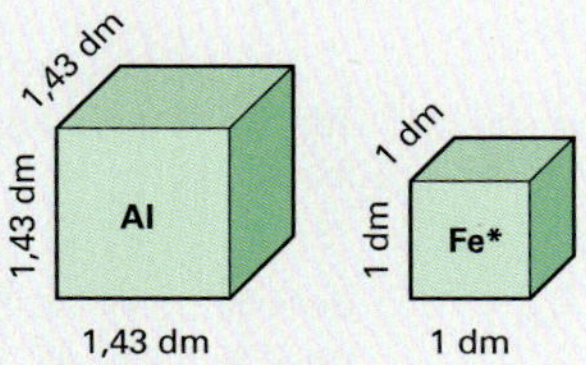	$\varrho = \dfrac{m}{V}$	ϱ Dichte	$\dfrac{mg}{mm^3}$; $\dfrac{g}{cm^3}$; $\dfrac{kg}{dm^3}$; $\dfrac{t}{m^3}$
$2{,}91\ dm^3$ $1\ dm^3$ Dichte: Stahl, unlegiert $\varrho_{Fe^*} = 7{,}85\ \dfrac{kg}{dm^3}$ Aluminium $\varrho_{Al} = 2{,}70\ \dfrac{kg}{dm^3}$		Umrechnung: $1\ \dfrac{mg}{mm^3} = 1\ \dfrac{g}{cm^3} = 1\ \dfrac{kg}{dm^3} = 1\ \dfrac{t}{m^3}$	

Längenbezogene Masse

Die **längenbezogene Masse** bezieht sich auf **eine Länge** von **einem Meter** des jeweils verwendeten Materials (Stangenprofile z. B. Rohre, Flachstahl, U-Stahl usw.)

Dieser Wert ist in den Tabellenbüchern zu finden.

Bild Grafik	Formel Gleichung	Formelzeichen Bezeichnung	Einheit
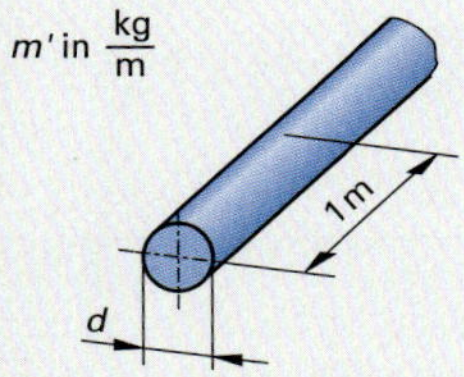	$m = m' \cdot l$	m Masse	mg; g; kg; t
	$l = \dfrac{m}{m'}$	m' längenbezogene Masse	$\dfrac{kg}{m}$
	$m' = \dfrac{m}{l}$	l Länge eines Profils	mm, cm, dm, m
		Umrechnung: $1\ \dfrac{kg}{m} = 1\ \dfrac{g}{mm}$	

Flächenbezogene Masse

Die **flächenbezogene Masse** bezieht sich auf **eine Fläche** von **einem Quadratmeter** des jeweils verwendeten Flachmaterials (Tafeln oder Bändern aus Blechen).

Dieser Wert ist in den Tabellenbüchern unter flächen- und längenbezogenen Massen von Flacherzeugnissen angegeben.

Bild Grafik	Formel Gleichung	Formelzeichen Bezeichnung	Einheit
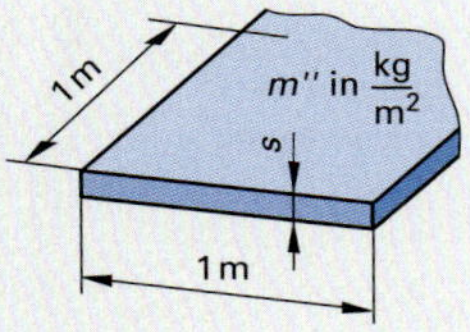	$m = m'' \cdot l$	m Masse	mg; g; kg; t
	$l = \dfrac{m}{m''}$	m'' flächenbezogene Masse	$\dfrac{kg}{m^2}$
	$m'' = \dfrac{m}{l}$	l Fläche eines Blechs	mm^2, cm^2, dm^2, m^2
		Umrechnung: $1\ \dfrac{kg}{m^2} = 1\ \dfrac{mg}{mm^2}$	

Masse Fortsetzung

Bild Grafik	Formel Gleichung	Formelzeichen Bezeichnung		Einheit

Zusammengesetzte Massen

Zusammengesetzte Körper werden zur Berechnung ihrer Masse in Teilkörper (geometrische Grundkörper) zerlegt, deren Volumen addiert oder subtrahiert werden kann. Die Gesamtmasse eines Körpers setzt sich aus der Summe dieser Teilmassen zusammen.

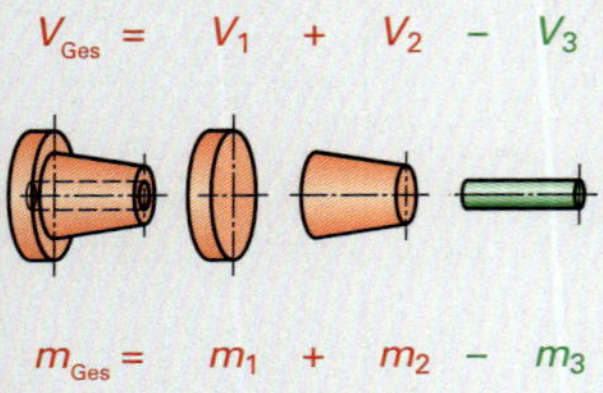

$$m_{Ges} = m_1 + m_2 - m_3$$

$m_1 = m_{ges} - m_2 + m_3$

$m_2 = m_{ges} - m_1 + m_3$

$m_3 = m_1 + m_2 - m_{Ges}$

$$m_{Ges} = (V_1 + V_2 - V_3) \cdot \varrho$$

$V_1 = \frac{m_{Ges}}{\varrho} - V_2 + V_3$

$V_2 = \frac{m_{Ges}}{\varrho} - V_1 + V_3$

$V_3 = V_1 + V_2 - \frac{m_{Ges}}{\varrho}$

Formelzeichen	Bezeichnung	Einheit
m_{Ges}	Gesamtmasse	mg; g; kg; t
m_1; m_2; m_3	Teilmassen	mg; g; kg; t
V_{Ges}	Gesamtvolumen	mm^3; cm^3; dm^3; m^3
V_1; V_2; V_3; …	Teilvolumen	mm^3; cm^3; dm^3; m^3
ϱ	Dichte	$\frac{mg}{mm^3}$; $\frac{g}{cm^3}$; $\frac{kg}{dm^3}$; $\frac{t}{m^3}$

Umrechnung:

$1\,\frac{mg}{mm^3} = 1\,\frac{g}{cm^3} = 1\,\frac{kg}{dm^3} = 1\,\frac{t}{m^3}$

Gewichtskraft

Gewichtskraft

Die Gewichtskraft ist eine in Richtung Erdmittelpunkt gerichtete Kraft, die ein Körper aufgrund seiner Anziehung von der Erde ausübt. Die wirkende Gewichtskraft ist dabei abhängig von der Masse des Körpers.

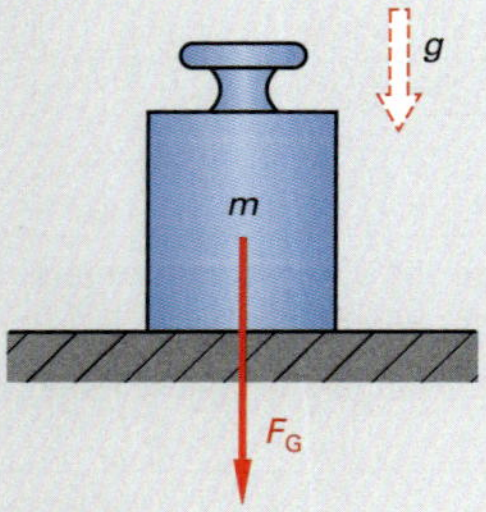

$$F_G = m \cdot g$$

$m = \frac{F}{g}$

$g = \frac{F_G}{m}$

$g = 9{,}81 \cdot \frac{m}{s^2} \approx 10 \cdot \frac{m}{s^2}$

Formelzeichen	Bezeichnung	Einheit
F_G	Gewichtskraft	mN, N, kN
m	Masse	mg, g, kg, t
g	Erdbeschleunigung, Fallbeschleunigung	$\frac{m}{s^2}$

Umrechnung:

$1\,N = 1\,kg \cdot 1 \cdot \frac{m}{s} \cdot \frac{1}{s} = 1\,\frac{kg \cdot m}{s^2}$

2.1 Bewegungslehre

Bild Grafik	Formel Gleichung	Formelzeichen Bezeichnung	Einheit

2.1.1 Geradlinige unbeschleunigte Bewegung

Weg-Zeit-Schaubild

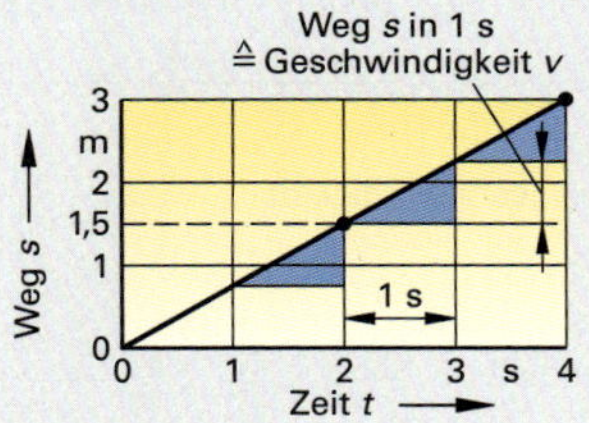

Geschwindigkeits-Zeit-Schaubild

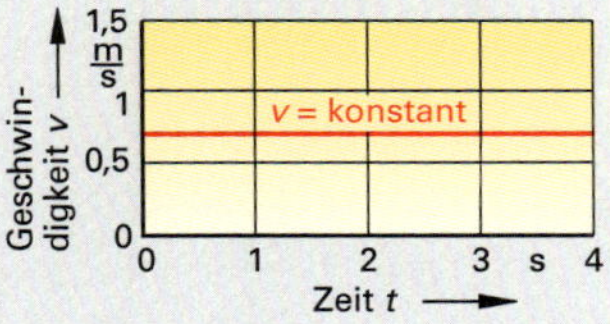

Bei einer geradlinigen Bewegung handelt es sich um eine **konstante Geschwindigkeit.** Es handelt sich um eine Bewegung ohne Beschleunigung.

Die Steigung im Weg-Zeit-Schaubild gibt die Geschwindigkeit an.

$$v = \frac{s}{t}$$

$s = v \cdot t$

$t = \frac{s}{v}$

Formelzeichen	Bezeichnung	Einheit
v	Geschwindigkeit	$\frac{m}{s}$; $\frac{m}{min}$; $\frac{km}{h}$
s	Strecke, Weg	m; km
t	Zeit	s; min; h

Umrechnung:

$1\,\frac{m}{s} = 60\,\frac{m}{min} = 3{,}6\,\frac{km}{h}$

$1\,\frac{km}{h} = 16{,}67\,\frac{m}{min} = 0{,}278\,\frac{m}{s}$

2.1.2 Gleichförmige Kreisbewegung, Umfangsgeschwindigkeit

Umfangsgeschwindigkeit

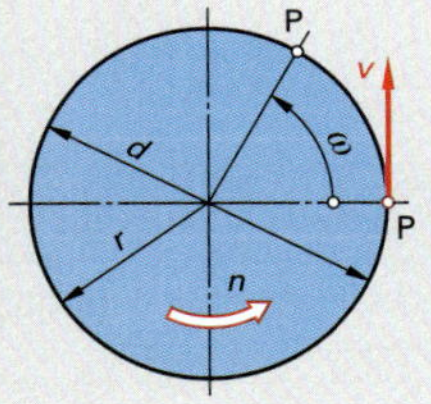

Die **Umfangsgeschwindigkeit** v ist der Weg, den ein Punkt P eines sich drehenden Körpers, z. B. einer Scheibe, in einer Zeiteinheit zurücklegt.

$$v = \pi \cdot d \cdot n$$

$d = \frac{v}{\pi \cdot n}$

$n = \frac{v}{\pi \cdot d}$

$$v = \omega \cdot r$$

$\omega = \frac{v}{r}$

$r = \frac{v}{\omega}$

$$\omega = 2 \cdot \pi \cdot n$$

$n = \frac{\omega}{2 \cdot \pi}$

Formelzeichen	Bezeichnung	Einheit
v	Umfangsgeschwindigkeit	$\frac{m}{s}$
d	Durchmesser	m
n	Drehzahl Umdrehungsfrequenz	$\frac{1}{min} = min^{-1}$
ω	Winkelgeschwindigkeit	$\frac{1}{s} = s^{-1}$
r	Radius	m
π	Kreiszahl (π = 3,14 ...)	

Umrechnung:

$\frac{1}{min} = min^{-1}$ $\frac{1}{s} = s^{-1}$

Bewegungslehre Fortsetzung

Bild Grafik	Formel Gleichung	Formelzeichen Bezeichnung	Einheit

2.1.3 Gleichförmige Kreisbewegung, Winkelgeschwindigkeit

Winkelgeschwindigkeit

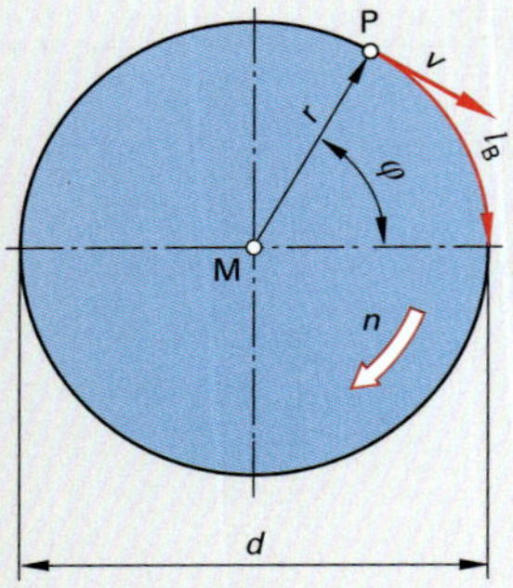

Bei einer gleichförmigen Rotation ist die **Winkelgeschwindigkeit** ω konstant.

Die Winkelgeschwindigkeit gibt an, wie schnell ein Objekt eine bestimmte Winkeländerung (Drehwinkel) φ pro Zeiteinheit durchläuft.

Formel / Gleichung	Formelzeichen	Bezeichnung	Einheit
$$\omega = \frac{\varphi}{t}$$	ω	Winkelgeschwindigkeit	$\frac{1}{s} = s^{-1}$
$\varphi = \omega \cdot t$	φ	Drehwinkel im Bogenmaß	Rad
$t = \frac{\varphi}{\omega}$	t	Zeit	s
$$\widehat{l}_B = \varphi \cdot r$$	r	Radius	m
$\varphi = \frac{\widehat{l}_B}{r}$	$\widehat{l}_B$	Bogenlänge	m
$r = \frac{\widehat{l}_B}{\varphi}$			

2.1.4 Vorschubgeschwindigkeit beim Bohren, Senken, Drehen und Fräsen

Vorschubgeschwindigkeit

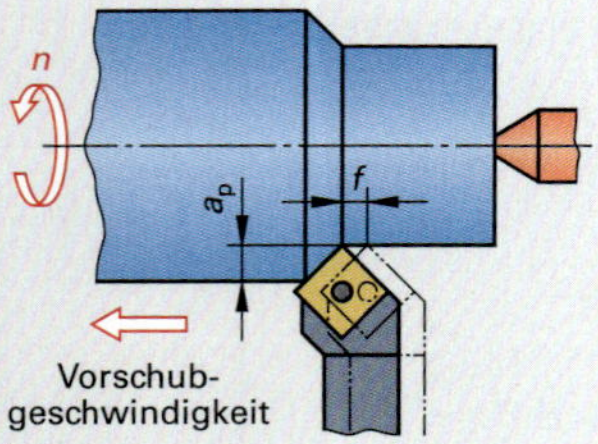

Die Vorschubgeschwindigkeit v_f ergibt sich aus dem Vorschub f, den das Werkzeug oder das Werkstück je Umdrehung zurücklegt und der eingestellten Drehzahl n.

Formel / Gleichung	Formelzeichen	Bezeichnung	Einheit
$$v_f = n \cdot f$$	v_f	Vorschub-geschwindigkeit	$\frac{mm}{min}$
$n = \frac{v_f}{f}$	n	Drehzahl	$\frac{1}{min} = min^{-1}$
$f = \frac{v_f}{n}$	f	Vorschub	mm

Bewegungslehre Fortsetzung

Bild Grafik	Formel Gleichung	Formelzeichen Bezeichnung	Einheit

2.1.5 Vorschubgeschwindigkeit beim Fräsen

Vorschubgeschwindigkeit

Beim Fräsen wird die Vorschubgeschwindigkeit v_f aus dem Vorschub f_z je Schneide, der Anzahl z der Schneiden und der Drehzahl n berechnetn.

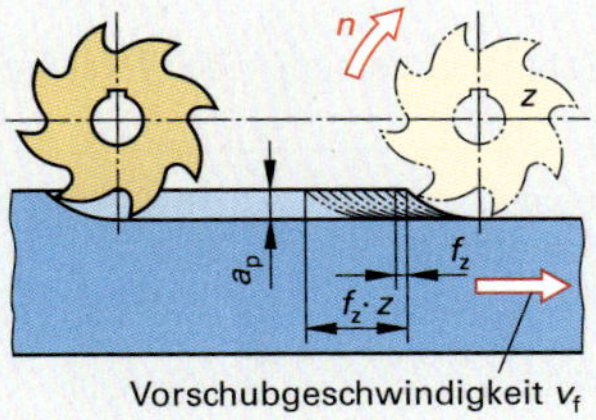

Formel	Formelzeichen	Bezeichnung	Einheit
$v_f = n \cdot f_z \cdot z$	v_f	Vorschubgeschwindigkeit	$\frac{mm}{min}$
$n = \frac{v_f}{f_z \cdot z}$	n	Drehzahl	$\frac{1}{min} = min^{-1}$
$f_z = \frac{v_f}{n \cdot z}$	f_z	Vorschub je Schneide	mm
$z = \frac{v_f}{n \cdot f_z}$	z	Anzahl der Schneiden	–

2.1.6 Vorschubgeschwindigkeit einer Gewindespindel

Vorschubgeschwindigkeit

Bei Antrieben über eine Gewindespindel errechnet sich die Vorschubgeschwindigkeit v_f aus der Steigung P des Gewindes und der Drehzahl n der Spindel.

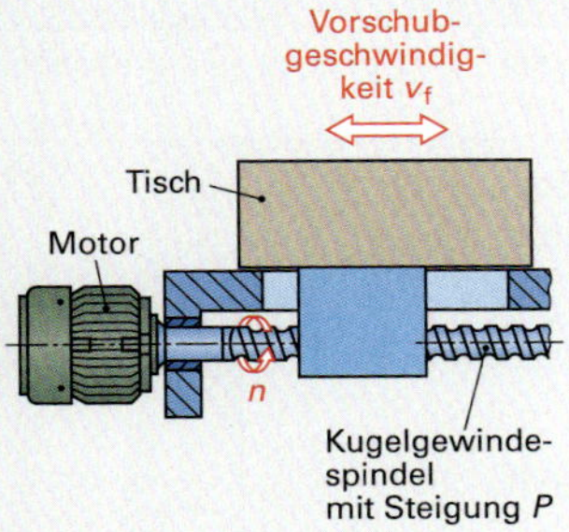

Formel	Formelzeichen	Bezeichnung	Einheit
$v_f = n \cdot P$	v_f	Vorschubgeschwindigkeit	$\frac{mm}{min}$
$n = \frac{v_f}{P}$	n	Drehzahl	$\frac{1}{min} = min^{-1}$
$P = \frac{v_f}{n}$	P	Steigung der Gewindespindel	mm

Bewegungslehre Fortsetzung

Bild Grafik	Formel Gleichung	Formelzeichen Bezeichnung	Einheit

2.1.7 Vorschubgeschwindigkeit der Zahnstange

Vorschubgeschwindigkeit

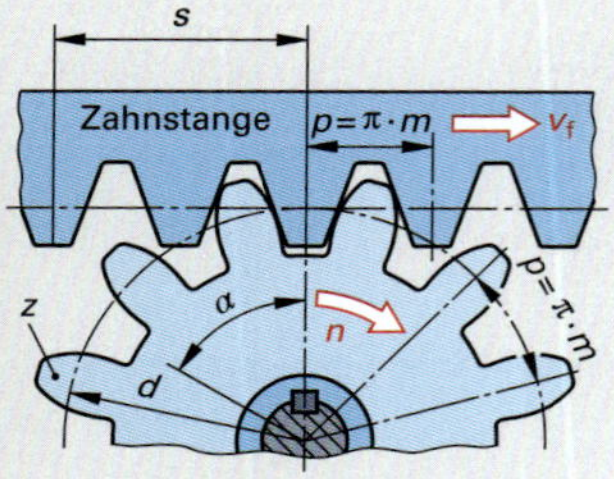

Die Teilung $p = \pi \cdot m$ ist am Zahnrad und an der Zahnstange gleich. Bei einer vollen Umdrehung des Zahnrades entspricht der Weg $s = z \cdot p$ der Zahnstange dem Umfang auf dem Teilkreis des Zahnrades.

Die Umfangsgeschwindigkeit auf dem Teilkreis des Zahnrades entspricht der Vorschubgeschwindigkeit der Zahnstange.

$$v_f = n \cdot z \cdot p$$

$$n = \frac{v_f}{z \cdot p}$$

$$p = \frac{v_f}{n \cdot z}$$

$$z = \frac{v_f}{n \cdot p}$$

Formelzeichen	Bezeichnung	Einheit
v_f	Vorschubgeschwindigkeit	$\frac{m}{min}$
n	Drehzahl	$\frac{1}{min} = min^{-1}$
p	Teilung	mm
z	Zähnezahl	–
π	Kreiszahl (π = 3,14 ...)	–

Umrechnung:

$$1\frac{m}{s} = 60\frac{m}{min} = 3{,}6\frac{km}{h}$$

2.1.8 Umfangsgeschwindigkeit, Schnittgeschwindigkeit

Umfangsgeschwindigkeit

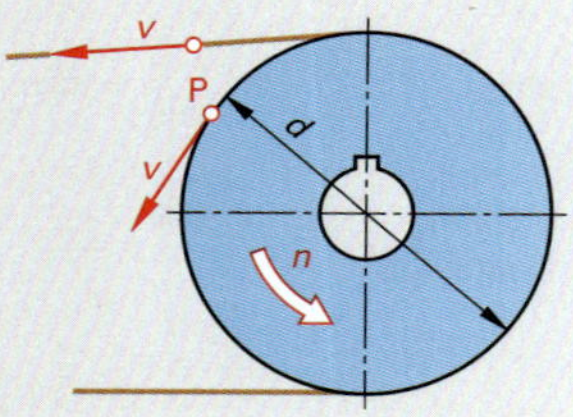

Die Umfangsgeschwindigkeit v ist der Weg s, den ein Punkt P eines sich drehenden Körpers in der Zeit t zurücklegt.

$$v = \pi \cdot d \cdot n$$

$$d = \frac{v}{\pi \cdot n}$$

$$n = \frac{v}{\pi \cdot d}$$

Formelzeichen	Bezeichnung	Einheit
v	Umfangsgeschwindigkeit	$\frac{m}{s}$
d	Durchmesser	m
n	Drehzahl	$\frac{1}{min} = min^{-1}$
π	Kreiszahl (π = 3,14 ...)	–

Bewegungslehre Fortsetzung

Bild Grafik	Formel Gleichung	Formelzeichen Bezeichnung	Einheit

2.1.9 Schnittgeschwindigkeit

Schnittgeschwindigkeit

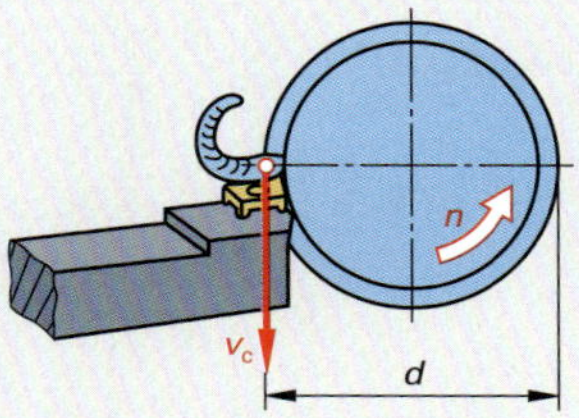

Die Schnittgeschwindigkeit v_c ist die Umfangsgeschwindigkeit, mit der bei der spanenden Bearbeitung die Spanabnahme erfolgt. Sie wird beim Drehen, Fräsen und Bohren in m/min, beim Schleifen in m/s angegeben.

$$v_c = \pi \cdot d \cdot n$$

$$d = \frac{v_c}{\pi \cdot n}$$

$$n = \frac{v_c}{\pi \cdot d}$$

Formelzeichen	Bezeichnung	Einheit
v_c	Schnittgeschwindigkeit	$\frac{m}{s}$; $\frac{m}{min}$
d	Durchmesser	m
n	Drehzahl	$\frac{1}{min} = min^{-1}$
π	Kreiszahl (π = 3,14 ...)	–

2.1.10 Mittlere Kurbelgeschwindigkeit

Mittlere Geschwindigkeit der Säge

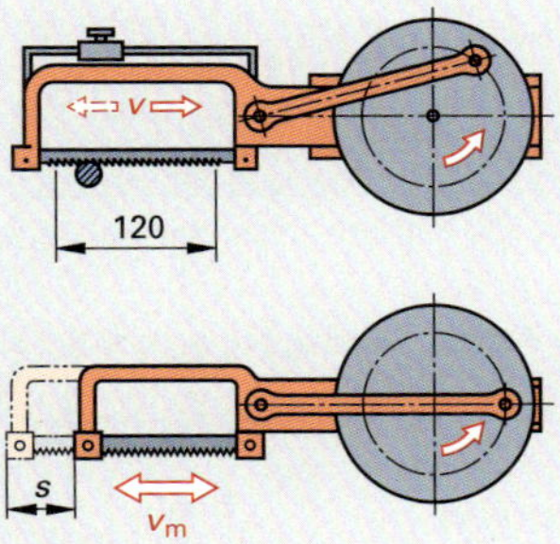

Der Kurbeltrieb dient zur Umwandlung einer Drehbewegung in eine geradlinige Hubbewegung.

$$v_m = 2 \cdot s \cdot n$$

$$s = \frac{v_m}{2 \cdot n}$$

$$n = \frac{v_m}{2 \cdot s}$$

Formelzeichen	Bezeichnung	Einheit
v_m	Mittlere Kurbelgeschwindigkeit	$\frac{m}{s}$; $\frac{m}{min}$
s	Hublänge	m
n	Drehzahl	$\frac{1}{min} = min^{-1}$

2.1.11 Mittlere Kolbengeschwindigkeit

Mittlere Kolbengeschwindigkeit

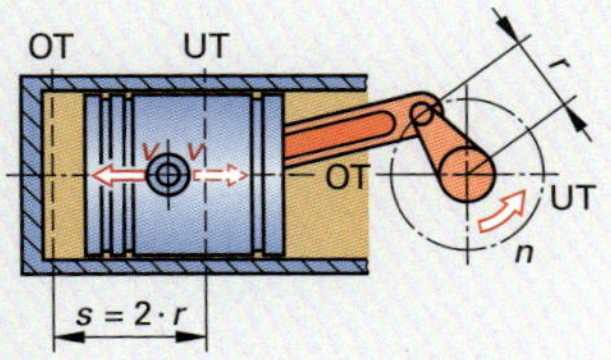

Der Kolbentrieb dient zur Umwandlung einer Drehbewegung in eine geradlinige Hubbewegung.

$$v_m = 2 \cdot s \cdot n$$

$$s = \frac{v_m}{2 \cdot n}$$

$$n = \frac{v_m}{2 \cdot s}$$

Formelzeichen	Bezeichnung	Einheit
v_m	Mittlere Kolbengeschwindigkeit	$\frac{m}{s}$; $\frac{m}{min}$
s	Kolbenhub	m
n	Drehzahl	$\frac{1}{min} = min^{-1}$

Bewegungslehre Fortsetzung

Bild Grafik	Formel Gleichung	Formelzeichen Bezeichnung	Einheit

2.1.12 Geradlinige beschleunigte Bewegung

Geschwindigkeits-Zeit -Schaubild

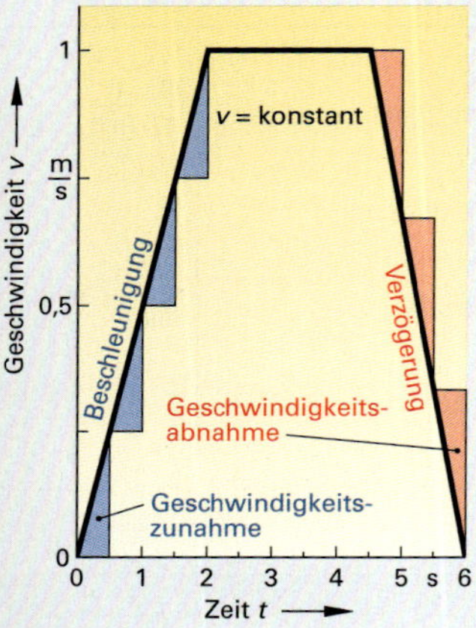

Bewegungen aller Systeme werden durch Beschleunigungen eingeleitet und durch Verzögerungen zum Stillstand gebracht.

$$v = a \cdot t$$

$$a = \frac{v}{t}$$

$$t = \frac{v}{a}$$

$$v = \sqrt{2 \cdot a \cdot s}$$

$$a = \frac{v^2}{2 \cdot s}$$

$$s = \frac{v^2}{2 \cdot a}$$

Formelzeichen	Bezeichnung	Einheit
v	Geschwindigkeit	$\frac{m}{s}$; $\frac{km}{h}$;
a	Beschleunigung	$\frac{m}{s^2}$
t	Zeit	s; h
s	Weg	m

Umrechnung:

$$1\,\frac{m}{s} = 60\,\frac{m}{min} = 3{,}6\,\frac{km}{h}$$

$$1\,\frac{km}{h} = 16{,}7\,\frac{m}{min} = 0{,}278\,\frac{m}{s}$$

2.1.13 Wegstrecke bei beschleunigter Bewegung

Geschwindigkeits-Zeit -Schaubild

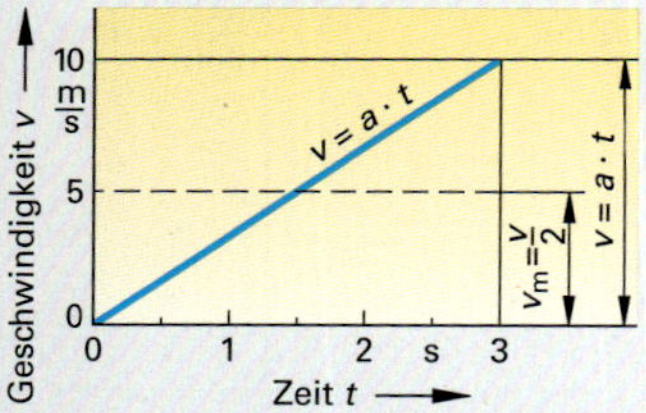

Weg-Zeit-Schaubild

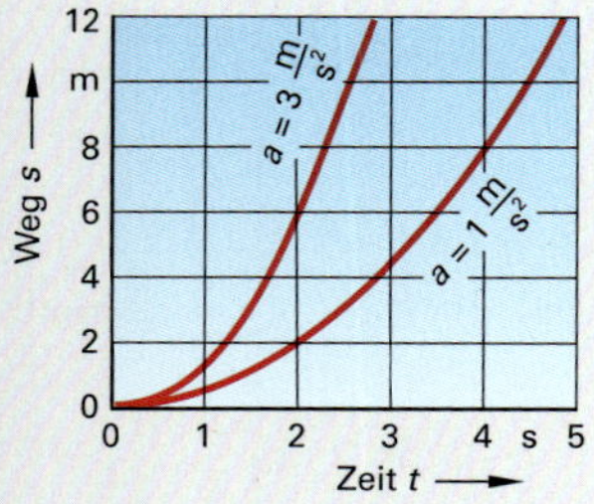

Verwendet man für die Berechnung der Wegstrecke die mittlere Geschwindigkeit, so gelten die Formeln für die gleichförmige Bewegung.

Verwendet man für die Berechnung der Wegstrecke die Beschleunigung a, so steigt sie quadratisch an.

$$s = \frac{v}{2} \cdot t$$

$$v = \frac{2 \cdot s}{t}$$

$$t = \frac{2 \cdot s}{v}$$

$$s = \frac{a}{2} \cdot t^2$$

$$a = \frac{2 \cdot s}{t^2}$$

$$t = \sqrt{\frac{2 \cdot s}{a}}$$

Formelzeichen	Bezeichnung	Einheit
s	Wegstrecke	m
v	Geschwindigkeit	$\frac{m}{s}$
t	Zeit	s
a	Beschleunigung	$\frac{m}{s^2}$

2.2 Kräfte

Bild Grafik	Formel Gleichung	Formelzeichen Bezeichnung	Einheit

2.2.1 Darstellen von Kräften

Kraft als Pfeil

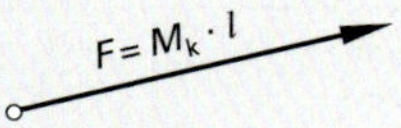

Kräfte werden als Pfeile dargestellt. Dabei entspricht die Länge des Pfeils der Größe der Kraft und die Pfeilrichtung der Kraftrichtung.

Formel	Formelzeichen	Bezeichnung	Einheit
$$\boxed{F = M_k \cdot l}$$	F	Kraft	N
$M_k = \dfrac{F}{l}$	M_k	Kräftemaßstab	$\dfrac{N}{mm}$
$l = \dfrac{F}{M_k}$	l	Pfeillänge	mm

2.2.2 Zeichnerische Ermittlung beim Zusammensetzen oder Zerlegen von Kräften

Addition von Kräften auf einer Wirkungslinie

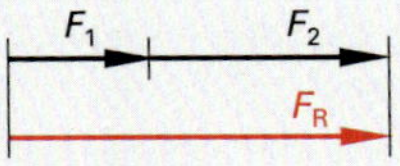

Kräfte können durch Addition bzw. Subtraktion zu einer Ersatzkraft (Resultierende) zusammengesetzt werden. Bei Kräften mit verschiedenen Wirkungslinien ist die Resultierende die Diagonale in einem Parallelogramm.

Bei der zeichnerischen Addition wird an die Spitze eines gewählten Pfeiles der Anfangspunkt des nächsten Pfeiles gesetzt. Die Resultierende geht dann vom Anfangspunkt des 1. Pfeils zur Spitze des letzten Pfeiles.

Formel	Formelzeichen	Bezeichnung	Einheit
$$\boxed{F_R = F_1 + F_2}$$	F_R	Resultierende Kraft	N
$F_1 = F_R - F_2$	F_1	Teilkraft	N
$F_2 = F_R - F_1$	F_2	Teilkraft	N

Kräfte auf verschiedenen Wirkungslinien

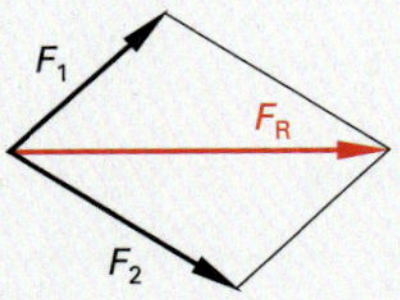

Zerlegen einer Kraft

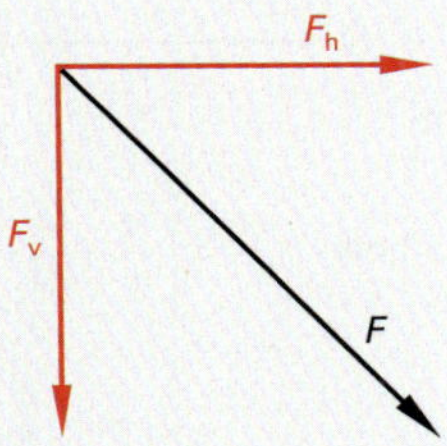

Formel	Formelzeichen	Bezeichnung	Einheit
$$\boxed{F = F_h + F_v}$$	F	Die zu zerlegende Kraft	N
$F_h = F - F_v$	F_h	Kraft in horizontaler Richtung	N
$F_v = F - F_h$	F_v	Kraft in vertikaler Richtung	N

Kräfte Fortsetzung

Bild Grafik	Formel Gleichung	Formelzeichen Bezeichnung	Einheit

2.2.3 Seilkräfte bei Lastaufnahmeeinrichtungen

Seilkräfte beim Heben

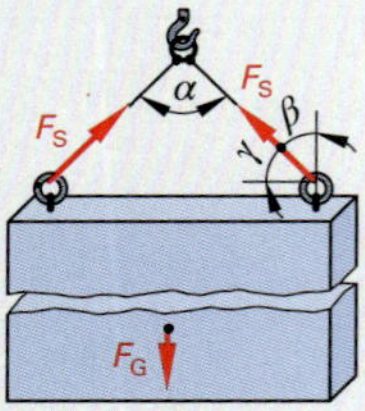

Kräfte wirken in einer Richtung und können durch Länge und Richtung als Pfeile mit einem geeigneten Maßstab dargestellt werden. Der Neigungswinkel β darf 60° nicht überschreiten.

$$F_S = \frac{F_G}{2 \cdot \sin(\gamma)}$$

$$F_G = 2 \cdot F_S \cdot \sin(\gamma)$$

$$F_S = \frac{F_G}{2 \cdot \cos\left(\frac{\alpha}{2}\right)}$$

$$F_G = 2 \cdot F_S \cdot \cos\left(\frac{\alpha}{2}\right)$$

Formelzeichen	Bezeichnung	Einheit
F_S	Seilkraft	N
F_G	Gewichtskraft	N
α	Spreizwinkel	°
β	Neigungswinkel	°
γ	Anschlagswinkel	°

2.2.4 Gewichtskraft, Beschleunigungskraft (Verzögerungskraft)

Gewichtskraft

Die Gewichtskraft ist abhängig von der Fallbeschleunigung g auf dem Planeten. Auf der Erde wird in unseren Breitengraden mit $g = 9{,}81\ \text{m/s}^2$ gerechnet.

Für die Beschleunigung bzw. Verzögerung von Massen ist eine Kraft erforderlich.

$$F_G = m \cdot g$$

$$m = \frac{F_G}{g}$$

Beschleunigungskraft

$$F = m \cdot a$$

$$a = \frac{F}{m}$$

$$m = \frac{F}{a}$$

Formelzeichen	Bezeichnung	Einheit
F_G	Gewichtskraft	N
F	Beschleunigungskraft	N
m	Masse	kg
g	Fallbeschleunigung	$\frac{\text{m}}{\text{s}^2}$
a	Beschleunigung	$\frac{\text{m}}{\text{s}^2}$

Umrechnung:

$$1\text{N} = 1\text{kg} \cdot 1\frac{\text{m}}{\text{s}} \cdot \frac{1}{\text{s}} = 1\frac{\text{kg} \cdot \text{m}}{\text{s}^2}$$

2.2.5 Federkraft

Kraft auf eine Feder

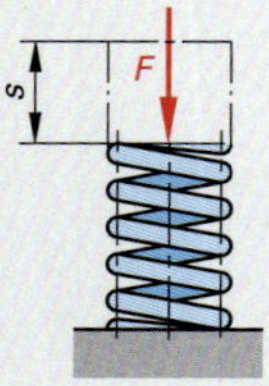

Die Federkraft ist die Rückstellkraft, die wirkt, wenn die Feder elastisch verformt wird. Die Federkonstante ist die Kenngröße für jede Feder.

$$F = R \cdot s$$

$$R = \frac{F}{s}$$

$$s = \frac{F}{R}$$

Formelzeichen	Bezeichnung	Einheit
F	Federkraft	N
R	Federkonstante; Federrate	$\frac{\text{N}}{\text{m}}$; $\frac{\text{N}}{\text{cm}}$; $\frac{\text{N}}{\text{mm}}$
s	Federweg	m; cm; mm

Kräfte Fortsetzung

Bild Grafik	Formel Gleichung	Formelzeichen Bezeichnung	Einheit
2.2.6 Rollen			
Feste Rolle	Eine feste Rolle kann nur die Richtung der Kraft ändern. Bei der losen Rolle verteilt sich die Last auf zwei Seile.		
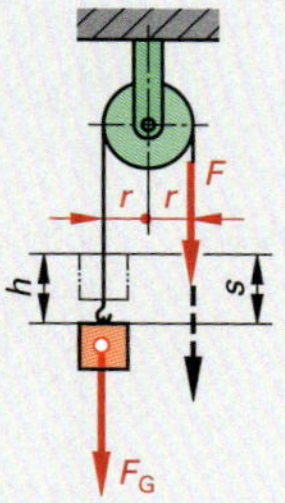 $F_G \cdot r = F \cdot r$ $F_G = F$	$$F = F_G$$ $$s = h$$	F Aufgewendete Kraft Zugkraft F_G Gewichtskraft s Kraftweg h Hubweg	N N m m
Lose Rolle 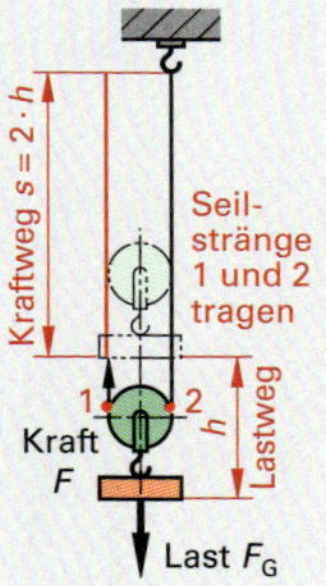 $F \cdot 2r = F_G \cdot r$ $F = \frac{F_G}{2}$	$$F = \frac{F_G}{2}$$ $F_G = 2 \cdot F$ $$s = 2 \cdot h$$ $h = \frac{s}{2}$	F Aufgewendete Kraft Zugkraft F_G Gewichtskraft s Kraftweg h Hubweg	N N m m
2.2.7 Rollenflaschenzug			
Flaschenzug	Die Anzahl der tragenden Seile entspricht meist der Anzahl der Rollen.		
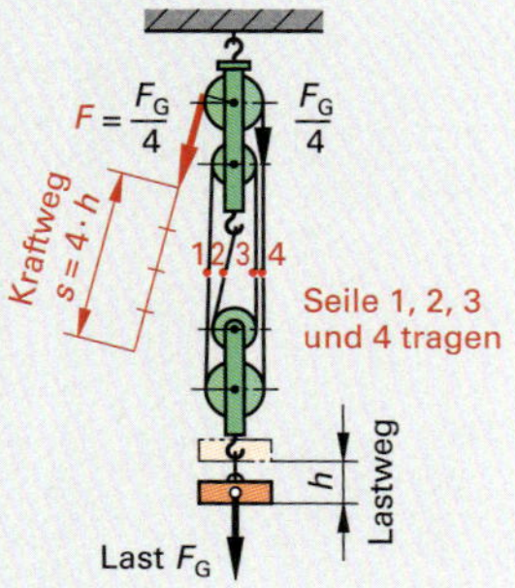	$$F = \frac{F_G}{n}$$ $$F_G = n \cdot F$$ $$s = n \cdot h$$ $h = \frac{s}{n}$	F Aufgewendete Kraft Zugkraft F_G Gewichtskraft s Kraftweg h Hubweg n Anzahl der Rollen Anzahl der tragenden Seilstränge	N N m m –

Kräfte Fortsetzung

Bild Grafik	Formel Gleichung	Formelzeichen Bezeichnung	Einheit
2.2.8 Kräfte an der schiefen Ebene			
Schiefe Ebene	Auf einer schiefen Ebene bewegt sich ein Körper (Masse) unter dem Einfluss der Schwerkraft und nach unten.		
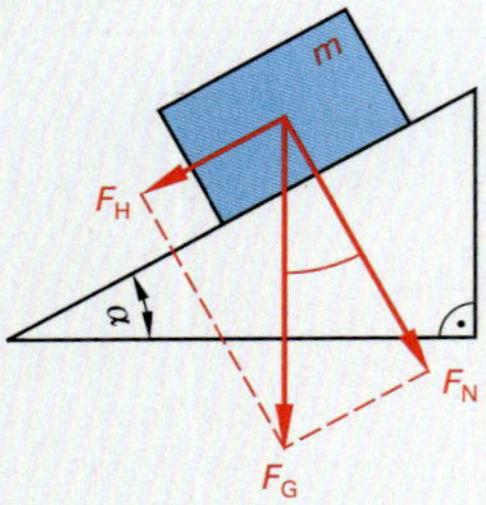	$F_G = m \cdot g$ $m = \frac{F_G}{g}$ $g = \frac{F_G}{m}$ $F_H = F_G \cdot \sin(\alpha)$ $F_G = \frac{F_H}{\sin(\alpha)}$ $F_N = F_G \cdot \cos(\alpha)$ $F_G = \frac{F_N}{\cos(\alpha)}$	F_G Gewichtskraft F_H Hangabtriebskraft F_N Normalkraft m Masse α Steigungswinkel g Erdbeschleunigung $g = 9{,}81\,\frac{m}{s^2}$	N N N kg ° $\frac{m}{s^2}$
2.2.9 Keil			
Keil als schiefe Ebene	Keile dienen zum Anheben schwerer Lasten z. B. beim Ausrichten von Maschinen.		
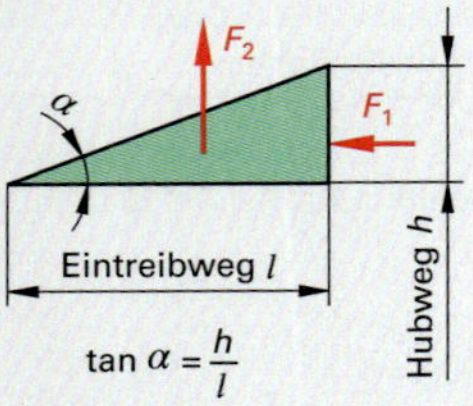	$F_2 = \frac{F_1}{\tan(\alpha)}$ $F_1 = F_2 \cdot \tan(\alpha)$ $N = \frac{h}{l} = \tan(\alpha)$	F_1 Eintreibkraft F_2 Hubkraft l Eintreibweg h Hubweg α Keilwinkel N Neigung	N N mm mm ° –

2.3 Drehmoment und Hebel

Bild Grafik	Formel Gleichung	Formelzeichen Bezeichnung	Einheit

2.3.1 Drehmoment

Drehmoment

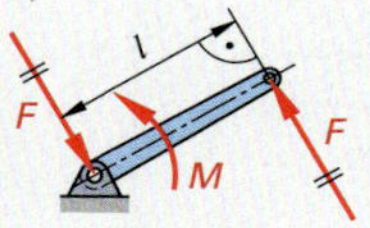

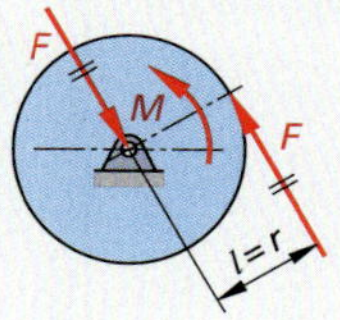

Ein Drehmoment wird erzeugt, wenn an einen Drehpunkt eine Kraft mit einem Hebel angreift. Die wirksame Hebellänge ist immer der senkrechte Abstand am Hebel vom Drehpunkt.

$$M = F \cdot l$$
$$M = F \cdot r$$

$$F = \frac{M}{l} = \frac{M}{r}$$

$$l = r = \frac{M}{F}$$

Formelzeichen	Bezeichnung	Einheit
M	Drehmoment	N · m
F	Kraft	N
l	wirksame Hebellänge	m
r	wirksame Hebellänge	m

2.3.2 Drehmoment am Hebel (Hebelgesetz)

einseitiger Hebel

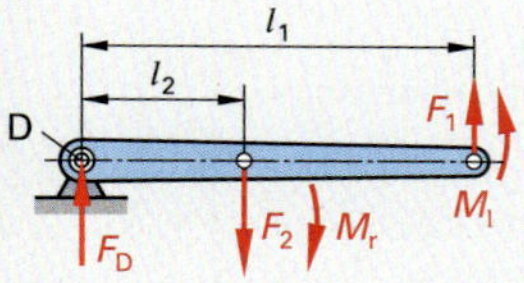

zweiseitiger Hebel

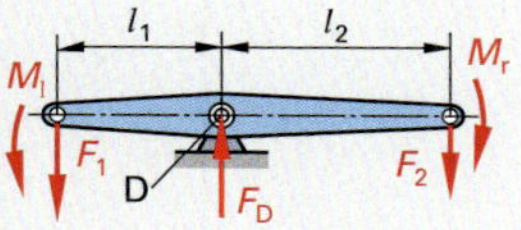

Winkelhebel

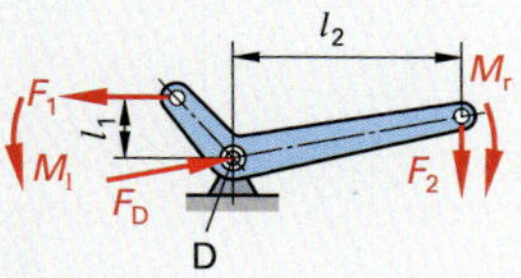

Ein Hebel ist im Gleichgewicht, wenn die Summe aller linksdrehenden Momente gleich der Summe aller rechtsdrehenden Momente ist.

$$\sum M_l = \sum M_r$$

$$F_1 \cdot l_1 = F_2 \cdot l_2$$

$$F_1 = \frac{F_2 \cdot l_2}{l_1}$$

$$l_1 = \frac{F_2 \cdot l_2}{F_1}$$

$$F_2 = \frac{F_1 \cdot l_1}{l_2}$$

$$l_2 = \frac{F_1 \cdot l_1}{F_2}$$

Formelzeichen	Bezeichnung	Einheit
$\sum M_l$	Summe der linksdrehenden Momente	N · m
$\sum M_r$	Summe der rechtsdrehenden Momente	N · m
M_l	linksdrehendes Moment	N · m
M_r	rechtsdrehendes Moment	N · m
F_1	Kraft am Hebel	N
F_2	Kraft am Hebel	N
l_1	wirksame Hebellänge	m
l_2	wirksame Hebellänge	m

Drehmoment und Hebel Fortsetzung

Bild Grafik	Formel Gleichung	Formelzeichen Bezeichnung	Einheit
2.3.3 Drehmoment am Mehrfachhebel			
Zweiseitiger Hebel mit mehreren Kräften	Die wirksamen Hebellängen sind die rechtwinkligen Abstände zwischen dem Drehpunkt des Hebels und der jeweiligen Wirkungslinie der Kraft.		
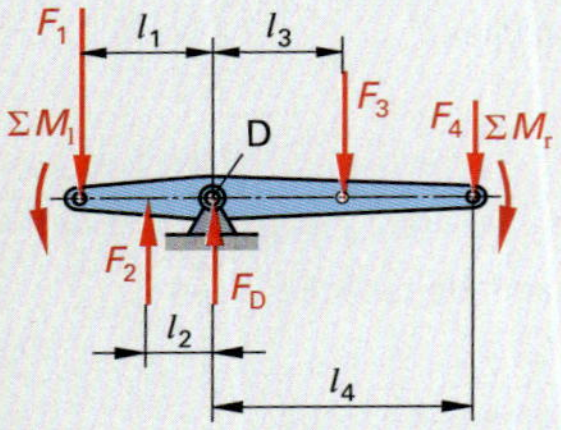	$\sum M_l = \sum M_r$	$\sum M_l$ Summe der linksdrehenden Momente	N · m
		$\sum M_r$ Summe der rechtsdrehenden Momente	N · m
	Für den abgebildeten zweiseitigen Hebel gilt:		
	$F_1 \cdot l_1 = F_2 \cdot l_2 + F_3 \cdot l_3$	F_1 Kraft am Hebel	N
	$F_1 = \frac{F_2 \cdot l_2 + F_3 \cdot l_3}{l_1}$	F_2 Kraft am Hebel	N
		F_3 Kraft am Hebel	N
	$F_2 = \frac{F_1 \cdot l_1 - F_3 \cdot l_3}{l_2}$	l_1 wirksame Hebellänge	m
		l_2 wirksame Hebellänge	m
	$F_3 = \frac{F_1 \cdot l_1 - F_2 \cdot l_2}{l_3}$	l_3 wirksame Hebellänge	m
	$l_1 = \frac{F_2 \cdot l_2 + F_3 \cdot l_3}{F_1}$		
	$l_2 = \frac{F_1 \cdot l_1 - F_3 \cdot l_3}{F_2}$		
	$l_3 = \frac{F_1 \cdot l_1 - F_2 \cdot l_2}{F_3}$		

Drehmoment und Hebel Fortsetzung

Bild Grafik	Formel Gleichung	Formelzeichen Bezeichnung	Einheit

2.3.4 Drehmoment und Auflagerkräfte

Zwei Auflagepunkte A und B

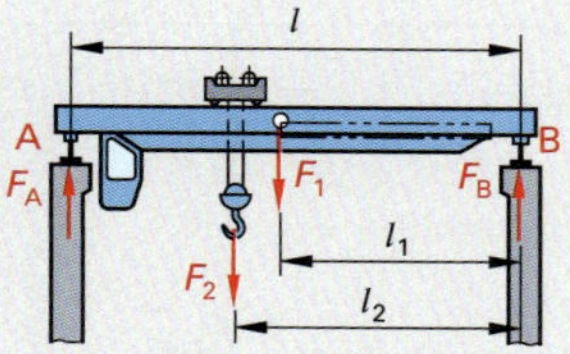

Bei der Berechnung von Auflagerkräften wird jeweils ein Auflagerpunkt als Drehpunkt festgelegt, dann die Lagerkraft an dem anderen Auflagerpunkt berechnet.

Die zweite Lagerkraft kann wahlweise aus dem Gleichgewicht der Kräfte oder aus dem Gleichgewicht der Momente um den anderen Auflagerpunkt berechnet werden.

$$\sum F\uparrow = \sum F\downarrow$$

$$F_A + F_B = F_1 + F_2$$

$F_A = F_1 + F_2 - F_B$

$F_B = F_1 + F_2 - F_A$

Auflagepunkt (Drehpunkt) in B

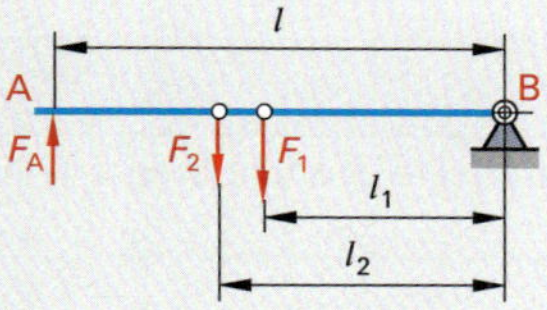

$$\sum M_l = \sum M_r$$

$$\sum M_{(B)} = 0$$

Drehpunkt in B

$$F_A \cdot l = F_1 \cdot l_1 + F_2 \cdot l_2$$

$$F_A = \frac{F_1 \cdot l_1 + F_2 \cdot l_2}{l}$$

Auflagepunkt (Drehpunkt) in A

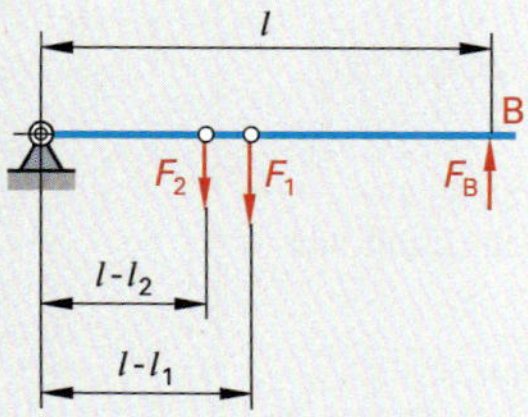

$$\sum M_{(A)} = 0$$

Drehpunkt in A

$$F_B \cdot l = F_1 \cdot l_1 + F_2 \cdot l_2$$

$$F_B = \frac{F_1 \cdot l_1 + F_2 \cdot l_2}{l}$$

Formelzeichen	Bezeichnung	Einheit
$\sum F\uparrow$	Summe der Kräfte nach oben	N · m
$\sum F\downarrow$	Summe der Kräfte nach unten	N · m
$\sum M_r$	Summe der rechtsdrehenden Momente	N · m
$\sum M_l$	Summe der linksdrehenden Momente	N · m
$\sum M_{(B)}$	Summe der Momente um B	N · m
$\sum M_{(A)}$	Summe der Momente um A	N · m
F_A	Auflagerkraft A	N
F_B	Auflagerkraft B	N
F_1	Kraft	N
F_2	Kraft	N
l	Abstand der Lagerstellen	m
l_1	wirksame Hebellänge	m
l_2	wirksame Hebellänge	m

Drehmoment und Hebel Fortsetzung

Bild Grafik	Formel Gleichung	Formelzeichen Bezeichnung	Einheit

2.3.5 Drehmoment an der Schraube

Drehmoment und Kräfte beim Anziehen einer Abziehspindel

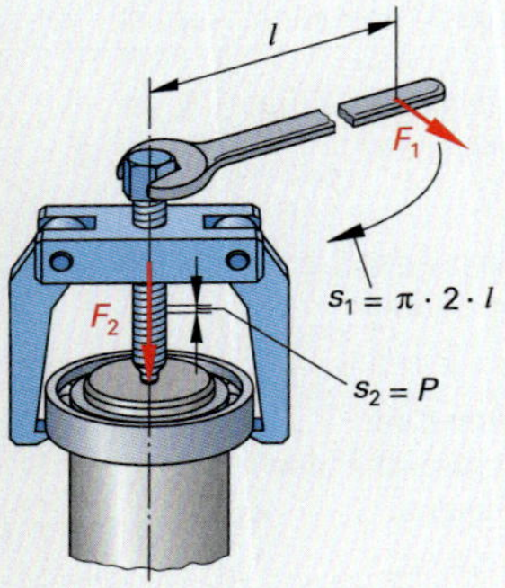

Bei der Berechnung von Kräften an der Schraube entspricht bei einer Umdrehung des Werkzeugs der Weg $s_1 = 2 \cdot l$ dem Umfang $U = \pi \cdot d = \pi \cdot 2 \cdot l$. Dabei bewegt sich die Schraube in anderer Richtung um den Weg $s_2 = P$.

$$F_1 \cdot s_1 = F_2 \cdot P$$

$$F_1 \cdot \pi \cdot 2 \cdot l = F_2 \cdot P$$

$$F_1 = \frac{F_2 \cdot P}{\pi \cdot 2 \cdot l}$$

$$F_2 = \frac{F_1 \cdot \pi \cdot 2 \cdot l}{P}$$

$$l = \frac{F_2 \cdot P}{\pi \cdot 2 \cdot F_1}$$

$$P = \frac{F_1 \cdot \pi \cdot 2 \cdot l}{F_2}$$

Formelzeichen	Bezeichnung	Einheit
F_1	Handkraft	N
F_2	Schraubenkraft	N
s_1	Wegstrecke bei einer Umdrehung	mm
l	wirksame Hebellänge	mm
P	Gewindesteigung	mm
π	Kreiszahl (π = 3,14)	–

2.3.6 Drehmoment an der Räderwinde

Drehmoment und Kräfte beim Betreiben einer Räderwinde

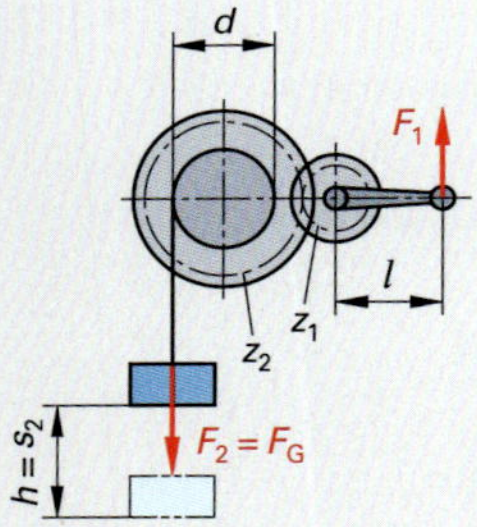

Mit einer Räderwinde können schwere Lasten auf effiziente und kontrollierte Weise bewegt werden.

$$F_1 \cdot l \cdot i = F_G \cdot \frac{d}{2}$$

$$F_1 = \frac{F_G \cdot d}{2 \cdot l \cdot i}$$

$$l = \frac{F_G \cdot d}{2 \cdot F_1 \cdot i}$$

$$i = \frac{F_G \cdot d}{2 \cdot F_1 \cdot l}$$

$$d = \frac{2 \cdot F_1 \cdot i \cdot l}{F_G}$$

$$F_G = \frac{2 \cdot F_1 \cdot i \cdot l}{d}$$

$$i = \frac{z_2}{z_1}$$

$$z_2 = z_1 \cdot i$$

$$z_1 = \frac{z_2}{i}$$

Formelzeichen	Bezeichnung	Einheit
F_1	Kurbelkraft	F
F_G	Gewichtskraft	F
l	Kurbellänge	m, cm, mm
d	Durchmesser der Seiltrommel	m, cm, mm
i	Übersetzung	–
z_1	Zähnezahl des treibenden Zahnrads	–
z_2	Zähnezahl des getriebenen Zahnrads	–

Drehmoment und Hebel Fortsetzung

Bild Grafik	Formel Gleichung	Formelzeichen Bezeichnung	Einheit

2.3.7 Reibungskraft bei Haftreibung und Gleitreibung

Reibungskraft bei Haftreibung oder Gleitreibung.

Haftreibung > Gleitreibung

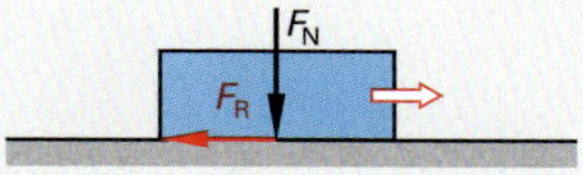

Zwischen Gleitflächen treten Reibungskräfte auf, die von der Reibungszahl μ abhängen. Die Haftreibung ist größer als die Gleitreibung.

$$F_R = \mu \cdot F_N$$

$$F_N = \frac{F_R}{\mu}$$

$$\mu = \frac{F_R}{F_N}$$

Formelzeichen	Bezeichnung	Einheit
F_R	Reibungskraft	N
F_N	Normalkraft	N
μ	Reibkoeffizient*	–

2.3.8 Reibungskraft bei Rollreibung

Kräfte bei der Rollreibung

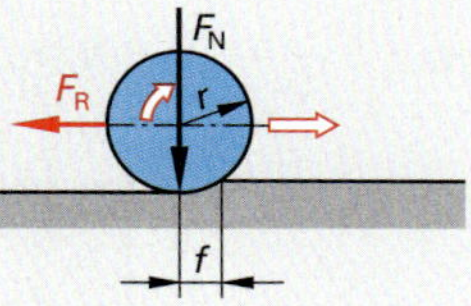

Mit der Rollreibungskraft werden die elastischen Verformungen zwischen einem rollenden Körper und seiner Unterlage überwunden.

$$F_R = \frac{f \cdot F_N}{r}$$

$$F_N = \frac{r \cdot F_R}{f}$$

$$r = \frac{f \cdot F_N}{F_R}$$

$$f = \frac{r \cdot F_R}{F_N}$$

Formelzeichen	Bezeichnung	Einheit
F_R	Reibungskraft	N
F_N	Normalkraft	N
f	Rollreibungszahl	mm
r	Radius	mm

2.3.9 Reibungsmoment

Kräfte bei der Rollreibung

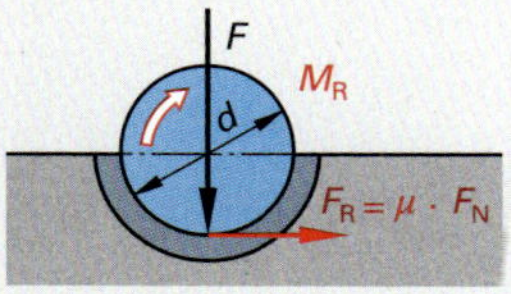

Das Reibungsmoment bezieht sich auf das Drehmoment, das durch die Reibung zwischen zwei sich bewegenden Oberflächen erzeugt wird.

$$M_R = \frac{\mu \cdot F_N \cdot d}{2}$$

$$F_N = \frac{2 \cdot M_R}{\mu \cdot d}$$

$$d = \frac{2 \cdot M_R}{\mu \cdot F_N}$$

$$\mu = \frac{2 \cdot M_R}{F_N \cdot d}$$

Formelzeichen	Bezeichnung	Einheit
M_R	Reibungsmoment	N · m
F_N	Normalkraft	N
d	Durchmesser	m
μ	Reibkoeffizient*	–

* Werte Reibkoeffizienten siehe Tabelle Seite 154.

2.4 Mechanische Arbeit und Energie

Bild **Grafik**	**Formel** **Gleichung**	**Formelzeichen** **Bezeichnung**	**Einheit**
2.4.1 Mechanische Arbeit			
Mechanische Arbeit	Arbeit wird verrichtet, wenn eine Kraft längs eines Weges wirkt.		
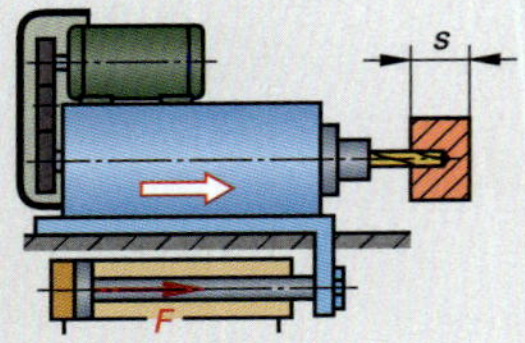	$W = F \cdot s$	W Arbeit	N · m; J; W · s
	$F = \frac{W}{s}$	F Kraft	N
	$s = \frac{W}{F}$	s Weg	m
		Umrechnung: $1\,\text{N} \cdot 1\,\text{m} = 1\frac{\text{kg} \cdot \text{m}}{\text{s}^2} \cdot 1\,\text{m} = 1\,\text{J} = 1\,\text{W} \cdot \text{s}$	
2.4.2 Hubarbeit; Potenzielle Energie (Lageenergie)			
Hubarbeit	Hubarbeit wird verrichtet, wenn ein Körper gehoben wird. Der Körper hat dann potenzielle Energie.		
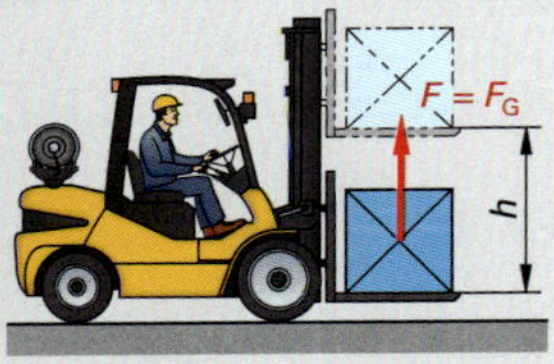	$W = F_G \cdot h$	W Hubarbeit	N · m; J; W · s
	$F_G = \frac{W}{h}$	W_P Potenzielle Energie	N · m; J; W · s
	$h = \frac{W}{F_G}$	F_G Gewichtskraft	N
		h Hubhöhe	m
Potenzielle Energie Lageenergie	$W_P = F_G \cdot h$		
	$F_G = \frac{W_P}{h}$		
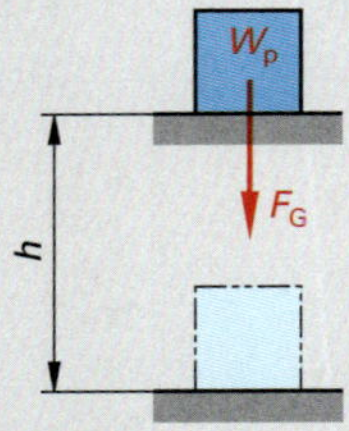	$h = \frac{W_P}{F_G}$		
	$F_G = m \cdot g$	m Masse	kg
	$m = \frac{F_G}{g}$	g Fallbeschleunigung Erdbeschleunigung	$\frac{\text{m}}{\text{s}^2}$
		$g = 9{,}81\,\frac{\text{m}}{\text{s}^2}$	

Mechanische Arbeit und Energie Fortsetzung

Bild Grafik	Formel Gleichung	Formelzeichen Bezeichnung	Einheit

2.4.3 Arbeit an der schiefen Ebene und am Keil

Schiefe Ebene

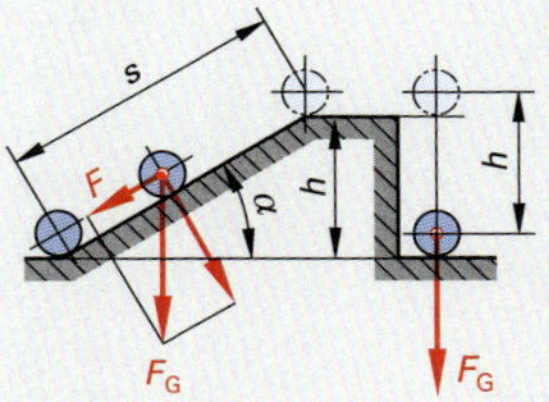

Was an Kraft gespart wird, muss an Weg zugegeben werden.

$$F \cdot s = F_G \cdot h$$

$$F = \frac{F_G \cdot h}{s}$$

$$s = \frac{F_G \cdot h}{F}$$

$$F_G = \frac{F \cdot s}{h}$$

$$h = \frac{F \cdot s}{F_G}$$

Arbeit am Keil

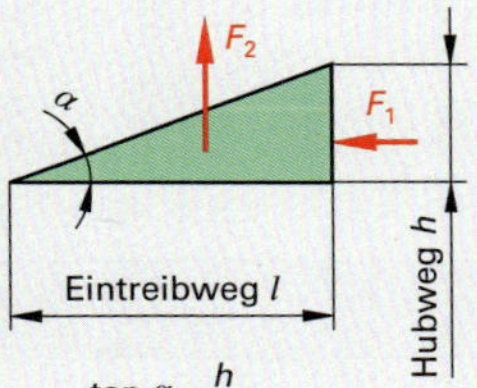

$\tan \alpha = \frac{h}{l}$

$$F_1 \cdot l = F_2 \cdot h$$

$$F_1 = \frac{F_2 \cdot h}{l}$$

$$l = \frac{F_2 \cdot h}{F_1}$$

$$F_2 = \frac{F_1 \cdot l}{h}$$

$$h = \frac{F_1 \cdot l}{F_2}$$

Formelzeichen	Bezeichnung	Einheit
F	Kraft	N
F_G	Gewichtskraft	N
F_1	Kraft, Eintreibkraft	N
F_2	Kraft, Hubkraft	N
s	Strecke	m
h	Höhe; Hubweg	m
l	Eintreibweg	m

2.4.4 Arbeit an der Schraube

Arbeit beim Anziehen der Schraube

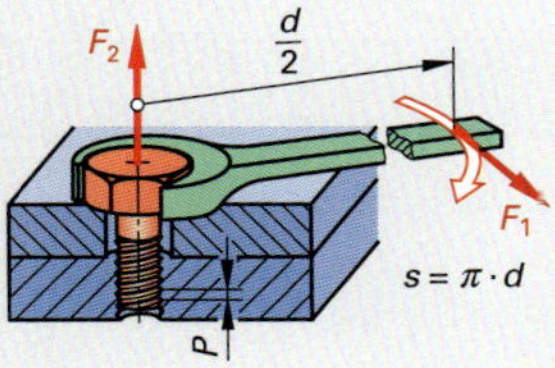

Beim Anziehen einer Schraube entspricht die Anzugsarbeit der Spannarbeit. Der Handweg entspricht dabei dem Umfang einer Umdrehung.

$$F_1 \cdot s = F_2 \cdot P$$

$$F_1 = \frac{F_2 \cdot P}{s}$$

$$s = \frac{F_2 \cdot P}{F_1}$$

$$F_2 = \frac{F_1 \cdot s}{P}$$

$$P = \frac{F_1 \cdot s}{F_2}$$

Formelzeichen	Bezeichnung	Einheit
F_1	Handkraft	N
F_2	Spannkraft	N
s	Handweg	mm
P	Gewindesteigung	mm

Mechanische Arbeit und Energie Fortsetzung

Bild Grafik	Formel Gleichung	Formelzeichen Bezeichnung	Einheit
2.4.5 Reibarbeit			
Reibungsarbeit	Je größer der Reibkoeffizient, desto mehr Arbeit muss verrichtet werden.		
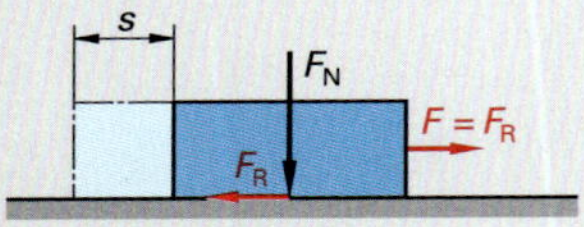	$W = \mu \cdot F_N \cdot s$	W Arbeit	J, N · m
	$F_N = \frac{W}{\mu \cdot s}$	F Kraft	N
	$s = \frac{W}{\mu \cdot F_N}$	F_G Gewichtskraft	N
	$\mu = \frac{W}{F_N \cdot s}$	F_R Reibkraft	N
		F_N Normalkraft	N
		s Strecke, Kraftweg	m
		μ Reibkoeffizient	–
2.4.6 Federenergie, Potenzielle Energie			
Federenergie	Federenergie ist gespeicherte Arbeit.		
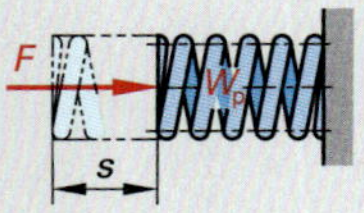 $R = \frac{F}{s}$	$W_P = \frac{R \cdot s^2}{2}$	W_P Potenzielle Energie Federenergie	J, N · m
	$R = \frac{2 \cdot W_P}{s^2}$	F Federkraft	N
	$s = \sqrt{\frac{2 \cdot W_P}{R}}$	R Federrate	$\frac{N}{m}$
		s Federweg	m
		Umrechnung: $1 \frac{N}{mm} = 1000 \frac{N}{m}$	
2.4.7 Kinetische Energie – Energie der Bewegung			
Geradlinige Bewegung	Kinetische Energie ist Energie der Bewegung.		
	$W_K = \frac{m \cdot v^2}{2}$	W_P Kinetische Energie	J, N · m
	$m = \frac{2 \cdot W_K}{v^2}$	m Masse	kg
	$v = \sqrt{\frac{2 \cdot W_K}{m}}$	v Geschwindigkeit	$\frac{m}{s}$

2.5 Mechanische Leistung und Wirkungsgrad

Bild Grafik	Formel Gleichung	Formelzeichen Bezeichnung	Einheit

2.5.1 Leistung bei geradliniger Bewegung

Leistung beim Heben

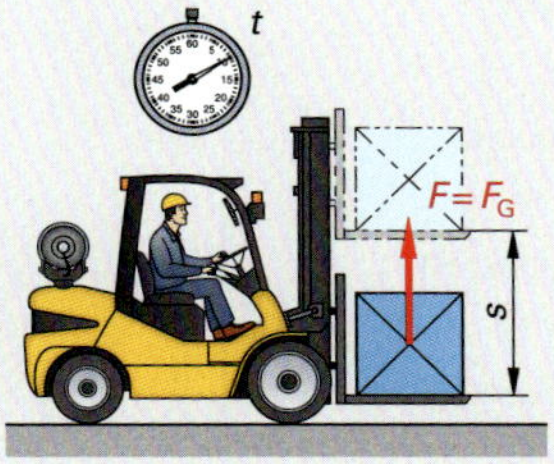

Leistung ist Arbeit pro Zeit.

$$P = \frac{W}{t}$$

$$W = P \cdot t$$

$$t = \frac{W}{P}$$

$$P = \frac{F \cdot s}{t}$$

$$F = \frac{P \cdot t}{s}$$

$$s = \frac{P \cdot t}{F}$$

$$t = \frac{F \cdot s}{P}$$

Leistung beim Ziehen

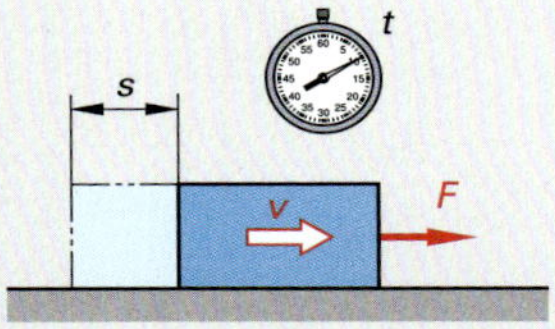

$$P = F \cdot v$$

$$F = \frac{P}{v}$$

$$v = \frac{P}{F}$$

Leistung in der Hydraulik

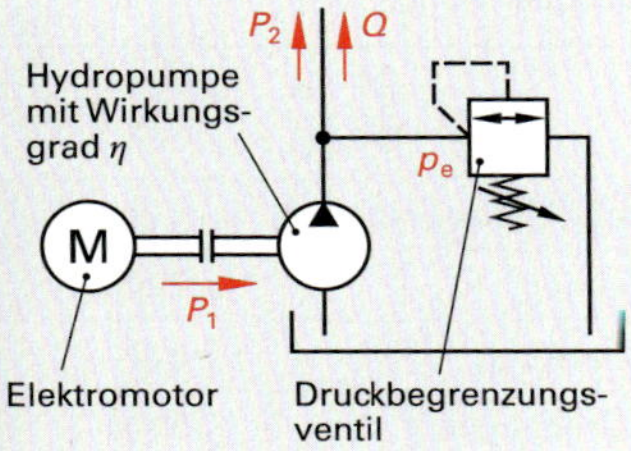

$$P = Q \cdot p_e$$

$$Q = \frac{P}{p_e}$$

$$p_e = \frac{P}{Q}$$

Formelzeichen	Bezeichnung	Einheit
P	Leistung	W
W	Arbeit	N · m; J; W · s
F	Kraft	N
Q	Volumenstrom	$\frac{l}{min}$
t	Zeit	s; min
s	Strecke	m
v	Geschwindigkeit	$\frac{m}{s}$
p_e	Druck	bar

Umrechnung:

$$1\,W = 1\,\frac{N \cdot m}{s} = 1\,\frac{J}{s}$$

1000 W = 1 kW = 1,36 PS

Zahlenwertgleichung:

$$P = \frac{Q \cdot p_e}{600}$$

Zugeordnete Einheiten

	Bezeichnung	Einheit
P	Leistung	kW
p_e	Druck	bar
Q	Volumenstrom	l/min

Mechanische Leistung und Wirkungsgrad Fortsetzung

Bild Grafik	Formel Gleichung	Formelzeichen Bezeichnung		Einheit
2.5.2 Leistung bei Drehbewegung				
Leistung bei kreisförmiger Bewegung 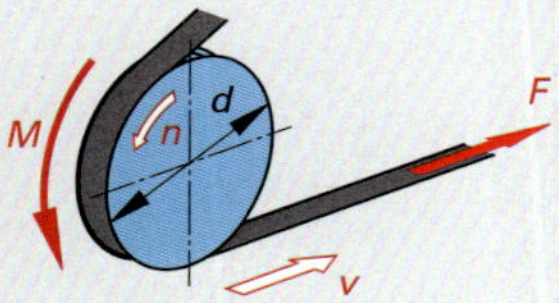	Bei Drehbewegungen hängt die Leistung von der Geschwindigkeit ab.			
	$P = F \cdot v$	P	Leistung	W
	$F = \frac{P}{v}$	M	Drehmoment	N·m
	$v = \frac{P}{F}$	F	Umfangskraft	N
	$P = F \cdot \pi \cdot d \cdot n$	v	Geschwindigkeit	$\frac{\text{m}}{\text{s}}$
	$F = \frac{P}{\pi \cdot d \cdot n}$	d	Durchmesser	m
	$n = \frac{P}{F \cdot \pi \cdot d}$	t	Zeit	s; min
	$d = \frac{P}{F \cdot \pi \cdot n}$	n	Drehzahl	$\frac{1}{\text{s}}, \frac{1}{\text{min}}$
	$P = M \cdot 2 \cdot \pi \cdot n$	ω	Winkelgeschwindigkeit	$\frac{1}{\text{s}} = \text{s}^{-1}$
	$M = \frac{P}{2 \cdot \pi \cdot n}$			
	$n = \frac{P}{M \cdot 2 \cdot \pi}$			
	$P = M \cdot \omega$	Zahlenwertgleichung:		
	$M = \frac{P}{\omega}$			
	$\omega = \frac{P}{M}$			

Zahlenwertgleichung:

$$P = \frac{M \cdot n}{9550}$$

vorgeschriebene Einheiten		
Bezeichnung		Einheit
P	Leistung	kW
M	Drehmoment	N · m
n	Drehzahl	1/min

$$M = \frac{9550 \cdot P}{n} \qquad n = \frac{9550 \cdot P}{M}$$

Mechanische Leistung und Wirkungsgrad Fortsetzung

Bild Grafik	Formel Gleichung	Formelzeichen Bezeichnung	Einheit

2.5.3 Einzelwirkungsgrad

Einzelwirkungsgrad

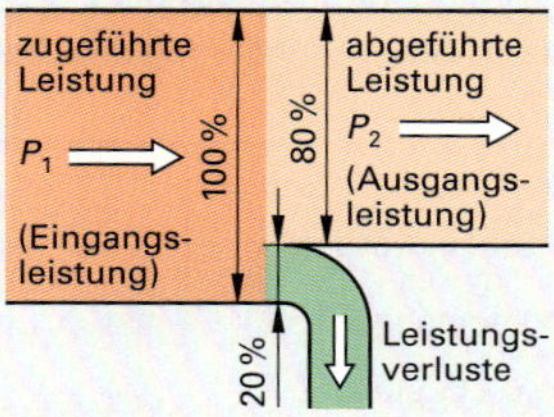

Der W rkungsgrad η ist immer kleiner 1

$$\eta = \frac{P_{ab}}{P_{zu}}$$

$P_{ab} = \eta \cdot P_{zu}$

$P_{zu} = \frac{P_{ab}}{\eta}$

$$\eta = \frac{W_{ab}}{W_{zu}}$$

$W_{ab} = \eta \cdot W_{zu}$

$W_{zu} = \frac{W_{ab}}{\eta}$

$$\eta = \frac{M_{ab}}{M_{zu}}$$

$M_{ab} = \eta \cdot M_{zu}$

$M_{zu} = \frac{M_{ab}}{\eta}$

Formelzeichen	Bezeichnung	Einheit
η	Wirkungsgrad	–
P_{zu}	Zugeführte Leistung	W
P_{ab}	Abgegebene Leistung	W
W_{zu}	Zugeführte Arbeit	J
W_{ab}	Abgegebene Arbeit	J
M_{zu}	Zugeführtes Drehmoment	N · m
M_{ab}	Abgegebenes Drehmoment	N · m

2.5.4 Gesamtwirkungsgrad

Gesamtwirkungsgrad

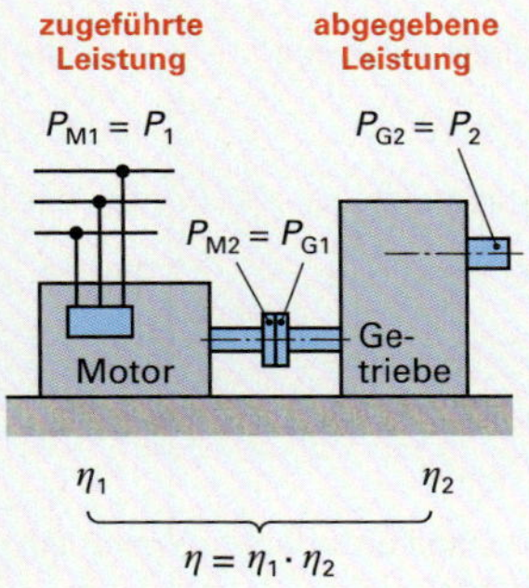

Der Gesamtwirkungsgrad ist das Produkt der Teilwirkungsgrade.

$$\eta = \eta_1 \cdot \eta_2 \cdot \eta_3 \cdot \ldots$$

$\eta_1 = \frac{\eta}{\eta_2 \cdot \eta_3 \cdot \ldots}$

$\eta_2 = \frac{\eta}{\eta_1 \cdot \eta_3 \cdot \ldots}$

Formelzeichen	Bezeichnung	Einheit
η	Wirkungsgrad	–
η_1	Teilwirkungsgrad	–
η_2	Teilwirkungsgrad	–
η_3	Teilwirkungsgrad	–

3.1 Metallbaukonstruktionen

Bild Grafik	Formel Gleichung	Formelzeichen Bezeichnung	Einheit

3.1.1 Berechnung der Anzahl notwendiger Gitterstäbe

Gitterstabteilung

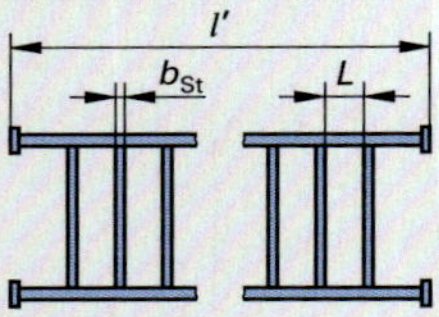

Gitterfeld mit Rahmen

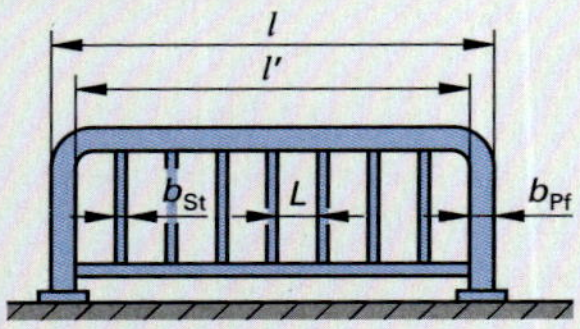

Gitterfeld zwischen Pfosten

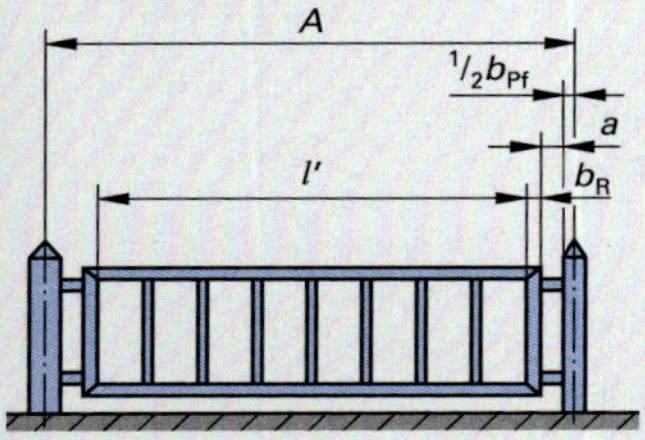

Durchlaufendes Gitter mit Pfosten

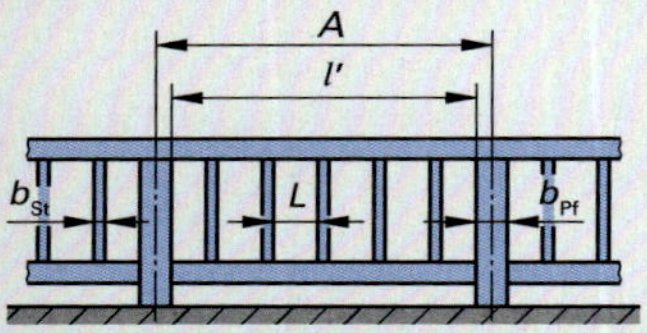

Für einen gewünschten Stababstand mit gewünschter Stabbreite und gegebener Feldlänge, kann die Anzahl der Stäbe ermittelt werden. Da sich in der Regel keine gerade Zahl ergibt, muss das Ergebnis auf-, bzw. abgerundet werden. Wird aufgerundet, ergibt sich eine Verkürzung der lichten Weite, wird abgerundet, eine Verlängerung des Stababstands.

$$n = \frac{l' - L}{b_{St} + L}$$

Für Gitterfelder mit Rahmen gilt:

$l' = l - 2 \cdot b_R$

$l = l' + 2 \cdot b_R$

Für Gitterfelder zwischen Pfosten gilt:

$l' = A - b_{Pf} - 2 \cdot (b_R + a)$

$A = l' + b_{Pf} + 2 \cdot (b_R + a)$

Für durchlaufendes Gitter mit Pfosten gilt:

$l' = A - b_{Pf}$

$A = l' + b_{Pf}$

Formelzeichen	Bezeichnung	Einheit
n	Anzahl der Stäbe	
l	Rahmenlänge	mm, cm, m
l'	innere Feldlänge	mm, cm, m
L	lichte Weite	mm, cm, m
b_{St}	Stabbreite	mm, cm, m
b_R	Rahmenbreite	mm, cm, m
b_{Pf}	Pfostenbreite	mm, cm, m
A	Achsabstand der Pfosten	mm, cm, m
a	Abstand Gitterfeld zu Pfosten	mm, cm, m

Bei Gittern, die nach Bauordnung L = 120 mm nicht überschreiten dürfen, kann die maximale Breite der lichten Weite berechnet werden. Dabei muss das Ergebnis immer aufgerundet werden, da sonst die 120 mm überschritten werden.

$$n = \frac{l' - 120\ \text{mm}}{b_{St} + 120\ \text{mm}}$$

Formelzeichen	Bezeichnung	Einheit
n	Anzahl der Stäbe	
l'	innere Feldlänge	mm, cm, m
b_{St}	Stabbreite	mm, cm, m

3.1.2 Teilungslängen bei Gittern und Bauelementen

Gitterfeld ohne Rahmen

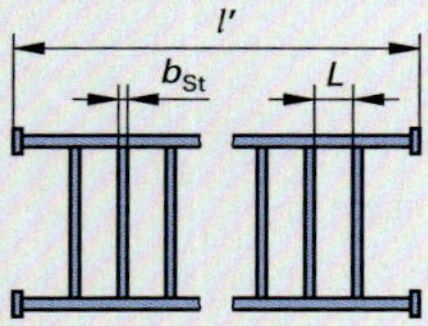

Nachdem die Anzahl der Stäbe bestimmt ist, kann die genaue lichte Weite berechnet werden. Dabei muss der jeweilige Einbauzustand berücksichtigt werden.

$$L = \frac{l' - n \cdot b_{St}}{n + 1}$$

$l' = L \cdot (n + 1) + n \cdot b_{St}$

$b_{St} = \frac{l' - L\,(n + 1)}{n}$

Für Einzelfelder mit Rahmen gilt:

$l = l' - 2 \cdot b_R$

Für Einzelfelder zwischen Pfosten gilt:

$l' = A - 2 \cdot (b_R + a)$

Für durchlaufende Geländer mit Pfosten gilt:

$l' = A - b_{Pf}$

Formelzeichen	Bezeichnung	Einheit
n	Anzahl der Stäbe	
l'	innere Feldlänge	mm, cm, m
L	lichte Weite	mm, cm, m
b_{St}	Stabbreite	mm, cm, m
b_R	Rahmenbreite	mm, cm, m
b_{Pf}	Pfostenbreite	mm, cm, m
A	Achsabstand der Pfosten	mm, cm, m
a	Abstand Gitterfeld zu Pfosten	mm, cm, m

Metallbaukonstruktionen Fortsetzung

Bild Grafik	Formel Gleichung	Formelzeichen Bezeichnung	Einheit

3.1.3 Bestimmung der Lichten Weite bei Gittern mithilfe von Tabellen

Für Stäbe mit vorgegebener Dicke kann die lichte Weite mithilfe von Diagrammen ermittelt werden.

Diagramm für die Füllstab-Breite von 12 mm:

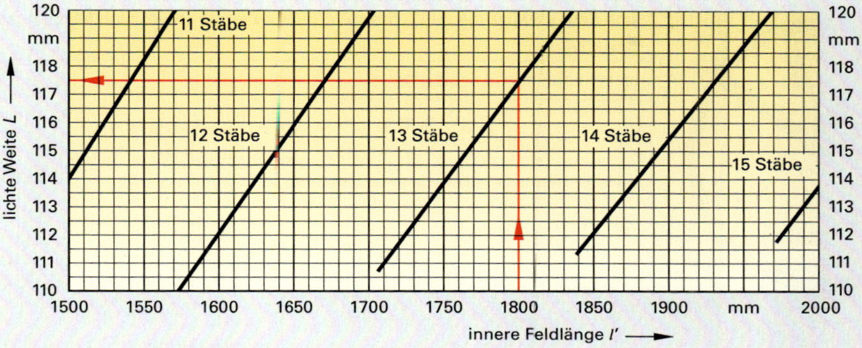

Diagramm für die Füllstab-Breite von 15 mm:

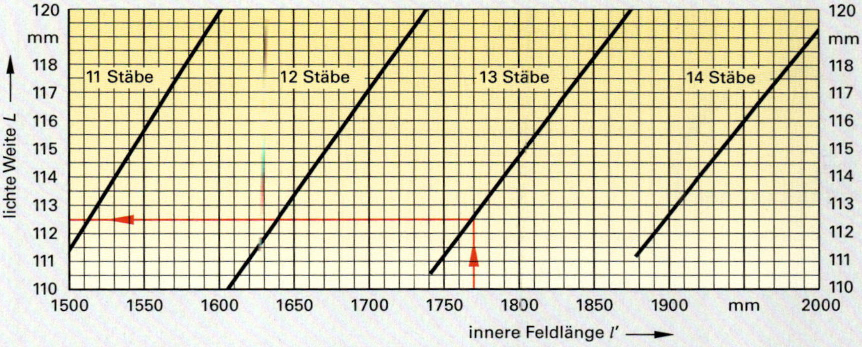

3.1.4 Teilungslängen bei Metallbaukonstruktionen

Glasfassade in Pfostenbauweise

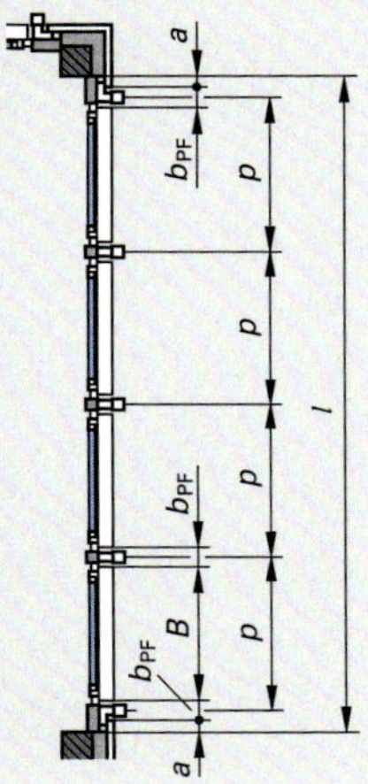

Bei der Fertigung von Metallbaukonstruktionen in Pfosten-, Riegelbauweise mit Füllelementen müssen die Größen der Füllelemente berechnet werden.

$$n_B = \frac{l - (2 \cdot a + n \cdot b_{Pf})}{B}$$

$$B = \frac{l - (2 \cdot a + n \cdot b_{Pf})}{n_B}$$

$n_B = n - 1$

$n = n_B + 1$

$l = B \cdot n_B + (2 \cdot a + n \cdot b_{Pf})$

$a = \dfrac{l - B \cdot n_B - n \cdot b_{Pf}}{2}$

$b_{Pf} = \dfrac{l - B \cdot n_B - 2 \cdot a}{n}$

Formelzeichen	Bezeichnung	Einheit
l	Gesamtlänge	mm, cm, m
a	Wandanschluss	mm, cm, m
n	Anzahl der Pfosten oder Abstände	–
n_B	Anzahl der Bauelemente	–
B	Bauelementbreite	mm, cm, m
b_{Pf}	Pfostenbreite	mm, cm, m

Metallbaukonstruktionen Fortsetzung

Bild Grafik	Formel Gleichung	Formelzeichen Bezeichnung	Einheit

3.1.5 Teilungslängen gekrümmter Strecken

Bei bogenförmigen Konstruktionen kann aus dem Gesamtwinkel und dem Mittelpunktswinkel die Anzahl der Füllstäbe errechnet werden. Da sich in der Regel keine gerade Zahl ergibt, muss das Ergebnis auf-, bzw. abgerundet werden. Wird aufgerundet, ergibt sich eine Verkürzung der lichten Weite, wird abgerundet, eine Verlängerung des Stababstands.

Abdeckung eines Kreisbauwerks

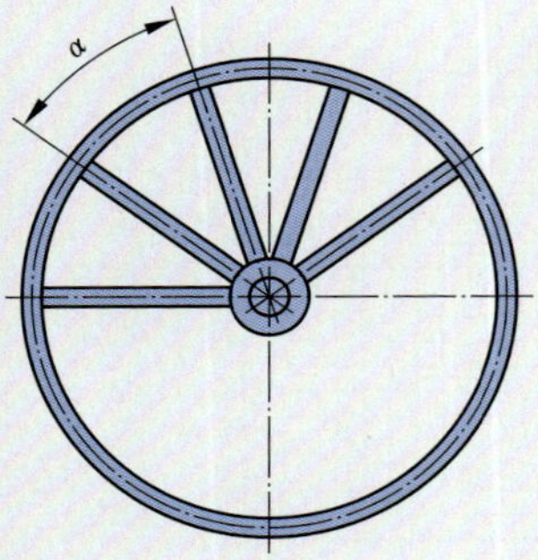

Im geschlossenen Kreis gilt:

$$n = \frac{\beta}{\alpha} = \frac{360°}{\alpha}$$

$$\beta = n \cdot \alpha$$

$$\alpha = \frac{360°}{n}$$

Gitter eines Oberlichts

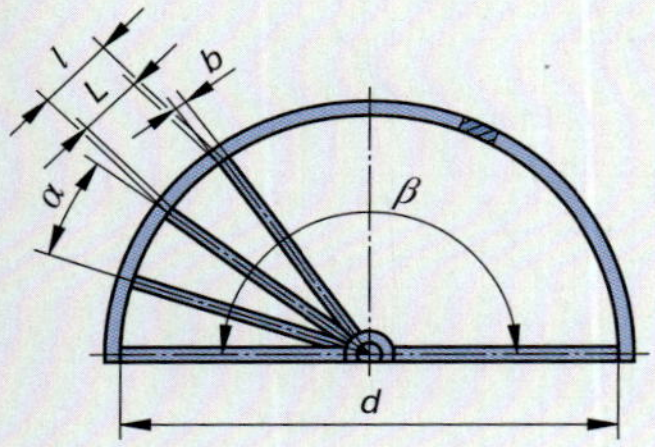

Im beliebigen Kreisbogen gilt näherungsweise:

$$n = \frac{\beta}{\alpha} - 1$$

$$L = d \cdot \sin\left(\frac{\alpha}{2}\right) - b$$

$$d = \frac{L + b}{\sin\left(\frac{\alpha}{2}\right)}$$

$$b = d \cdot \sin\left(\frac{\alpha}{2}\right) - L$$

$$\sin\left(\frac{\alpha}{2}\right) = \frac{L + b}{d}$$

Segmentgitter

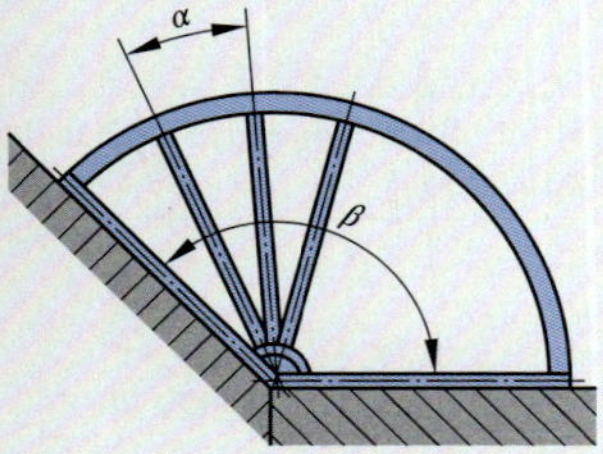

Gurtbogen im Mauerwerk verankert

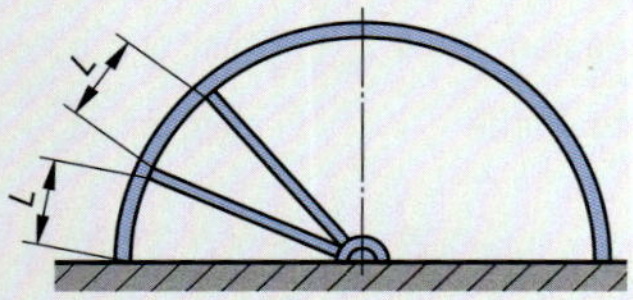

Schließt der gebogene Gurt direkt am Mauerwerk an, gilt:

$$L = d \cdot \sin\left(\frac{\alpha}{2}\right) - \frac{b}{2}$$

$$d = \frac{L + \frac{b}{2}}{\sin\left(\frac{\alpha}{2}\right)}$$

$$b = \left(d \cdot \sin\left(\frac{\alpha}{2}\right) - L\right) \cdot 2$$

Formelzeichen	Bezeichnung	Einheit
n	Anzahl der Stäbe Anzahl der Pfosten	–
α	Mittelpunktswinkel	°
β	Gesamtwinkel	°
b	Stabbreite Pfostenbreite	mm, cm, m
d	Durchmesser	mm, cm, m
L	lichte Weite	mm, cm, m

Metallbaukonstruktionen Fortsetzung

Bild Grafik	Formel Gleichung	Formelzeichen Bezeichnung	Einheit

3.1.6 Zuschnittlängen gebogener Profile

Biegeachsen an unsymmetrischen Profilen

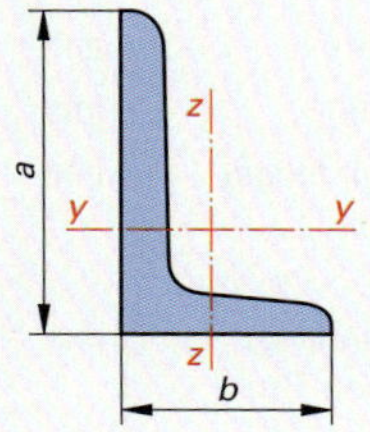

Unsymmetrische Winkelprofile

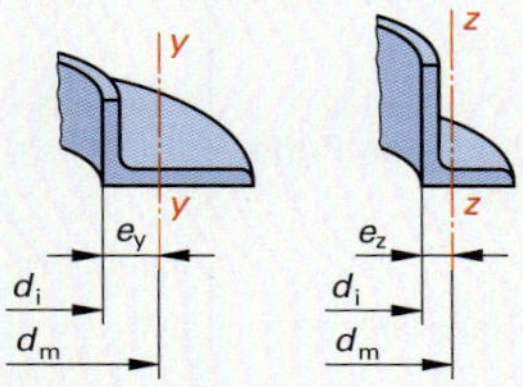

Bei der Berechnung von unsymmetrischen Profilen ist die Lage des Profils zu beachten, ob um die Biegeachse z oder die Biegeachse y gebogen wird.

Für Kreisring gilt:

$$l = d_m \cdot \pi$$

$$d_m = \frac{l}{\pi}$$

Biegeachse z:

$$d_m = d_i + e_z$$

Biegeachse y:

$$d_m = d_i + e_y$$

Werte für e_z und e_y s. Tabellenbücher

Für Teilkreise gilt:

$$l = \frac{\pi \cdot d_m \cdot \alpha}{360°}$$

$$d_m = \frac{l \cdot 360°}{\pi \cdot \alpha}$$

Formelzeichen	Bezeichnung	Einheit
l	Zuschnittlänge	mm, cm, m
D	Abstand der Biegeachse z bzw. Biegeachse y	mm, cm, m
d_i	Innenduchmesser	mm, cm, m
d_m	Durchmesser neutrale Faser (Abstand der Schwerpunktachsen $y-y$/ $z-z$)	mm, cm, m
e_z	Abstand zur Biegeachse z	mm, cm, m
e_y	Abstand zur Biegeachse y	mm, cm, m
α	Winkel des Teilkreises	°
π	Kreiszahl, 3,14...	
z — z	Biegeachse z	
y — y	Biegeachse y	

3.1.7 Zuschnittlängen von Profilen für Systemkonstruktionen im Fensterbau

Fenstermaße

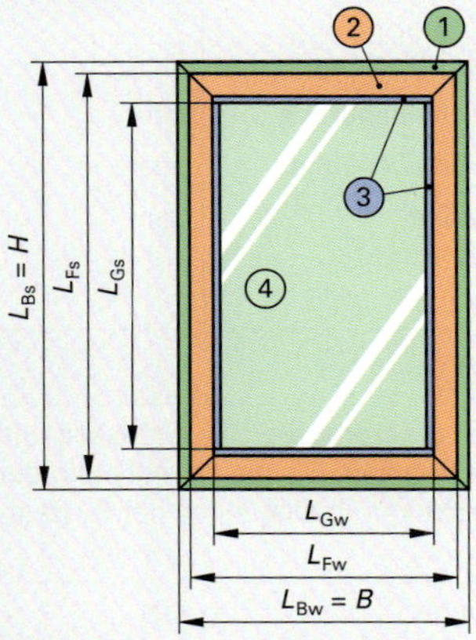

(1) Blendrahmen (3) Glasleiste
(2) Flügelrahmen (4) Glasscheibe

Fenster mit Überschlag

Überschlag

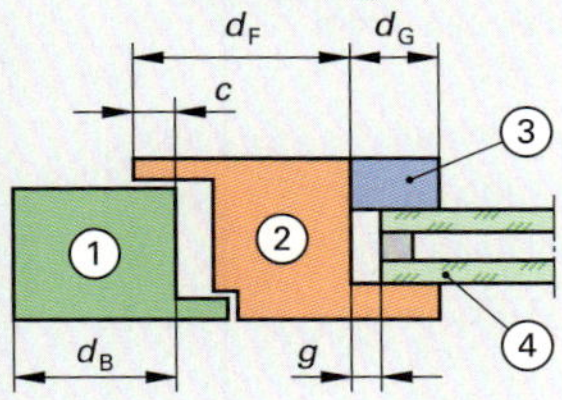

Im **Fensterbau** sind die konstruktiven Gestaltungen in der Regel im waagerechten und senkrecht Schnitt gleich. Für die Berechnung der Zuschnitte der Profile, müssen die Maße und konstruktiven Bedingungen der Systemhersteller benutzt werden.

Zuschnitt Blendrahmen-Profile

$$L_{Bw} = B$$

$$L_{Bs} = H$$

Zuschnitt Flügelrahmen-Profile mit Überschlag:

$$L_{Fw} = B - 2 \cdot (d_B - c)$$

$$B = L_{Fw} + 2 \cdot (d_B - c)$$

$$L_{Fs} = H - 2 \cdot (d_B - c)$$

$$H = L_{Fs} + 2 \cdot (d_B - c)$$

Formelzeichen	Bezeichnung	Einheit
B	Fensterbreite	mm
H	Fensterhöhe	mm
L_{Bw}	Zuschnittlänge für Blendrahmen-Profil waagrecht	mm
L_{Bs}	Zuschnittlänge für Blendrahmen-Profil senkrecht	mm
L_{Fw}	Zuschnitt für Flügelrahmen-Profil waagrecht	mm
L_{Fs}	Zuschnittlänge für Flügelrahmen-Profil senkrecht	mm
d_B	Breite Blendrahmen-Profil	mm
c	Profilüberschlag	mm

Metallbaukonstruktionen Fortsetzung

Bild Grafik	Formel Gleichung	Formelzeichen Bezeichnung	Einheit

Zuschnittlängen von Profilen für Systemkonstruktionen im Fensterbau Fortsetzung

Fenster flächenbündig

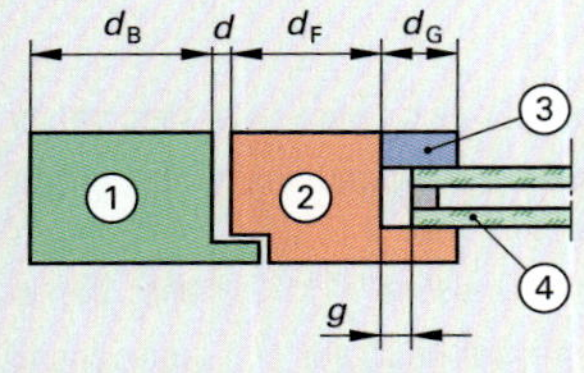

(1) Blendrahmen (3) Glasleiste
(2) Flügelrahmen (4) Glasscheibe

Zuschnitt Flügelrahmen-Profil flächenbündig:

$$L_{Fw} = B - 2 \cdot (d_B + d)$$

$B = L_{Fw} + 2 \cdot (d_B + d)$

$$L_{Fs} = H - 2 \cdot (d_B + d)$$

$H = L_{Fs} + 2 \cdot (d_B + d)$

Zuschnitt Glashalteleisten-Profile:

$$L_{Gw} = L_{Fw} - 2 \cdot d_F$$

$L_{Fw} = L_{Gw} + 2 \cdot d_F$

$$L_{Gs} = L_{Fs} - 2 \cdot (d_F + d_G)$$

$L_{Fs} = L_{Gs} + 2 \cdot (d_F + d_G)$

Zuschnittsmaße für Glasscheibe:

$$G_B = L_{Fw} - 2 \cdot (d_F + g)$$

$L_{Fw} = G_B + 2 \cdot (d_F + g)$

$$G_H = L_{Fs} - 2 \cdot (d_F + g)$$

$L_{Fs} = G_H + 2 \cdot (d_F + g)$

Formelzeichen	Bezeichnung	Einheit
B	Fensterbreite	mm
H	Fensterhöhe	mm
L_{Fw}	Zuschnitt für Flügelrahmen-Profil waagrecht	mm
L_{Fs}	Zuschnittlänge für Flügelrahmen-Profil senkrecht	mm
L_{Gw}	Zuschnittlänge für Glashalteleisten-Profil waagrecht	mm
L_{Gs}	Zuschnittlänge für Glashalteleisten-Profil senkrecht	mm
d	Fuge	mm
d_B	Breite Blendrahmen-Profil	mm
d_F	Profilmaß Flügelrahmen	mm
d_G	Profilmaß Glashalteleiste	mm
c	Profilüberschlag	mm
G_B	Glasscheibenbreite	mm
G_H	Glasscheibenhöhe	mm
g	Falzgrund	mm

3.1.8 Zuschnittlängen von Profilen für Systemkonstruktionen im Türenbau

Türmaße

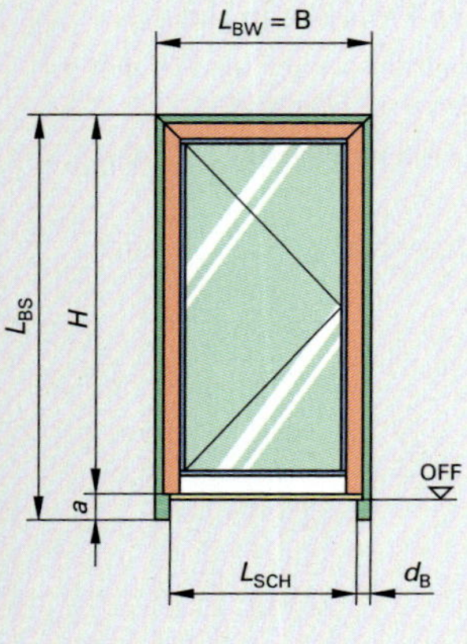

Im **Türenbau** sind die konstruktiven Gestaltungen im unteren Bereich – Schwelle und Sockel – anders als an den Seiten und dem oberen Rahmen. Für die Berechnung der Zuschnitte der Profile müssen die Maße und konstruktiven Bedingungen der Systemhersteller benutzt werden.

Zuschnitt Blendrahmen-Profile

$$L_{Bw} = B$$

$$L_{Bs} = H + a$$

$H = L_{Bs} - a$

Zuschnitt Schwellenprofil:

$$L_{Sch} = B - 2 \cdot d_B$$

$B = L_{Sch} + 2 \cdot d_B$

Formelzeichen	Bezeichnung	Einheit
B	Türbreite	mm
H	Türhöhe	mm
L_{Bw}	Zuschnittlänge für Blendrahmen-Profil waagrecht oben	mm
L_{Bs}	Zuschnittlänge für Blendrahmen-Profil senkrecht	mm
a	Bodeneinstand	mm
L_{Sch}	Zuschnittlänge für Schwellenprofil	mm
d_B	Breite Türrahmen-Profil	mm

Metallbaukonstruktionen Fortsetzung

Bild Grafik	Formel Gleichung	Formelzeichen Bezeichnung	Einheit

Zuschnittlängen von Profilen für Systemkonstruktionen im Türenbau Fortsetzung

Türschnittbezeichnungen

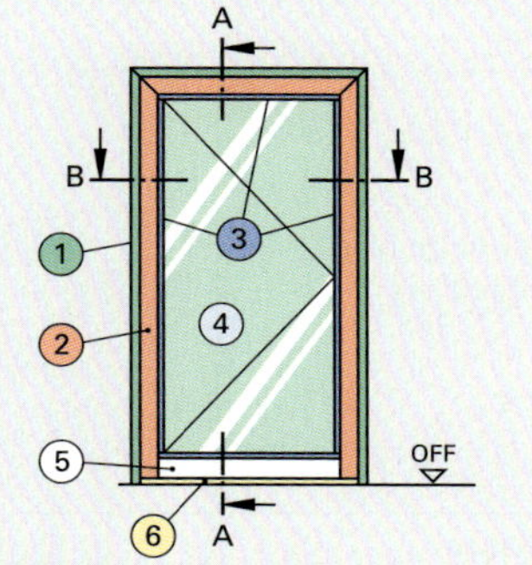

① Blendrahmen ② Flügelrahmen
③ Glasleiste ④ Glasscheibe oder Türblatt
⑤ Sockel ⑥ Schwelle

Türschnitt vertikal und horizontal

A – A

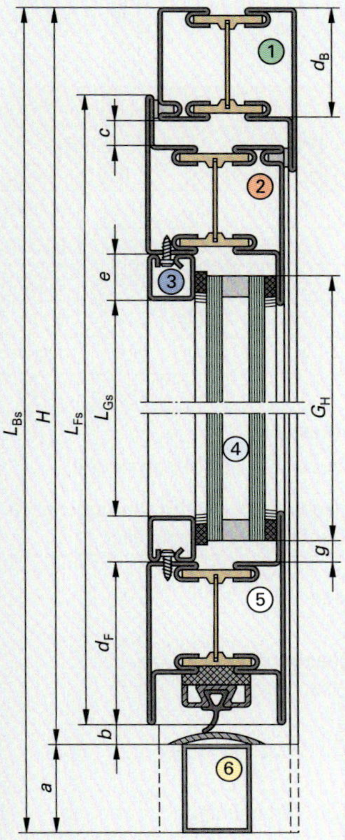

Zuschnitt Flügelrahmen-Profil:

$$L_{Fw} = B - 2 \cdot (d_B - f + c)$$

$$B = L_{Fw} + 2 \cdot (d_B - f + c)$$

$$L_{Fs} = H - d_B + f - c - b$$

$$H = L_{Fs} + d_B - f + c + b$$

Zuschnitt Glasleisten-Profil:

$$L_{Gw} = L_{Fw} - 2 \cdot d_f$$

$$L_{Fw} = L_{Gw} + 2 \cdot d_f$$

$$L_{Gs} = L_{Fs} - d_F - d_S - 2 \cdot e$$

$$L_{Fs} = L_{Gs} + d_F + d_S + 2 \cdot e$$

$$d_F = L_{Fs} - L_{Gs} - d_S - 2 \cdot e$$

$$d_S = L_{Gs} + L_{Fs} - d_F - 2 \cdot e$$

$$e = \frac{L_{Fs} - L_{Gs} - d_F - d_S}{2}$$

Zuschnitt Glasscheibe:

$$G_B = L_{Fw} - 2 \cdot (d_F + g)$$

$$L_{Fw} = G_B + 2 \cdot (d_F + g)$$

$$G_H = L_{Fs} - d_F + d_S - 2 \cdot g$$

$$L_{Fs} = G_H + d_F - d_S + 2 \cdot g$$

Formelzeichen	Bezeichnung	Einheit
B	Türbreite	mm
H	Türhöhe	mm
L_{Bw}	Zuschnittlänge für Blendrahmen-Profil waagrecht	mm
L_{Bs}	Zuschnittlänge für Blendrahmen-Profil senkrecht	mm
L_{Fw}	Zuschnitt für Flügelrahmen-Profil waagrecht	mm
L_{Fs}	Zuschnittlänge für Flügelrahmen-Profil senkrecht	mm
L_{Gw}	Zuschnittlänge für Glasleisten-Profil waagrecht	mm
L_{Gs}	Zuschnittlänge für Glasleisten-Profil senkrecht	mm
G_B	Glasscheibenbreite	mm
G_H	Glasscheibenhöhe	mm
d_B	Breite Blendrahmen-Profil	mm
d_F	Breite Flügelrahmen-Profil	mm
d_S	Breite Sockelleisten-Profil	mm
e	Breite Glasleisten-Profil	mm
c	Zwischenraumbreite	mm
f	Anschlag	mm
b	Bodenfreiheit	mm
g	Falzgrund	mm

B – B

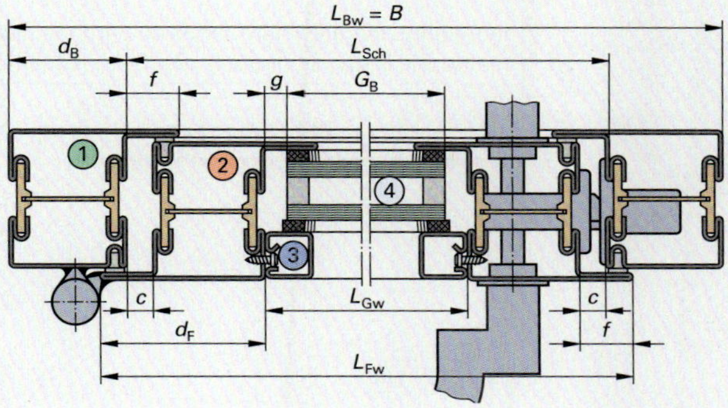

① Blendrahmen
② Flügelrahmen
③ Glasleiste
④ Glasscheibe oder Türblatt
⑤ Sockel
⑥ Schwelle

Metallbaukonstruktionen Fortsetzung

Bild Grafik	Formel Gleichung	Formelzeichen Bezeichnung	Einheit

3.1.9 Berechnungen an Profilen und Blechen

Mantelflächen von Profilen

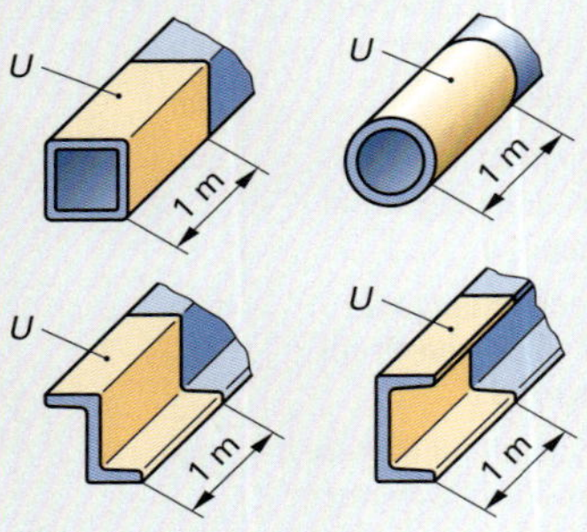

Oberflächenberechnung mithilfe der längenbezogenen Mantelfläche

Mithilfe der Angaben zur längenbezogenen Mantelfläche in Tabellen kann die Gesamtfläche verarbeiteter Profile errechnet werden.

$$A = U \cdot l$$

$$U = \frac{A}{l}$$

$$l = \frac{A}{U}$$

Formelzeichen	Bezeichnung	Einheit
A	Gesamtfläche	m^2
U	Längenbezogene Mantelfläche	$\frac{m^2}{m}$
l	Länge	m

Masse von Profilen

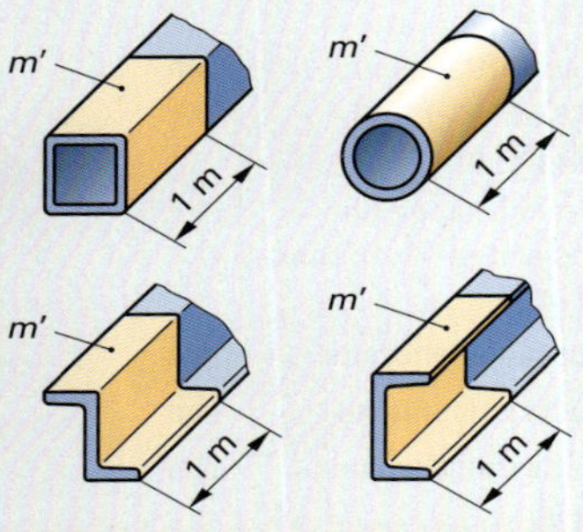

Masseberechnung mithilfe der längenbezogenen Masse

Im Stahl- und Metallbau wird die Gesamtmasse einer Konstruktion aus der Summe der Gewichte der verarbeiteten Profile errechnet. Dabei werden die Handelsgewichte (längenbezogene Masse) der Profile verwendet, die evtl. mit Zuschlägen versehen werden.

$$m = m' \cdot l$$

$$l = \frac{m}{m'}$$

$$m' = \frac{m}{l}$$

Formelzeichen	Bezeichnung	Einheit
m	Masse	kg
m'	Handelsgewicht	$\frac{kg}{m}$
l	Länge	m

Tabelle 1: Handelsgewichte und Mantelflächen ausgewählter Formstähle

U			IPE			HE = IPBI			HE-B = IPB			HE = IPBv		
	m′	U		m′	U		m′	U		m′	U		m′	U
120	13,7	0,3434	180	19,3	0,6979	120	20,4	0,6774	120	27,4	0,6864	180	91,1	0,7045
140	16,4	0,5197	200	23	0,7682	140	25,3	0,7944	140	34,5	0,8054	200	106	0,7790
180	22,5	0,6387	220	26,9	0,8476	160	31,2	0,9062	160	43,7	0,9182	240	161	0,9322
200	26	0,6986	240	31,5	0,9218	180	36.4	1,024	180	52,6	1,037	300	244	1,174
220	30	0,7558	300	43,3	1,160	200	43	1,136	200	63	1,151	360	256	1,367
240	39	0,8131	360	58,6	1,353	240	62	1,369	240	85	1,384	400	262	1,481

Masse einer Blechtafel

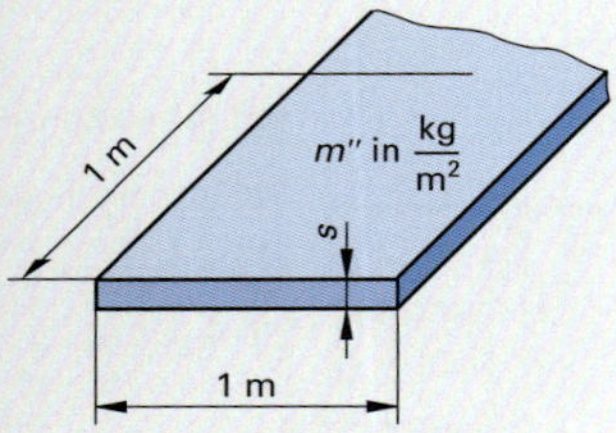

Masseberechnung mithilfe der flächenbezogenen Masse

Im Metallbau wird für die flächenbezogene Masse mit 8 $\frac{kg}{m^2}$ je mm Materialdicke gerechnet. Für die Walztoleranzen wird ein Zuschlag von 2 % und für Verbindungselemente wie Niete, Schrauben oder Schweißnähte ebenfalls 2 % veranschlagt.

$$m = m'' \cdot z_1 \cdot z_2$$

$$m'' = \frac{m}{z_1 \cdot z_2}$$

$$z_1 = \frac{m}{m'' \cdot z_2}$$

$$z_2 = \frac{m}{m'' \cdot z_1}$$

Formelzeichen	Bezeichnung	Einheit
m	Masse	kg
m''	flächenbezogene Masse	$\frac{kg}{m^2}$
z_1	2 % für Walztoleranzen	–
z_2	2 % für Verbindungselemente	–

Metallbaukonstruktionen Fortsetzung

Bild Grafik	Formel Gleichung	Formelzeichen Bezeichnung	Einheit

3.1.10 Rohmaße von Schmiede- und Pressstücken

Beim Schmieden entsteht durch Verbrennung ein Verlust durch Abbrand. Bei der Herstellung von Werkstücken durch Pressen muss der auftretende Grat abgetrennt werden. Diese Verluste müssen bei der Bestimmung der Rohmaße berücksichtigt werden. Üblicherweise rechnet man mit einem Zuschlagsfaktor von 5% bis 8%.

Geschmiedeter quadratischer Zapfenabsatz

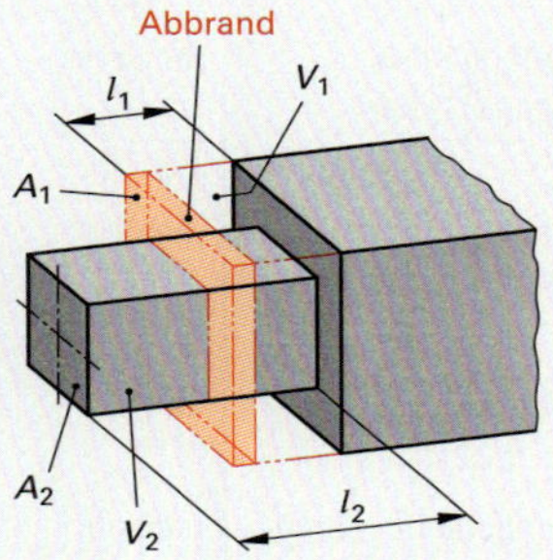

Geschmiedeter runder Zapfenabsatz

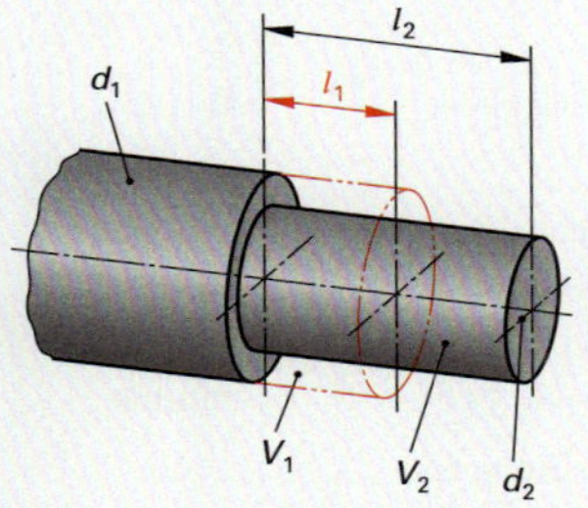

Gesenkgeschmiedeter Zapfen

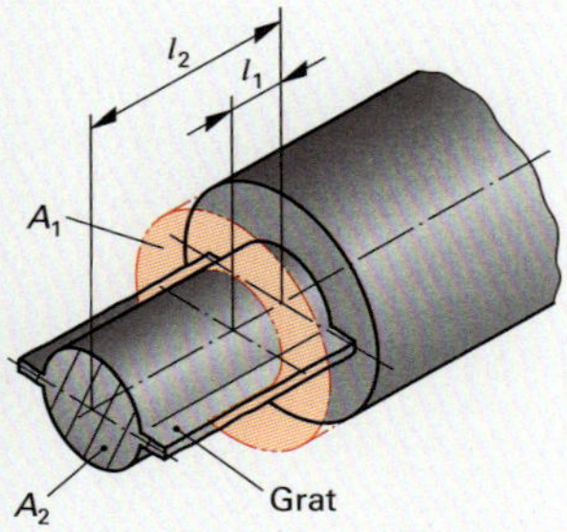

$$V_1 = V_2$$

$$A_1 \cdot l_1 = A_2 \cdot l_2$$

$$l_1 = \frac{A_2 \cdot l_2}{A_1}$$

$$l_2 = \frac{A_1 \cdot l_1}{A_2}$$

$$A_1 = \frac{A_2 \cdot l_2}{l_1}$$

$$A_2 = \frac{A_1 \cdot l_1}{l_2}$$

Mit Zuschlag für Verluste

$$V_1 = V_2 + V_2 \cdot q$$

$$V_1 = V_2 \cdot (1 + q)$$

$$V_2 = \frac{V_1}{1 + q}$$

$$q = \frac{V_1}{V_2} - 1$$

$$A_1 \cdot l_1 = A_2 \cdot l_2 \cdot (1 + q)$$

$$l_1 = \frac{A_2 \cdot l_2 \cdot (1 + q)}{A_1}$$

$$l_2 = \frac{A_1 \cdot l_1}{A_2 \cdot (1 + q)}$$

$$A_1 = \frac{A_2 \cdot l_2 \cdot (1 + q)}{l_1}$$

$$A_2 = \frac{A_1 \cdot l_1}{l_2 \cdot (1 + q)}$$

Formelzeichen	Bezeichnung	Einheit
V_1	Ausgangsvolumen	mm^3
V_2	Endvolumen	mm^3
A_1	Ausgangs-Querschnittsfläche	mm^2
A_2	End-Querschnittsfläche	mm^2
l_1	Ausgangslänge, Markierungslänge	mm
l_2	Endlänge	mm
q	Zuschlagsfaktor für Abbrand oder Gratverlust	

Beispiele für Zuschlagsfaktoren:

5 % → $q = 0{,}05$
8 % → $q = 0{,}08$
10 % → $q = 0{,}1$

Metallbaukonstruktionen Fortsetzung

Bild Grafik	Formel Gleichung	Formelzeichen Bezeichnung	Einheit

Rohmaße von Schmiede- und Pressstücken Fortsetzung

Bei den Berechnungen für die verschiedenen Ausführungen muss jeweils noch der Verlust für den Abbrand berücksichtigt werden; s. S. 69

Quadratischer Absatz an Quadratstab

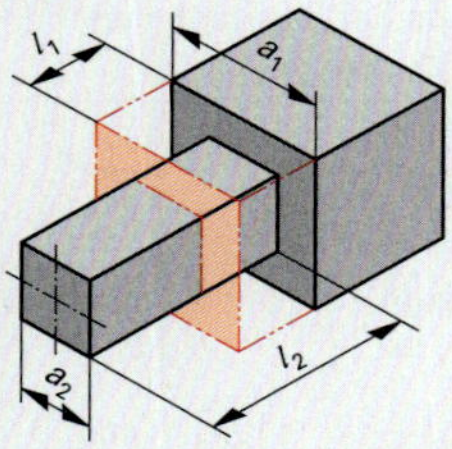

Quadratische Querschnitte

$$a^2{}_1 \cdot l_1 = a^2{}_2 \cdot l_2$$

$$l_1 = \frac{a^2{}_2 \cdot l_2}{a^2{}_1}$$

Runder Absatz an Quadratstab

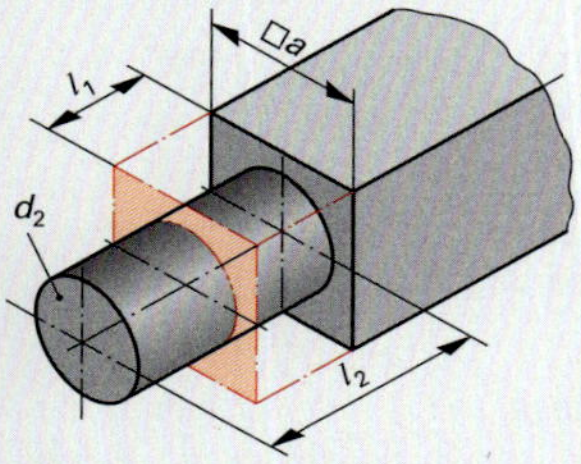

Kreisquerschnitt aus Quadratquerschnitt

$$a^2 \cdot l_1 = \frac{\pi \cdot d^2 \cdot l_2}{4}$$

$$l_1 = \frac{\pi \cdot d^2 \cdot l_2}{4 \cdot a^2}$$

Rechteckabsatz an Quadratstab

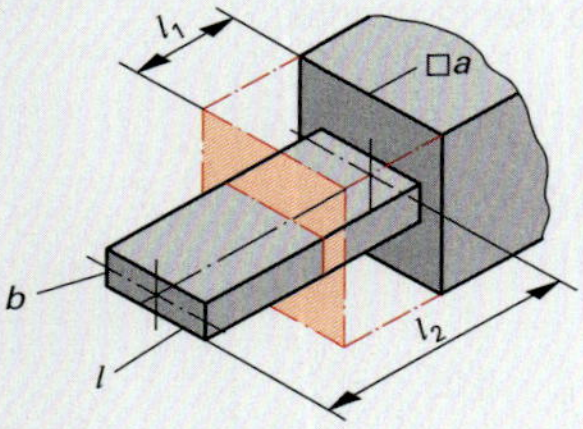

Rechteckquerschnitt aus Quadratquerschnitt

$$a^2 \cdot l_1 = l \cdot b \cdot l_2$$

$$l_1 = \frac{l \cdot b \cdot l_2}{a^2}$$

Pyramidenspitze an Quadratstab

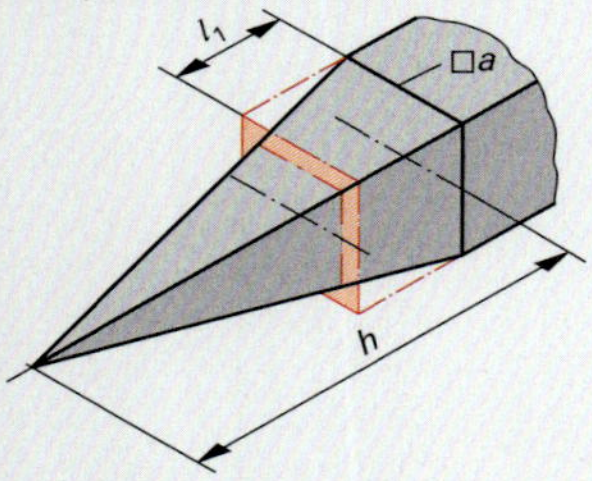

Pyramidenspitze auf Quadratquerschnitt

$$a^2 \cdot l_1 = \frac{a^2 \cdot h}{3}$$

$$l_1 = \frac{h}{3}$$

$$h = 3 \cdot l_1$$

Rundstab mit Spitze

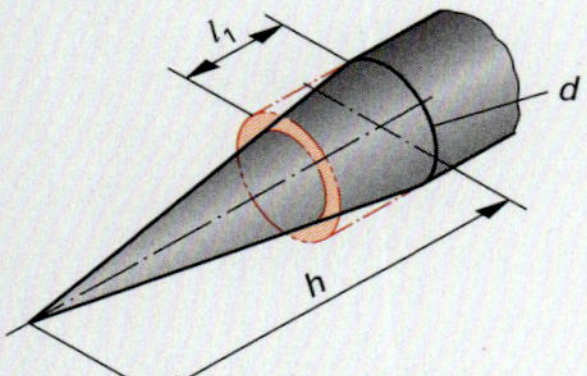

Kegelspitze auf Rundquerschnitt

$$\frac{\pi \cdot d^2 \cdot l_1}{4} = \frac{\pi \cdot d^2}{4} \cdot \frac{h}{3}$$

$$l_1 = \frac{h}{3}$$

$$h = 3 \cdot l_1$$

Formelzeichen	Bezeichnung	Einheit
a_1	Seitenlänge des Ausgangsstabes	mm, cm
a_2	Seitenlänge des Endstabes	mm, cm
l	Profilbreite	mm, cm
l_1	Ausgangslänge, Länge der Schmiedemarkierung	mm, cm
l_2	Endlänge	mm, cm
a	Seitenlänge	mm, cm
b	Profilstärke	mm, cm
d	Durchmesser des Rundstabs	mm, cm
π	Kreiszahl, 3,14...	mm, cm
h	Länge, Höhe der Pyramidenspitze, bzw. Kegelspitze	

3 Fertigungstechnik

Metallbaukonstruktionen Fortsetzung

Bild Grafik	Formel Gleichung	Formelzeichen Bezeichnung	Einheit

3.1.11 Treppenberechnung

Die Grundanforderung bei Treppen ist die sichere und bequeme Begehbarkeit. Dies kommt in der Schrittmaßregel zum Ausdruck, die das durchschnittliche Schrittmaß eines europäischen Menschen angibt.

Treppenmaße

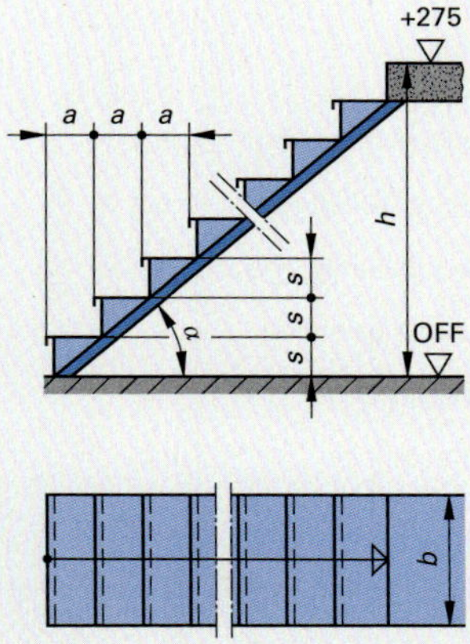

Schrittmaßregel

$$2 \cdot s + a = 590 \text{ mm bis } 650 \text{ mm}$$

Schrittmaßregel idealer Treppen

$$2 \cdot s + a = 630 \text{ mm}$$

$s = \frac{630 - a}{2}$; $a = 630 - 2 \cdot s$

Bequemlichkeitsregel[1)]

$$a - s = 120 \text{ mm}$$

$a = 120 \text{ mm} + s$; $s = a - 120 \text{ mm}$

Geschossmaße

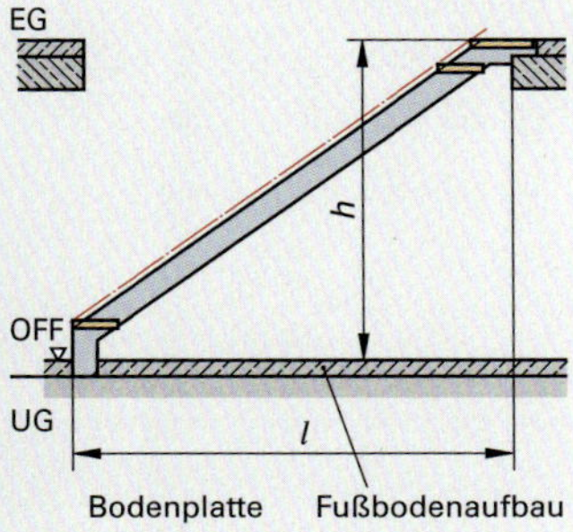

Sicherheitsregel[1)]

$$a + s = 450 \text{ mm bis } 470 \text{ mm}$$

$a = (450 \text{ mm bis } 470 \text{ mm}) - s$

$s = (450 \text{ mm bis } 470 \text{ mm}) + a$

Steigungsanzahl

$$n_s = \frac{h}{s}$$

$h = n_s \cdot s$; $s = \frac{h}{n_s}$

$n_a = n_s - 1$; $n_s = n_a + 1$

Steigungswinkel

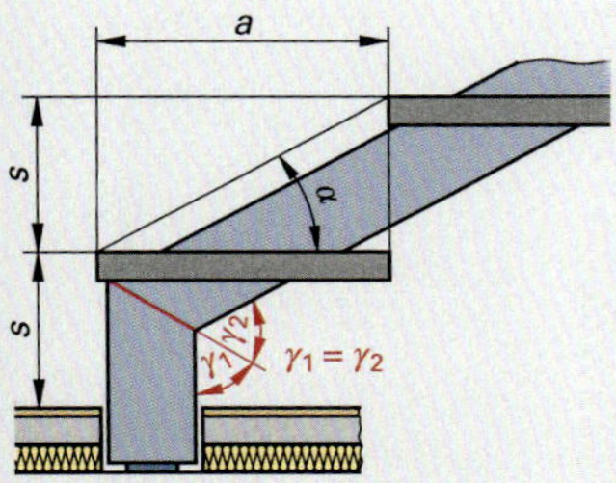

Treppenlauflänge

$$l = (n_s - 1) \cdot a$$

$a = \frac{l}{n_s - 1}$; $n_s = \frac{l}{a} + 1$; $l = n_a \cdot a$

Steigungswinkel

$$\tan \alpha = \frac{s}{a}$$

$s = a \cdot \tan\alpha$; $a = \frac{s}{\tan\alpha}$

Formelzeichen	Bezeichnung	Einheit
s	Treppensteigung	mm, cm
a	Treppenauftritt	mm, cm
n_s	Anzahl der Treppensteigungen	
h	Geschosshöhe	mm, cm
n_a	Anzahl der Treppenauftritte	
l	Treppenlauflänge	mm, cm
α	Treppensteigungswinkel Treppenneigung	°
OFF	Oberkante fertiger Fußboden	
+ 275 ∇	Höhenangabe über OFF	cm

1) Empfehlung

3.2 Blechkonstruktionen

Bild Grafik	Formel Gleichung	Formelzeichen Bezeichnung	Einheit

3.2.1 Gestreckte Längen gekanteter Bleche

Gekantete Blechelemente

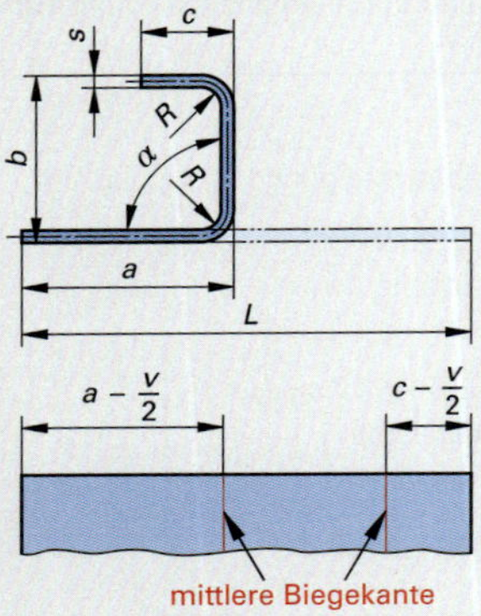

Werden dünne Bleche mit kleinem Biegeradius gekantet, wird die gestreckte Länge des Zuschnitts nicht über die neutrale Faser berechnet.

Für Öffnungswinkel β = 0° bis β = 165° gilt:

$$L = a + b + \ldots - v_1 - v_2 - \ldots$$

$a = L - b - \ldots + v_1 + v_2 + \ldots$

$v_1 = -L + a + b \ldots - v_2 - \ldots$

Für Öffnungswinkel β > 165° bis β = 180° gilt:

$$L = a + b + c + \ldots$$

$a = L - b - c - \ldots$

Formelzeichen	Bezeichnung	Einheit
L	gestreckte Länge	mm
$a, b \ldots$	Schenkellängen	mm
$v_1, v_2 \ldots$	Ausgleichswerte	mm
β	Öffnungswinkel	°
R	Biegeradius	mm
s	Blechdicke	mm

3.2.2 Berechnung der Biegelinien

Biegelinien für die Abkantungen eines Bleches

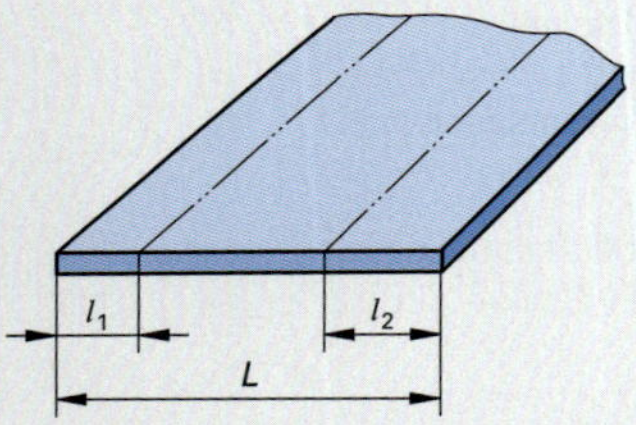

Zur Bestimmung der Biegelinie geht man von der Länge der Außenmaße Biegeschenkel aus. Diese verkürzt sich um die Hälfte des jeweiligen Ausgleichswertes.

$$l_1 = a - \frac{v_1}{2}$$

$a = l_1 + \frac{v_1}{2}$

$$l_2 = b - \frac{v_2}{2}$$

$b = l_2 + \frac{v_2}{2}$

Formelzeichen	Bezeichnung	Einheit
l_1, l_2	Abstand der Biegelinie von der Außenkante	mm
a, b …	Schenkellängen	mm
$v_1, v_2 \ldots$	Ausgleichswerte	mm

3.2.3 Ausgleichswerte

Für Blechbiegearbeiten mit kleinem Biegeradius, Biegewinkel α = 90° und Blechdicke kleiner 5 mm kann der Ausgleichswert mit vereinfachten Formeln ermittelt werden.

Nach Faustformel

$$v \approx 2 \cdot s$$

$s \approx \frac{v}{2}$ oder

$$v \approx \frac{R}{2} + s$$

$R \approx (v - s) \cdot 2$

Nach Näherungsformel

$$v \approx 0{,}43 \cdot R + 1{,}48 \cdot s$$

$s \approx \frac{v - 0{,}43 \cdot R}{1{,}48}$; $R \approx \frac{v - 1{,}48 \cdot s}{0{,}43}$

Formelzeichen	Bezeichnung	Einheit
v	Ausgleichswert	mm
R	Biegeradius	mm
s	Blechdicke	mm

Blechkonstruktionen Fortsetzung

Bild Grafik	Formel Gleichung	Formelzeichen Bezeichnung	Einheit

Ausgleichswerte Fortsetzung

β = 0° bis 90°

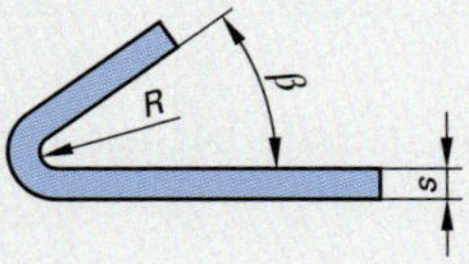

Die Ausgleichswerte werden für verschiedene Bereiche des Öffnungswinkels β berechnet oder Tabellen entnommen.

Für Öffnungswinkel β = 0° bis 90° gilt:

$$v = 2 \cdot (R + s) - \pi \cdot \left(\frac{180° - \beta}{180°}\right) \cdot \left(R + \frac{s}{2} \cdot k\right)$$

β > 90° bis 165°

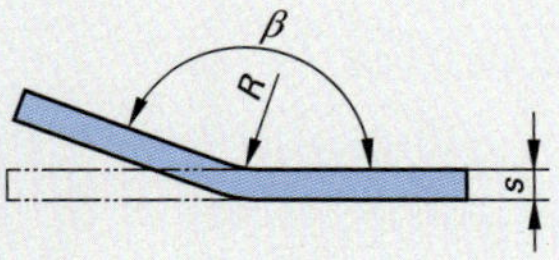

Für Öffnungswinkel β > 90° bis 165° gilt:

$$v = 2 \cdot (R + s) \cdot \tan \cdot \left(\frac{180° - \beta}{2}\right) - \pi \cdot \left(\frac{180° - \beta}{180°}\right) \cdot R + \frac{s}{2} \cdot k$$

β > 165° bis 180°

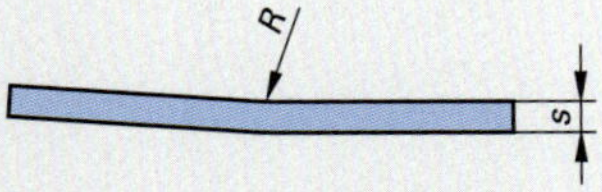

Für Öffnungswinkel β > 165° bis 180° gilt:

$$v = 0$$

Formelzeichen	Bezeichnung	Einheit
v	Ausgleichswert	mm
k	Korrekturfaktor	–
R	Biegeradius	mm
β	Öffnungswinkel	°
s	Blechdicke	mm
π	Kreiszahl (≈ 3,14)	–

3.2.4 Zugaben

Zargenformen

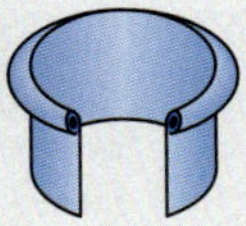

zylindrisch

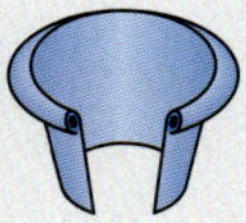

kegelig nach innen

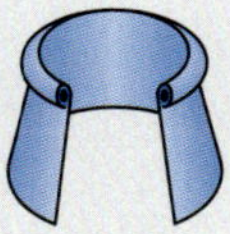

kegelig nach außen

Für die Herstellung von Drahteinlagen an Rändern oder Falznähte müssen beim Blechzuschnitt Zugaben ermittelt werden. Dabei muss die Form des Blechkörpers berücksichtigt werden.

Zylindrische Zarge

$$z = 2{,}5 \cdot d$$

$$d = \frac{z}{2{,}5}$$

Kegelige Zarge nach innen

$$z = 3 \cdot d$$

$$d = \frac{z}{3}$$

Kegelige Zarge nach außen

$$z = 2 \cdot d$$

$$d = \frac{z}{2}$$

Zuschnittlänge

$$L = l + z$$

$$l = L - z$$

$$z = L - l$$

Formelzeichen	Bezeichnung	Einheit
z	Zugabe	mm
d	Drahtdurchmesser	mm
$d \geq \frac{s}{0{,}2}$		mm
L	Zuschnittlänge	mm
l	Endlänge	mm
s	Blechdicke	mm

Blechkonstruktionen Fortsetzung

Bild Grafik	Formel Gleichung	Formelzeichen Bezeichnung	Einheit

3.2.5 Zugaben Falze

Einfacher und doppelter Falz

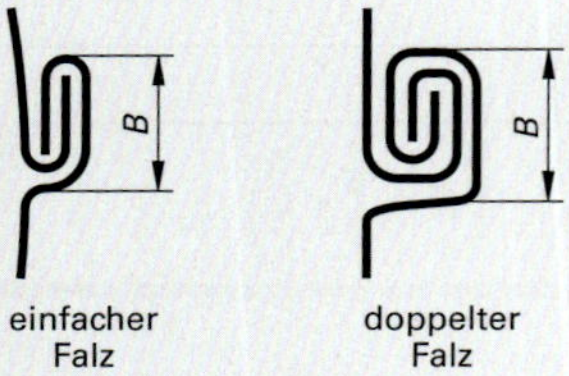

Die Breite der Zugabe für Längsfalze richtet sich nach der Blechdicke, der Falzart und der Anzahl der Lagen. Ein einfacher Falz ist dreilagig, ein doppelter Falz ist fünflagig.

Falzbreite

$$B \approx 10 \cdot s$$

$$s \approx \frac{B}{10}$$

Rohr mit einfachem Umlauf

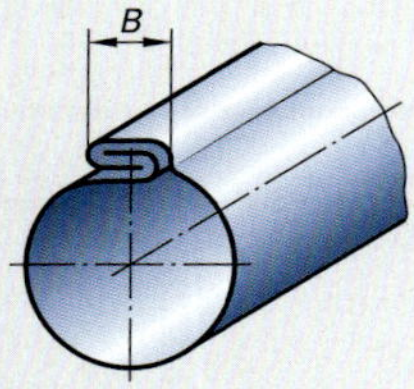

Einfacher Falz

$$L_s \approx L + 3 \cdot B$$

$$L \approx L_s - 3 \cdot B$$

$$B \approx \frac{L_s - L}{3}$$

Rohr mit doppeltem Umlauf

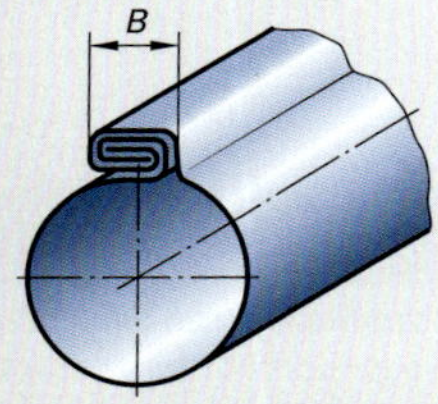

Doppelter Falz

$$L_s \approx L + 5 \cdot B$$

$$L \approx L_s - 5 \cdot B$$

$$B \approx \frac{L_s - L}{5}$$

Formelzeichen	Bezeichnung	Einheit
B	Falzbreite	mm
s	Blechdicke	mm
L_s	Zuschnittlänge	mm
L	gestreckte Länge	mm

3.2.6 Zugabe für Bördelnaht

Rohr vorbereitet für Bördelnaht

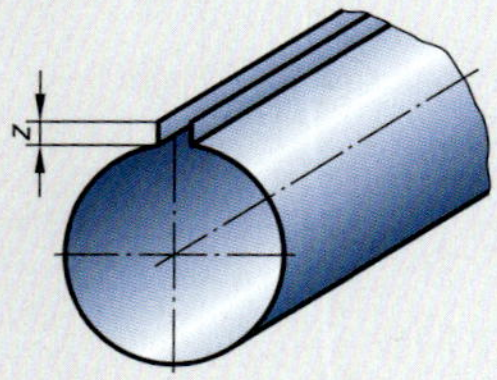

Zur Herstellung einer Bördelnaht müssen die Ränder einer zylindrische Zarge nach außen aufgebogen werden. Die Länge der Abkantung ist abhängig von der Blechdicke.

Gestreckte Länge der Zarge

$$L = \pi \cdot D_m + 2 \cdot z$$

$$z = \frac{L - \pi \cdot D_m}{2}$$

$$D_m = \frac{L - 2 \cdot z}{\pi}$$

$$D_m = d + s$$

$$d = D_m - s$$

$$s = D_m - d$$

Blechzugabe

$$z = 1{,}5 \cdot s$$

$$s = \frac{z}{1{,}5}$$

Formelzeichen	Bezeichnung	Einheit
L	gestreckte Länge	mm
D_m	mittlerer Durchmesser	mm
d	Zargen-Innendurchmesser	mm
z	Zugabe	mm
s	Blechdicke	mm
π	Kreiszahl (≈ 3,14)	–

Blechkonstruktionen Fortsetzung

Bild Grafik	Formel Gleichung	Formelzeichen Bezeichnung	Einheit
3.2.7 Abwicklungen			
Blechkegel mit Abwicklung mit $\beta = 30°$ und $\varphi = 90°$	**Kegelige Blechkörper** Sie werden aus einem Kreissegment hergestellt, indem die Abwicklung eingerollt wird.		
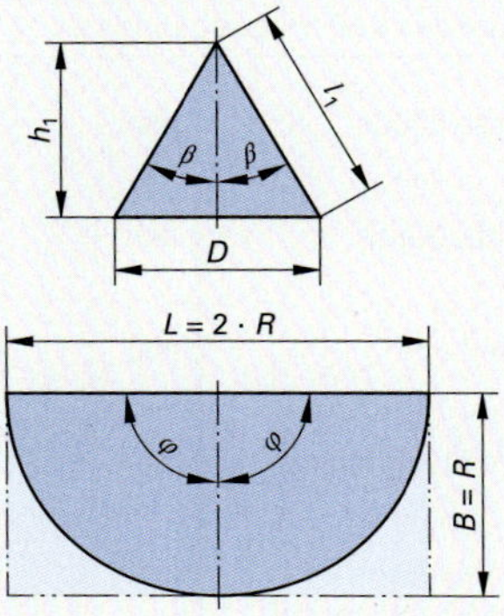	Für $\beta = 30°$ und $\varphi = 90°$		
	$$l_1 = \sqrt{h_1^2 + \left(\frac{D}{2}\right)^2}$$	l_1 Mantelhöhe	mm
	$$h_1 = \sqrt{l_1^2 - \left(\frac{D}{2}\right)^2}$$	h_1 Kegelhöhe	mm
	$$D = 2 \cdot \sqrt{l_1^2 - h_1^2}$$	D Durchmesser	mm
	$$B = l_1$$	B Tafelbreite	mm
	$$L = 2 \cdot l_1$$	β halber Kegelwinkel	°
Blechkegel mit Abwicklung mit $\beta < 30°$ und $\varphi < 90°$	$$l_1 = \frac{D}{2 \cdot \sin(\beta)}$$	φ halber Spitzenwinkel der Abwicklung	°
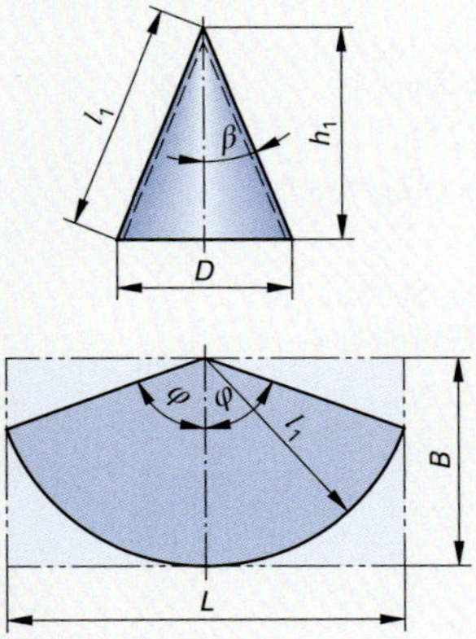	$D = l_1 \cdot 2 \cdot \sin(\beta)$; $\sin(\beta) = \frac{D}{2 \cdot l_1}$		
	$$\tan(\beta) = \frac{D}{2 \cdot h_1}$$		
	$D = \tan(\beta) \cdot 2 \cdot h_1$; $h_1 = \frac{D}{2 \cdot \tan(\beta)}$		
	$$\varphi = 180° \cdot \sin(\beta)$$		
	$\sin(\beta) = \frac{\varphi}{180°}$		
	Für $\beta < 30°$ und $\varphi < 90°$		
Blechkegel mit Abwicklung mit $\beta > 30°$ und $\varphi > 90°$	$$L = 2 \cdot l_1 \cdot \sin(\varphi)$$		
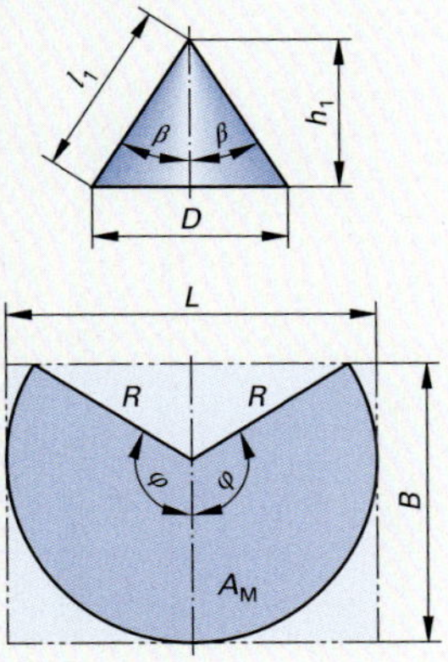	$l_1 = \frac{L}{2 \cdot \sin(\varphi)}$; $\sin(\varphi) = \frac{L}{2 \cdot l_1}$		
	$$B = l_1$$		
	Für $\beta > 30°$ und $\varphi > 90°$		
	$$L = 2 \cdot l_1$$		
	$$B = l_1 \cdot (1 - \cos(\varphi))$$		

Blechkonstruktionen Fortsetzung

Bild Grafik	Formel Gleichung	Formelzeichen Bezeichnung	Einheit

Abwicklungen Fortsetzung

Kegelstumpfförmige Körper

Zum Übergang eines großen in einen kleineren Durchmesser benötigt man kegelstumpfförmige Blechkörper. Sie werden aus einem Segment eines Kreisringes gebogen.

Blechkegelstumpf
Abwicklung für $\beta < 30°$ und $\varphi < 90°$

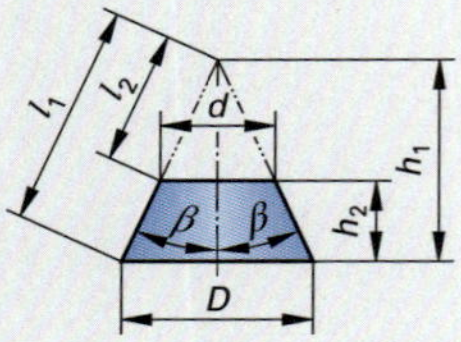

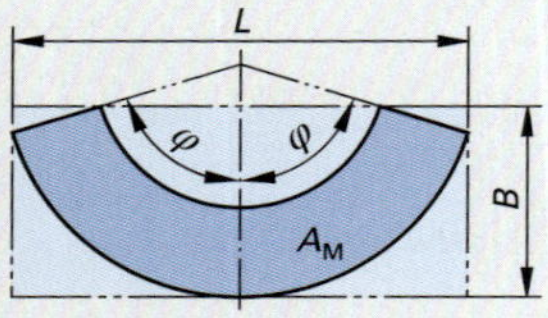

Blechkegelstumpf
Abwicklung für $\beta > 30°$; $\varphi > 90°$

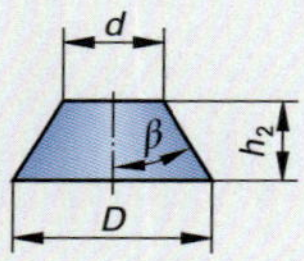

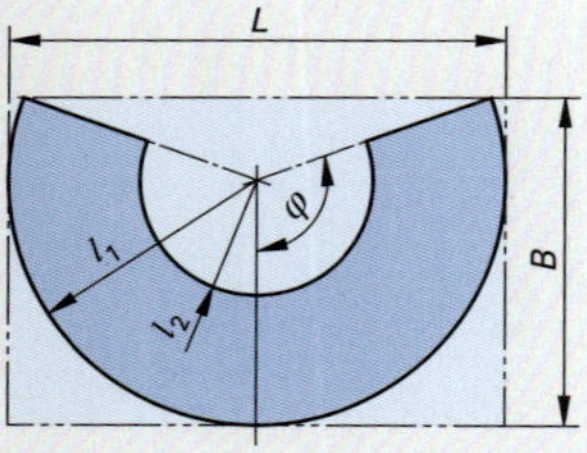

$$\Delta l = l_1 - l_2$$

$$l_1 = \frac{D}{2 \cdot \sin(\beta)}$$

$$D = l_1 \cdot 2 \cdot \sin(\beta)$$

$$l_2 = \frac{d}{2 \cdot \sin(\beta)}$$

$$d = l_2 \cdot 2 \cdot \sin(\beta)$$

$$\varphi = 180° \cdot \sin(\beta)$$

$$\sin(\beta) = \frac{\varphi}{180°}$$

$$\tan(\beta) = \frac{D - d}{2 \cdot h_2}$$

$$D = 2 \cdot h_2 \cdot \tan(\beta) + d$$

$$d = D - 2 \cdot h_2 \cdot \tan(\beta)$$

$$h_2 = \frac{D - d}{2 \cdot \tan(\beta)}$$

$$B = l_1 - l_2 \cdot \cos(\varphi)$$

$$l_1 = B + l_2 \cdot \cos(\varphi)$$

$$l_2 = \frac{l_1 - B}{\cos(\varphi)}$$

Für $\beta < 30°$ und $\varphi < 90°$

$$L = 2 \cdot l_1 \cdot \sin(\varphi)$$

$$l_1 = \frac{L}{2 \cdot \sin(\varphi)}$$

$$\sin(\varphi) = \frac{L}{2 \cdot l_1}$$

Für $\beta > 30°$ und $\varphi > 90°$

$$L = 2 \cdot l_1$$

$$l_1 = \frac{L}{2}$$

Formelzeichen	Bezeichnung	Einheit
l_1, l_2	Mantelhöhen	mm
Δl	Mantelbreite	mm
h_1	Kegelhöhe	mm
h_2	Kegelstumpfhöhe	mm
D, d	Durchmesser, Behälterdurchmesser, Zargendurchmesser	mm
B	Tafelbreite	mm
L	Tafellänge	mm
β	halber Kegelwinkel	°
φ	halber Spitzenwinkel der Abwicklung	°

Blechkonstruktionen Fortsetzung

Bild Grafik	Formel Gleichung	Formelzeichen Bezeichnung	Einheit

Abwicklungen Fortsetzung

Abgewinkeltes Rohr

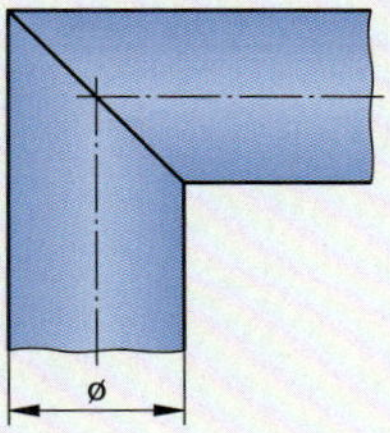

Rohr mit schrägem Schnitt

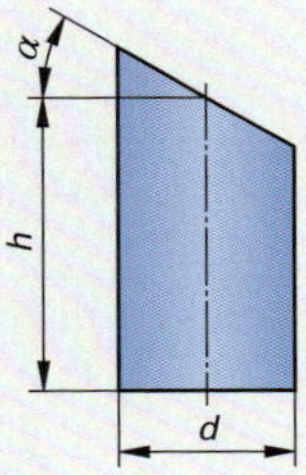

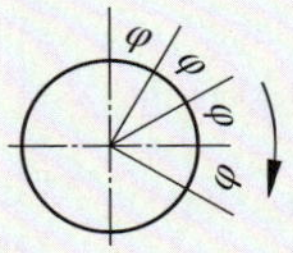

Teilabwicklung zum Schrägschnitt

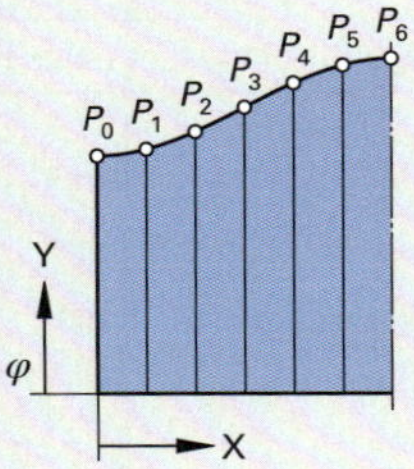

Schräg geschnittene zylindrische Rohre

Wird ein Rohr mit einem schrägen Ende hergestellt, so ergibt sich für die Abwicklung an der schrägen Seite keine Gerade, sondern eine Bogenlinie.

$$L = \pi \cdot d$$

$$d = \frac{L}{\pi}$$

$$h_1 = \frac{d}{2} \cdot \tan(\alpha)$$

$$d = \frac{2 \cdot h_1}{\tan(\alpha)}$$

$$\tan(\alpha) = \frac{2 \cdot h_1}{d}$$

Für die Bestimmung der Kurvenlinie:

$$\varphi = \frac{360°}{n}$$

$$n = \frac{360°}{\varphi}$$

$$x_n = \frac{\pi \cdot d \cdot n \cdot \varphi}{360°}$$

$$d = \frac{x_n \cdot 360°}{\pi \cdot n \cdot \varphi}$$

$$n = \frac{x_n \cdot 360°}{\pi \cdot d \cdot \varphi}$$

$$\varphi = \frac{x_n \cdot 360°}{\pi \cdot d \cdot n}$$

$$y_n = h - \frac{d}{2} \cdot \tan(\alpha) \cdot \cos(n \cdot \varphi)$$

$$h = y_n + \frac{d}{2} \cdot \tan(\alpha) \cdot \cos(n \cdot \varphi)$$

$$d = \frac{2 \cdot (h - y_n)}{\tan(\alpha) \cdot \cos(n \cdot \varphi)}$$

$$\tan(\alpha) = \frac{2 \cdot (h - y_n)}{d \cdot \cos(n \cdot \varphi)}$$

$$\cos(n \cdot \varphi) = \frac{2 \cdot (h - y_n)}{d \cdot \tan(\alpha)}$$

Formelzeichen	Bezeichnung	Einheit
L	Länge der Abwicklung Rohrumfang	mm
d	Rohrdurchmesser	mm
h	Rohrhöhe in Achshöhe	mm
h_1	Höhe der Rohrspitze	mm
n	Anzahl der Teilungen (0 ……. n)	–
α	Schnittwinkel des Rohrs	°
φ	Schrittwinkel	°
π	Kreiszahl (≈ 3,14)	
P_n	Koordinatenpunkte	mm
x_n	x-Koordinaten	mm
y_n	y-Koordinaten	mm

3 Fertigungstechnik

3.3 Wärmetechnik

Bild Grafik	Formel Gleichung	Formelzeichen Bezeichnung	Einheit

3.3.1 Temperatur

Temperaturskalen

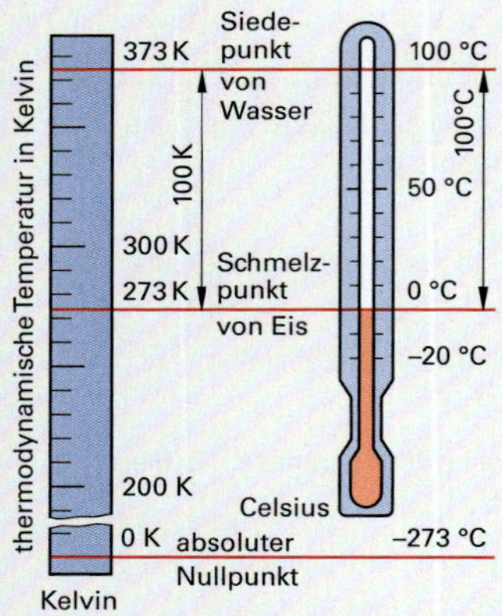

Temperaturen werden in **Kelvin K** oder in **Grad Celsius °C** gemessen. Die Kelvinskala geht von der tiefstmöglichen Temperatur, dem absoluten Nullpunkt aus, die Celsiusskala vom Schmelzpunkt des Eises.

$$\Theta = T - 273$$

$T = 273 + \Theta$

$0\ \text{K} = -273{,}15\ °\text{C} \approx -273\ °\text{C}$

$0\ °\text{C} = 273{,}15\ \text{K} \approx 273\ \text{K}$

Formelzeichen	Bezeichnung	Einheit
T	Temperatur	K (Kelvin)
Θ	Temperatur	°C (Grad Celsius)

3.3.2 Wärmemenge

Wärmemenge bei Erwärmung

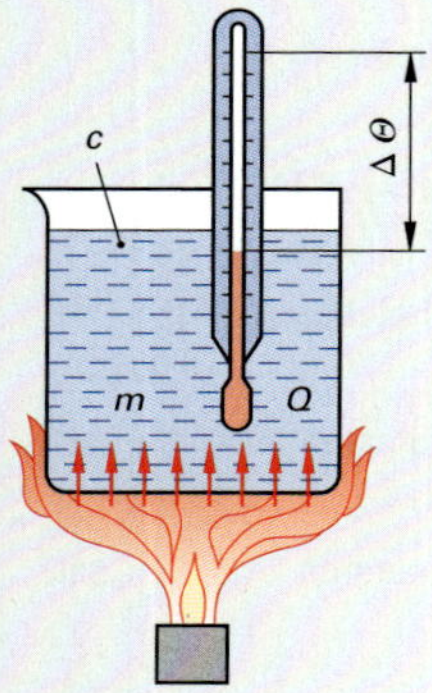

Die spezifische **Wärmekapazität *c*** gibt an, wieviel Wärmemenge nötig ist, um 1 kg eines Stoffes um 1 °C zu erwärmen. Bei der Abkühlung wird die gleiche Wärmemenge wieder frei.

$$\Delta\Theta = \Theta_2 - \Theta_1$$

$\Theta_1 = \Theta_2 - \Delta\Theta$

$\Theta_2 = \Delta\Theta + \Theta_1$

$$Q = c \cdot m \cdot \Delta\Theta$$

$m = \dfrac{Q}{c \cdot \Delta\Theta}$

$\Delta\Theta = \dfrac{Q}{c \cdot m}$

Formelzeichen	Bezeichnung	Einheit
Θ_1	Anfangstemperatur	°C, K
Θ_2	Endtemperatur	°C, K
$\Delta\Theta$	Temperaturdifferenz	°C, K
Q	Wärmemenge	J, kJ
c	spezifische Wärmekapazität Werte s. S. 148f	$\frac{\text{kJ}}{\text{kg} \cdot °\text{C}}$, $\frac{\text{kJ}}{\text{kg} \cdot \text{K}}$
m	Masse	kg

$1\ \text{J} = 1\ \text{W} \cdot \text{s} = 1\ \text{N} \cdot \text{m}$
$1\ \text{W} \cdot \text{h} = 3600\ \text{W} \cdot \text{s} = 3600\ \text{J}$
$\text{kW} \cdot \text{h} = 3{,}6 \cdot 10^6\ \text{J}$

3.3.3 Längenänderung

Längenzunahme bei Erwärmung

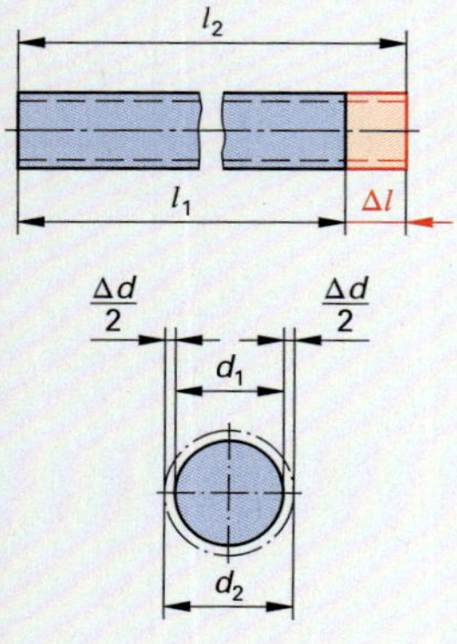

Beim Erwärmen oder Abkühlen ändern sich die Länge oder Durchmesser eines Bauteils.

$$\Delta l = \alpha_L \cdot l_1 \cdot \Delta\Theta$$

$l_1 = \dfrac{\Delta l}{\alpha_L \cdot \Delta\Theta}$

$\Delta\Theta = \dfrac{\Delta l}{\alpha_L \cdot l_1}$

$l_2 = l_1 + \Delta l$

$l_1 = l_2 - \Delta l$

Formelzeichen	Bezeichnung	Einheit
l_1	Anfangslänge	mm
l_2	Endlänge	mm
Δl	Längenänderung	mm
α_L	Längenausdehnungskoeffizient Werte s. S. 148f	$\frac{1}{°\text{C}}$, $\frac{1}{\text{K}}$
$\Delta\Theta$	Temperaturänderung	°C, K
d_1	Anfangsdurchmesser	mm
d_2	Enddurchmesser	mm
$\frac{\Delta d}{2}$	Durchmesseränderung	mm

Wärmetechnik Fortsetzung

Bild Grafik	Formel Gleichung	Formelzeichen Bezeichnung	Einheit

3.3.4 Volumenänderung

Größenänderung bei Körpern aus Feststoffen und Gasen

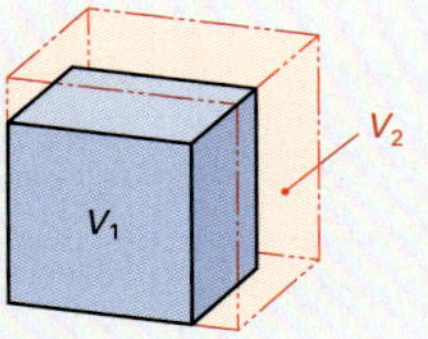

Beim Erwärmen oder Abkühlen vergrößert bzw. verkleinert sich das Volumen.

Formel Gleichung	Formelzeichen Bezeichnung	Einheit
$\Delta V = \alpha_V \cdot V_1 \cdot \Delta\Theta$	V_1 Anfangsvolumen	mm³, cm³, m³, l
$V_1 = \dfrac{\Delta V}{\alpha_V \cdot \Delta\Theta}$	V_2 Endvolumen	mm³, cm³, m³, l
$\Delta\Theta = \dfrac{\Delta V}{\alpha_V \cdot V_1}$	ΔV Volumenänderung	mm³, cm³, m³, l
$\Delta\Theta = \Theta_2 - \Theta_1$	α_V Volumenausdehnungskoeffizient	$\frac{1}{K}, \frac{1}{°C}$
$V_2 = V_1 + \Delta V$	$\Delta\Theta$ Temperaturänderung	K, °C

Für Feststoffe gilt:

$\alpha_V \approx 3 \cdot \alpha_L$

Für Gase gilt:

$$\Delta V = \frac{1}{273} \cdot V_1 \cdot \Delta\Theta$$

$$V_1 = \frac{\Delta V \cdot 273}{\Delta\Theta}$$

$$\Delta\Theta = \frac{\Delta V \cdot 273}{V_1}$$

$$V_2 = V_1 + \Delta V$$

3.3.5 Längenänderung Bestimmung mithilfe von Diagrammen

Diagramm für ausgewählte Werkstoffe

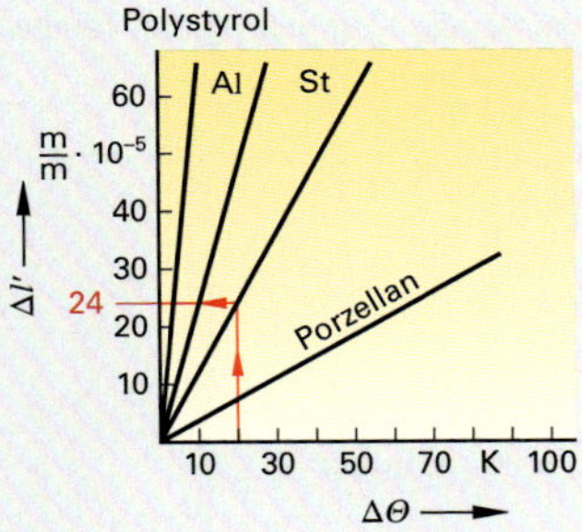

Die Zunahme der Länge bei Erwärmung kann für verschiedene Werkstoffe auch mithilfe von Diagrammen näherungsweise bestimmt werden.

Formel Gleichung	Formelzeichen Bezeichnung	Einheit
$\Delta l = \Delta l' \cdot l_1$	Δl Längenänderung	mm, cm, m
$\Delta l' = \dfrac{\Delta l}{l_1}$	l_1 Anfangslänge	mm, cm, m
$l_1 = \dfrac{\Delta l}{\Delta l'}$	$\Delta l'$ Längenänderung nach Diagramm	$\frac{m}{m} \cdot 10^{-5}$

Wärmetechnik Fortsetzung

Bild Grafik	Formel Gleichung	Formelzeichen Bezeichnung	Einheit

3.3.6 Verbrennungswärme fester oder flüssiger Brennstoffe

Kohleverbrennung

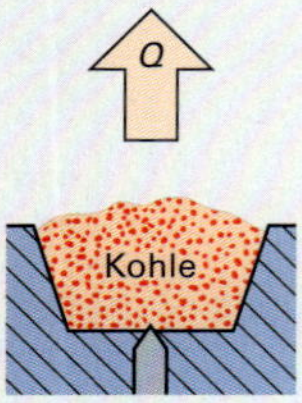

Beim Verbrennen von festen, flüssigen oder gasförmigen Stoffen wird eine bestimmte Wärmemenge freigesetzt.

Feste und flüssige Brennstoffe

$$Q = H_u \cdot m$$

$$H_u = \frac{Q}{m}$$

$$m = \frac{Q}{H_u}$$

Formelzeichen	Bezeichnung	Einheit
Q	Wärmemenge	kWh, MJ
H_u	spezifischer Heizwert	$\frac{kWh}{kg}$, $\frac{MJ}{kg}$
m	Masse des festen oder flüssigen Brennstoffes	kg

Stoffwerte s. S. 148/149

Gasflamme

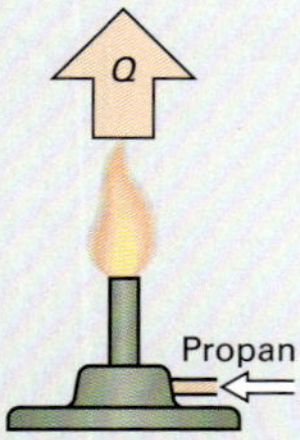

Gasförmige Brennstoffe

$$Q = H_u \cdot V$$

$$H_u = \frac{Q}{V}$$

$$V = \frac{Q}{H_u}$$

Formelzeichen	Bezeichnung	Einheit
Q	Wärmemenge	kWh, MJ
H_u	spezifischer Heizwert	$\frac{kWh}{kg}$, $\frac{MJ}{kg}$
V	Volumen der Gase	m^3

Stoffwerte s. S. 149

3.3.7 Wirkungsgrad der Verbrennungswärme

Wirkungsgrad einer Schmiedeesse

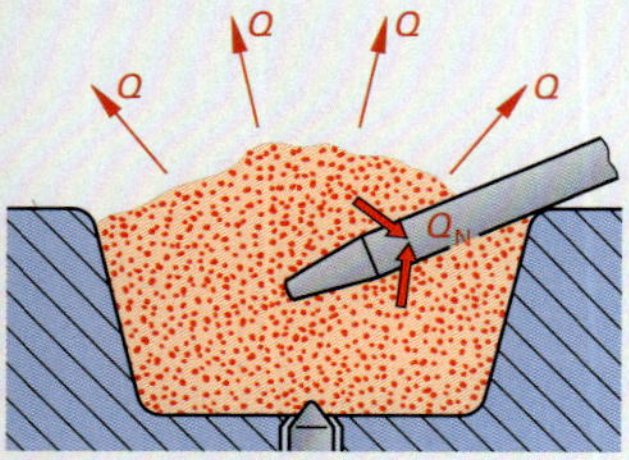

Der Wirkungsgrad einer Erwärmungseinrichtung ergibt sich aus dem Verhältnis von ausgenutzter zu erzeugter Verbrennungswärme.

$$\eta = \frac{Q_N}{Q}$$

$$Q_N = \eta \cdot Q$$

$$Q = \frac{Q_N}{\eta}$$

Formelzeichen	Bezeichnung	Einheit
Q	Wärmemenge	kWh, MJ
Q_N	ausgenutzte Wärmemenge	kWh, MJ
η	Wirkungsgrad	

1 Ws = 1 Nm = 1 kgm/s² = 1 J
1 kWh = 3,6 MJ
1 kWh = 1000 Wh = $3{,}6 \cdot 10^6$ · Ws = 3,6 MJ
1 MJ = 1/3,6 kWh

3.3.8 Wärmestrom

Wärmestrom durch eine Glasscheibe

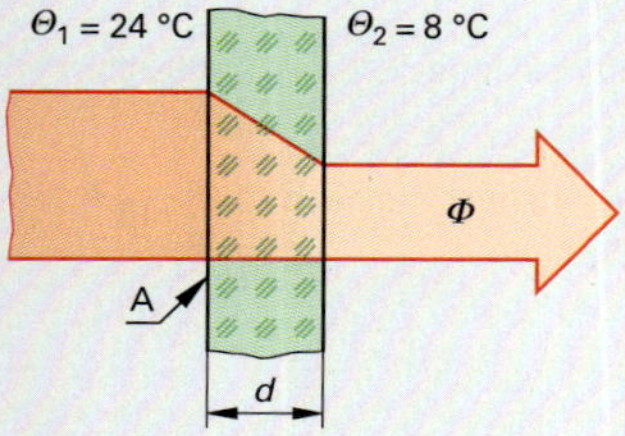

Zwischen Räumen mit unterschiedlichen Temperaturen findet stets ein Wärmeaustausch statt. Die Wärme strömt dabei immer von der höheren zur niedrigeren Temperatur.

$$\Phi = U \cdot A \cdot \Delta\Theta$$

$$U = \frac{\Phi}{A \cdot \Delta\Theta}$$

$$A = \frac{\Phi}{U \cdot \Theta\Delta}$$

$$\Delta\Theta = \frac{\Phi}{U \cdot A}$$

Formelzeichen	Bezeichnung	Einheit
U	Wärmedurchgangskoeffizient	$\frac{W}{m^2 \cdot K}$
A	Fläche	m^2
Φ	Wärmestrom	W
$\Delta\Theta$	Temperaturdifferenz	K

Wärmetechnik Fortsetzung

Bild Grafik	Formel Gleichung	Formelzeichen Bezeichnung	Einheit

3.3.9 Wärmedurchlasswiderstand einschichtiger Bauelemente

Widerstand im Bauelement

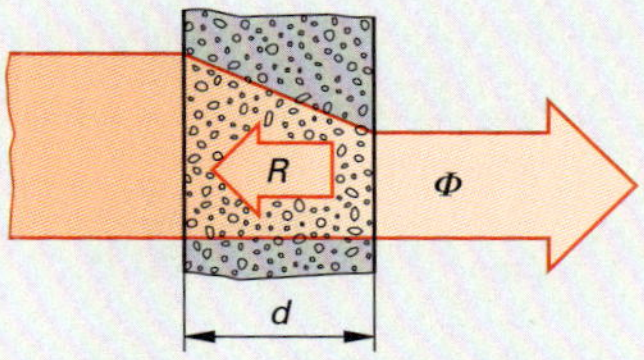

Die Wärmedämmung ist die Wirkung eines inneren „Widerstandes", den ein Baustoff dem Wärmestrom „entgegensetzt". Dieser Widerstand wird als Wärmedurchlasswiderstand bezeichnet.

Formel	Formelzeichen	Bezeichnung	Einheit
$R = \frac{d}{\lambda}$	R	Wärmedurchlasswiderstand	$\frac{m^2 \cdot K}{W}$
$d = \lambda \cdot R$	d	Bauelementdicke	m
	λ	Wärmeleitfähigkeit	$\frac{W}{m \cdot K}$
	Stoffwerte s. S. 148		

3.3.10 Wärmedurchlasswiderstand mehrschichtiger Bauelemente

Widerstand in einer wärmegedämmten Fassade

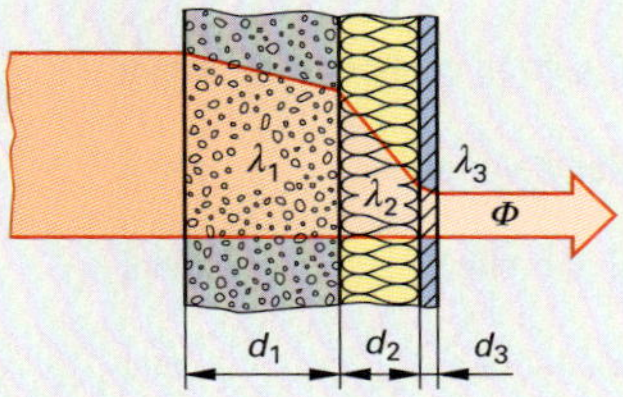

Bei mehrschichtigen Bauelementen, z. B. Fassaden, Mehrscheibengläsern in Fenstern u. a., ergibt sich der gesamte Wärmedurchlasswiderstand aus der Summe der einzelnen Widerstände in den jeweiligen Schichten der Bauelemente.

$$R = \frac{d_1}{\lambda_1} + \frac{d_2}{\lambda_2} + \frac{d_3}{\lambda_3}$$

$$d_1 = \left(R - \frac{d_2}{\lambda_2} - \frac{d_3}{\lambda_3}\right) \cdot \lambda_1$$

$$d_2 = \left(R - \frac{d_1}{\lambda_1} - \frac{d_3}{\lambda_3}\right) \cdot \lambda_2$$

$$d_3 = \left(R - \frac{d_1}{\lambda_1} - \frac{d_2}{\lambda_2}\right) \cdot \lambda_3$$

Formelzeichen	Bezeichnung	Einheit
R	Wärmedurchlasswiderstand	$\frac{m^2 \cdot K}{W}$
$d_1, d_2, d_3, \ldots$	Schichtdicke	m
$\lambda_1, \lambda_2, \lambda_3, \ldots$	Wärmeleitfähigkeit der Schichten	$\frac{W}{m \cdot K}$
Stoffwerte s. S. 148		

3.3.11 Wärmedurchgangswiderstand

Widerstände an den Bauelementgrenzen

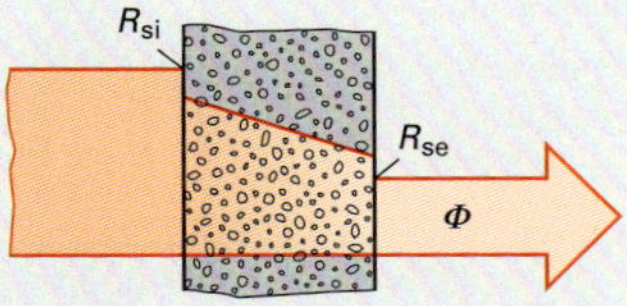

An den Randschichten der Bauelemente innen und außen kommt es beim Wärmeübergang zu „Verlusten". Deshalb verringert sich der Wärmestrom bzw. vergrößert sich der Wärmedurchlasswiderstand.

Vereinfacht wird mit den Wärmedurchlasswiderständen innen $R_{si} = 0{,}13\ \frac{m^2 \cdot K}{W}$ und außen $R_{se} = 0{,}04\ \frac{m^2 \cdot K}{W}$ gerechnet.

$$R_T = R_{si} + R + R_{se}$$

$$R_{si} = R_T - R - R_{se}$$

$$R = R_T - R_{si} - R_{se}$$

$$R_{se} = R_T - R_{si} - R$$

Formelzeichen	Bezeichnung	Einheit
R_T	Wärmedurchgangswiderstand	$\frac{m^2 \cdot K}{W}$
R_{si}	innerer Wärmeübergangswiderstand	$\frac{m^2 \cdot K}{W}$
R	Wärmedurchlasswiderstand	$\frac{m^2 \cdot K}{W}$
R_{se}	äußerer Wärmeübergangswiderstand	$\frac{m^2 \cdot K}{W}$

3.3.12 Wärmedurchgangskoeffizient

Der Kehrwert des Wärmedurchgangswiderstandes ist der Wärmedurchgangskoeffizient U.

$$U = \frac{1}{R_T}$$

$$R_T = \frac{1}{U}$$

Formelzeichen	Bezeichnung	Einheit
U	Wärmedurchgangskoeffizient	$\frac{W}{m^2 \cdot K}$
R_T	Wärmedurchgangswiderstand	$\frac{m^2 \cdot K}{W}$

Wärmetechnik Fortsetzung

Bild Grafik	Formel Gleichung	Formelzeichen Bezeichnung	Einheit

3.3.13 Wärmedurchgangskoeffizient für Fenster

Drehflügel-Fenster

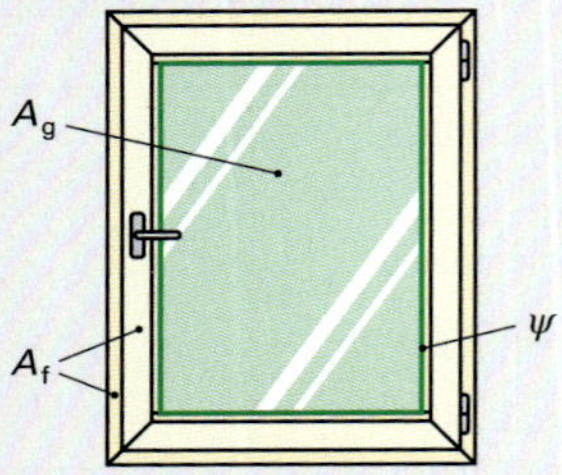

Verglasungsumfang

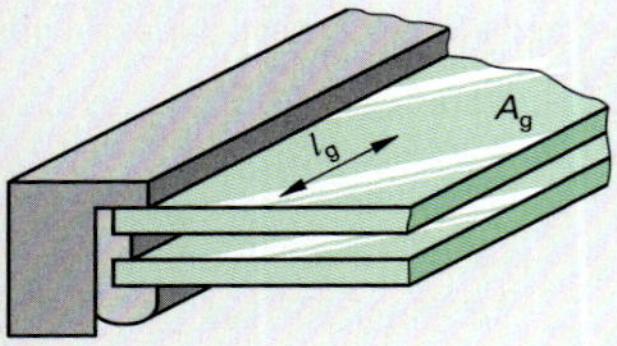

Fenstermaße

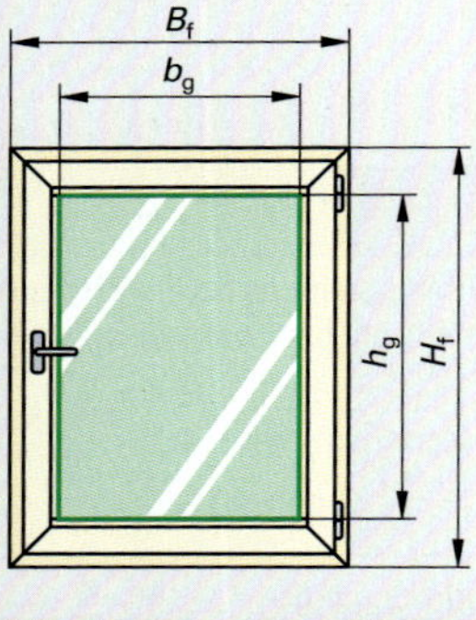

Zur Bestimmung des Gesamt-Wärmedurchgangskoeffizienten U_w von Fenstern müssen die einzelnen Problemzonen – Rahmen, Glas und Fuge zwischen Flügel und Blendrahmen – berücksichtigt werden. Die Werte für die Wärmedurchgangskoeffizienten U_f, U_g und ψ sind Tabellen der Hersteller zu entnehmen.

$$U_w = \frac{A_f \cdot U_f + A_g \cdot U_g + l_g \cdot \Psi}{A_w}$$

$$A_f = \frac{U_w \cdot A_w - A_g \cdot U_g - l_g \cdot \Psi}{U_f}$$

$$U_f = \frac{U_w \cdot A_w - A_g \cdot U_g - l_g \cdot \Psi}{A_f}$$

$$A_g = \frac{U_w \cdot A_w - A_f \cdot U_f - l_g \cdot \Psi}{U_g}$$

$$U_g = \frac{U_w \cdot A_w - A_f \cdot U_f - l_g \cdot \Psi}{A_g}$$

$$l_g = \frac{U_w \cdot A_w - A_f \cdot U_f - A_g \cdot U_g}{\Psi}$$

$$A_w = A_f + A_g$$

$$A_f = A_w - A_g$$

$$A_g = A_w - A_f$$

$$A_f = (B_f \cdot b_f + (H_f - 2\,b_f) \cdot b_f) \cdot 2$$

$$b_g = B_f - 2 \cdot b_f$$

$$h_g = H_f - 2 \cdot b_f$$

$$A_g = b_g \cdot h_g$$

Formelzeichen	Bezeichnung	Einheit
U_f, U_g, U_w	Wärmedurchgangskoeffizienten	$\frac{W}{m^2 \cdot K}$
A_f, A_g, A_w	Flächenanteile	m^2
Ψ	längenbezogener Wärmedurchgangskoeffizient	$\frac{W}{m \cdot K}$
B_f	Blendrahmenbreite	mm
H_f	Blendrahmenhöhe	mm
b_f	Rahmenbreite	mm
b_g	Glasbreite	mm
h_g	Glashöhe	mm
l_g	Gesamtumfang der Verglasung	mm

Werte s. S. 153 ff

f frame engl. für Rahmen
g glass engl. für Glas
w window engl. für Fenster

3.3.14 Wasserdampfdiffusion

Durch Bauteile wandert Feuchtigkeit in Form von Wasserdampf, abhängig von der Temperatur und der Feuchtigkeit der Luft.

Einschichtige Wand

$$d_d = \mu \cdot d$$

$$d = \frac{d_d}{\mu}$$

Mehrschichtige Wand

$$d_d = \mu_1 \cdot d_1 + \ldots + \mu_n \cdot d_n$$

$$d_1 = \frac{d_d - \mu \cdot d_2 - \ldots \mu_n \cdot d_n}{\mu_1}$$

Formelzeichen	Bezeichnung	Einheit
d_d	Wasserdampfdiffusionsäquivalente Luftschichtdicke	m
μ	Wasserdampfdiffusionswiderstandszahl	–
d	Schichtdicke	m
φ	Relative Luftfeuchte	%
p	Teildruck	Pa
p_s	Sättigungsdruck	Pa

Wärmetechnik Fortsetzung

Bild Grafik	Formel Gleichung	Formelzeichen Bezeichnung	Einheit
Wasserdampfdiffusion Fortsetzung			
	Relative Luftfeuchte		
	$\varphi = \frac{p}{p_s} \cdot 100\ \%$	d Schichtdicke	m
	$p = \frac{\varphi \cdot p_s}{100\ \%}$	φ Relative Luftfeuchte	%
	$p_s = \frac{p}{\varphi} \cdot 100\ \%$	p Teildruck	Pa
		p_s Sättigungsdruck	Pa
		Diffusionsoffene Schicht $d_d < 0{,}5$ m	
		Diffusionshemmende Schicht $0{,}5\ \text{m} < d_d < 1{,}5$ km	
		Diffusionsdichte Schicht $d_d \geq 1{,}5$ km	

3.3.15 Tauwasserbildung auf Oberflächen

Feuchtigkeitssättigung der Luft

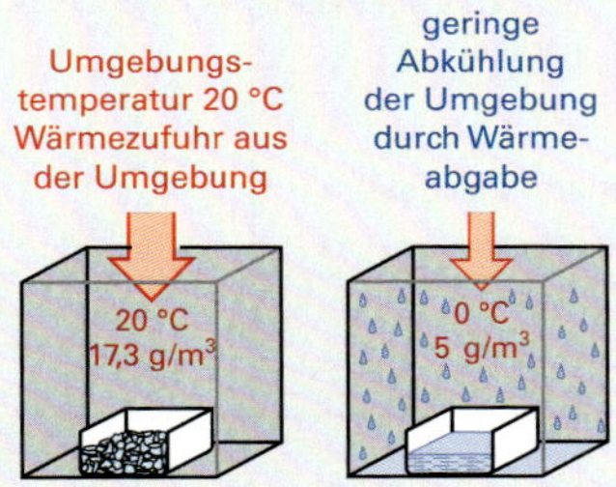

Diagramm relative Luftfeuchte

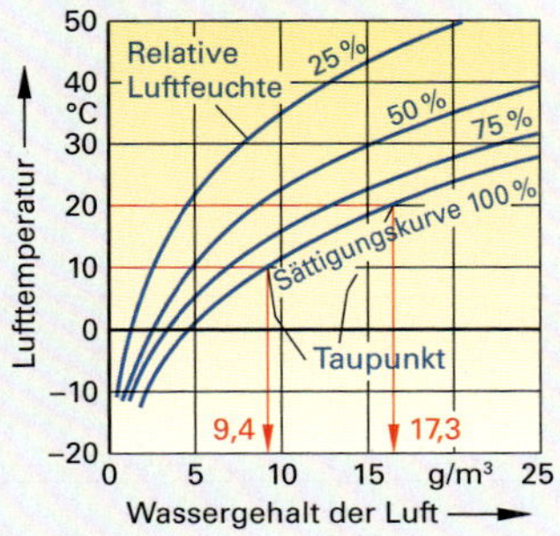

Ist die Oberflächentemperatur eines Bauteils unter der Temperatur des Taupunkts in der umgebenden Luft, bildet sich Tauwasser auf der Oberfläche.

Formel Gleichung	Formelzeichen Bezeichnung	Einheit
Relative Luftfeuchte		
$\varphi = \frac{v}{v_{sat}} \cdot 100\ \%$	φ Relative Luftfeuchte	%
$v = \frac{\varphi \cdot v_{sat}}{100\ \%}$	v absolute Luftfeuchte	$\frac{g}{m^3}$
$v_{sat} = \frac{v}{\varphi} \cdot 100\ \%$	v_{sat} Sättigungsmenge	$\frac{g}{m^3}$
Absolute Luftfeuchte		
$v = \varphi \cdot v_{sat}$	φ Relative Luftfeuchte	%
$v_{sat} = \frac{v}{\varphi}$	v absolute Luftfeuchte	$\frac{g}{m^3}$
	v_{sat} Sättigungsmenge	$\frac{g}{m^3}$
Maximal zulässiger Wärmedurchgangskoeffizient		
$U_{max} = \frac{\Delta \Theta_{innen}}{R_{si} \cdot \Delta \Theta_{außen}}$	U_{max} Maximal zulässiger Wärmedurchgangskoeffizient	$\frac{W}{m^2 \cdot K}$
$R_{si} = \frac{\Delta \Theta_{innen}}{U_{max} \cdot \Delta \Theta_{außen}}$	Θ_i Raumtemperatur	K
$\Delta\Theta_{innen} = R_{si} \cdot U_{max} \cdot \Delta\Theta_{außen}$	Θ_{si} Taupunkttemperatur	K
$\Delta\Theta_{außen} = \frac{\Delta \Theta_{innen}}{U_{max} \cdot R_{si}}$	Θ_e Außenlufttemperatur	K
$\Delta\Theta_{außen} = \Theta_i - \Theta_e$	$\Delta\Theta_{außen}$ Temperaturdifferenz außen	K
$\Delta\Theta_{innen} = \Theta_i - \Theta_{si}$	$\Delta\Theta_{innen}$ Temperaturdifferenz innen	K
	R_{si} Wärmeübergangswiderstand Innenwand	$\frac{W}{m^2 \cdot K}$

Wärmetechnik Fortsetzung

Bild Grafik	Formel Gleichung	Formelzeichen Bezeichnung	Einheit

3.3.16 Energiebilanzverfahren

Schema zur Wärmebilanz

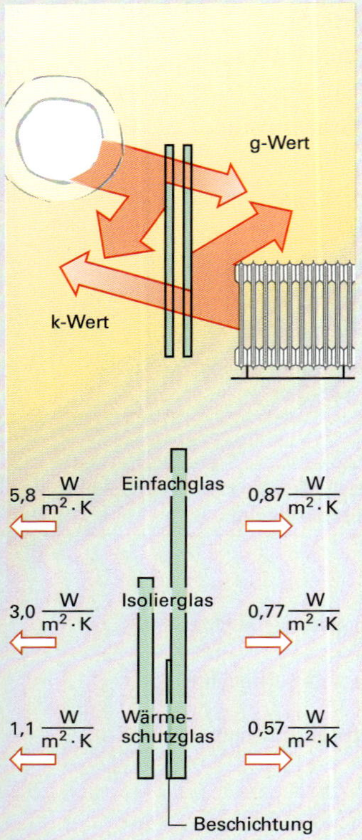

Im Gebäudeenergiegesetz (GEG) ist die Berechnung des Heizbedarfs eines Objektes vorgeschrieben. Da dies ein sehr komplexes, aufwändiges Verfahren ist, kann man für kleine Wohngebäude ein vereinfachtes Berechnungsverfahren anwenden.

$$U_{m,eq,W} \leqslant U_{max,W}$$

$$U_{m,eq,W} = \frac{\sum(A \cdot U_{eq,W})}{A_{ges}}$$

$$A_{ges} = \frac{\sum(A \cdot U_{eq,W})}{U_{m,eq,W}}$$

$$\sum(A \cdot U_{eq,W}) = U_{m,eq,W} \cdot A_{ges}$$

$$U_{eq,W} = U_W - g \cdot S_w$$

$$U_W = U_{eq,W} + g \cdot S_W$$

$$S_W = \frac{U_W - U_{eq,W}}{g}$$

$$g = \frac{U_W - U_{eq,W}}{S_w}$$

Formelzeichen	Bezeichnung	Einheit
$U_{m,eq,W}$	mittlerer äquivalenter U-Wert	$\frac{W}{m^2 \cdot K}$
$U_{eq,W}$	äquivalenter U-Wert	$\frac{W}{m^2 \cdot K}$
$U_{max,W}$	maximaler U-Wert	$\frac{W}{m^2 \cdot K}$
U_W	U-Wert	$\frac{W}{m^2 \cdot K}$
A, A_1, A_2	Flächen	m^2
A_{ges}	Gesamtfläche	m^2
g	Energiedurchlassgrad	$\frac{W}{m^2 \cdot K}$
S_W	Faktor Strahlungsgewinn	–

Index:
- W Fenster (window)
- D Tür (door)
- AW Wand (wall)
- eq äquivalent

$$\sum(A_{ges} \cdot U_{eq,W}) = A_1 \cdot U_{eq,W1} + A_2 \cdot U_{eq,W2} + \ldots$$

$$A_1 = \frac{\sum(A_{ges} \cdot U_{eq,W}) - A_2 \cdot U_{eq,W} - \ldots}{U_{eq,W1}}$$

$$A_2 = \frac{\sum(A_{ges} \cdot U_{eq,W}) - A_1 \cdot U_{eq,W1} - \ldots}{U_{eq,W2}}$$

$$U_{eq,W1} = \frac{\sum(A_{ges} \cdot U_{eq,W}) - A_2 \cdot U_{eq,W2} - \ldots}{A_1}$$

$$U_{eq,W2} = \frac{\sum(A_{ges} \cdot U_{eq,W}) - A_1 \cdot U_{eq,W1} - \ldots}{A_2}$$

Tabelle 1: Maximaler *U*-Wert

Bauelement	U_{max} in W/m² · K
Außenwände	0,40
Außen liegende Fenster, Fensterwände, Dachfenster	0,70
Decken unter nicht ausgebauten Dachräumen und Decken, die gegen die Außenluft abgrenzen	0,22
Kellerdecken, Wände und Decken gegen unbeheizte Räume und Wände gegen das Erdreich angrenzend	0,35

Tabelle 2: Strahlungs-Faktor S_w für Fenster

Himmelsrichtung	S_w
Süd	2,40
Nord	0,95
Ost, West	1,65

Tabelle 3: Energiedurchlassung für Fenster g_w

Verglasungsart	g_w in W/m² · K
Einfachverglasung	0,87
Doppelverglasung	0,75
Wärmeschutzglas	0,57

3.4 Schmelzschweißen

Bild Grafik	Formel Gleichung	Formelzeichen Bezeichnung	Einheit

3.4.1 Nahtquerschnitt und Elektrodenverbrauch beim Lichtbogenschmelzschweißen

Kehlnaht

Die Anzahl der verbrauchten Elektroden wird durch **Vergleich des Nahtvolumens mit dem nutzbaren Volumen der Elektroden** ermittelt. Beim Verschweißen der Elektroden entsteht durch das Einspannen immer ein Stummelverlust.

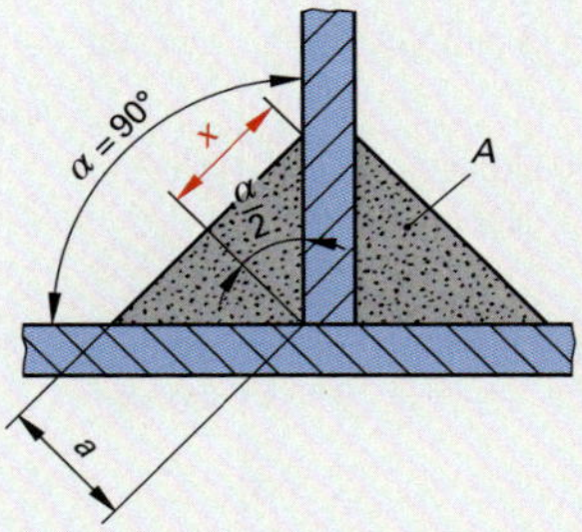

Nahtquerschnitt Kehlnaht

$$A_S = a^2$$

$$A_S = a^2 \cdot \tan\frac{\alpha}{2}$$

$$\tan\frac{90°}{2} = 1$$

$$a = \sqrt{A_S}$$

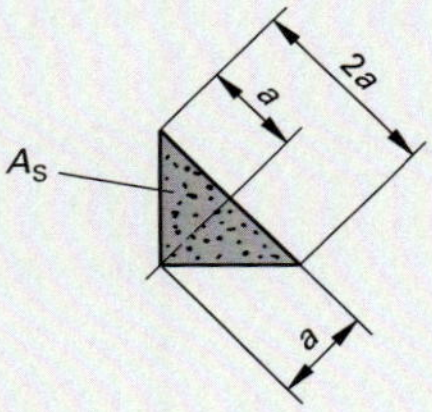

Nahtvolumen Kehlnaht

$$V_S = a^2 \cdot l_S$$

$$l_S = \frac{V_S}{a^2}$$

$$a = \sqrt{\frac{V_S}{l_S}}$$

$$V_S = A_S \cdot l_S$$

$$A_S = \frac{V_S}{l_S}$$

$$l_S = \frac{V_S}{A_S}$$

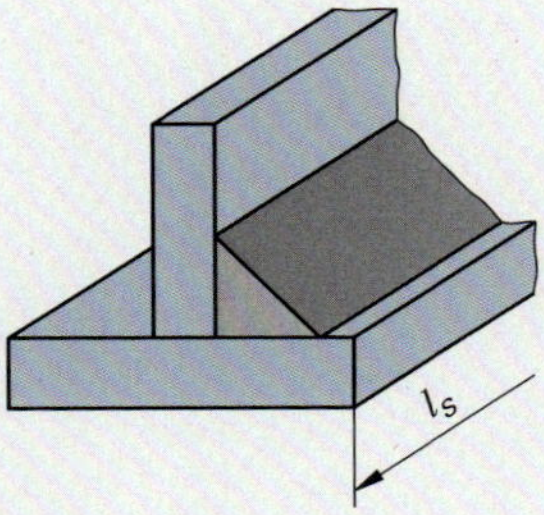

Elektrodenvolumen

$$V_E = A_E \cdot l_E$$

$$A_E = \frac{V_E}{l_E}$$

$$A_E = \frac{\pi \cdot d_E^2}{4}$$

$$d_E = \sqrt{\frac{4 \cdot A_E}{\pi}}$$

$$l_E = \frac{V_E}{A_E}$$

$$l_E = \frac{V_E \cdot 4}{\pi \cdot d_E^2}$$

$$l_E = l - 30\ \text{mm}^{1)}$$

$$l = l_E + 30\ \text{mm}$$

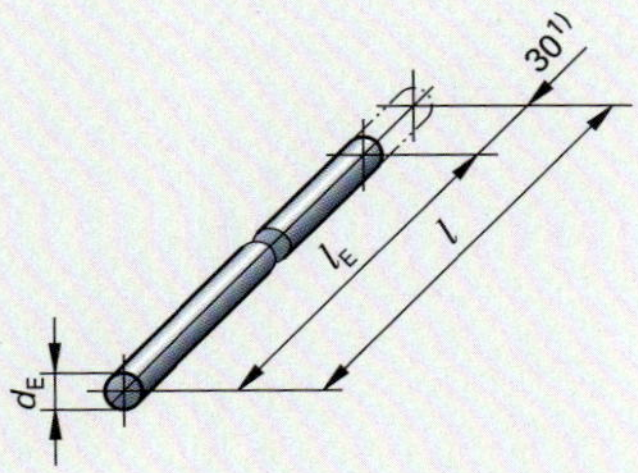

Formelzeichen	Bezeichnung	Einheit
a	Schweißnahtdicke	mm, cm
A_S	Nahtquerschnitt	mm^2, cm^2, dm^2, m^2
l_S	Schweißnahtlänge	mm, cm, dm, m
l	Elektrodenlänge	mm, cm, dm, m
l_E	nutzbare Elektrodenlänge	mm, cm, dm, m
d_E	Elektrodendurchmesser	mm, cm
A_E	Elektrodenquerschnitt	mm^2, cm^2, dm^2
V_S	Volumen der Schweißnaht	mm^3, cm^3, dm^3, m^3
V_E	nutzbares Volumen einer Elektrode	mm^3, cm^3, dm^3, m^3

[1] Als Einspannverlust werden üblicherweise 30 mm angenommen

Schmelzschweißen Fortsetzung

Nahtquerschnitt und Elektrodenverbrauch beim Lichtbogenschmelzschweißen Fortsetzung

Bild Grafik	Formel Gleichung	Formelzeichen Bezeichnung	Einheit
V-Naht 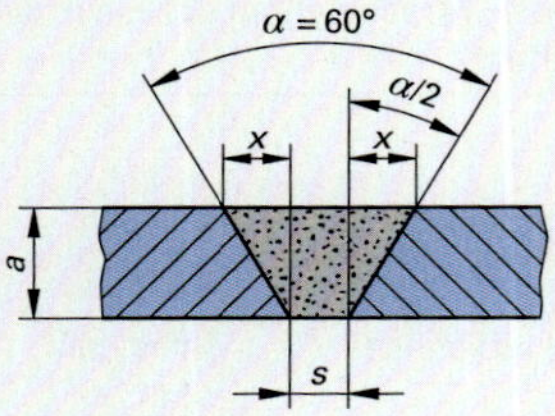	Nahtquerschnitt V-Naht mit Nahtspalt $$A_S = a^2 \cdot \tan\frac{\alpha}{2} + a \cdot s$$	a Schweißnahtdicke	mm, cm
	$$x = a \cdot \tan\frac{\alpha}{2}$$	s Nahtspaltbreite bei einer V-Naht	mm, cm
	$$s = \frac{A_S - a^2 \cdot \tan\frac{\alpha}{2}}{a}$$	A_S Nahtquerschnitt	mm^2, cm^2, dm^2, m^2
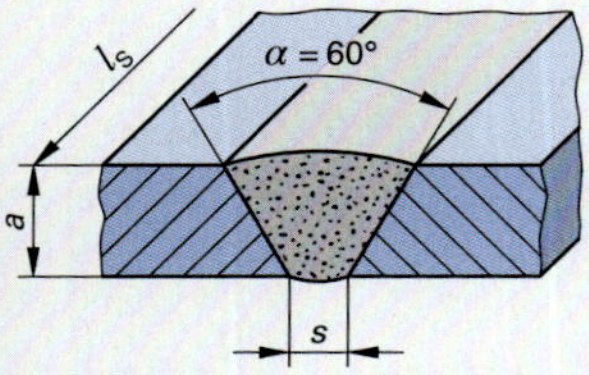	Nahtvolumen V-Naht mit Nahtspalt $$V_S = A_S \cdot l_S$$	l_S Schweißnahtlänge	mm, cm, dm, m
	$$A_S = \frac{V_S}{l_S}; \quad l_S = \frac{V_S}{A_S}$$	V_S Volumen der Schweißnaht	mm^3, cm^3, dm^3, m^3
	$$V_S = \left(a^2 \cdot \tan\frac{\alpha}{2} + a \cdot s\right) \cdot l_S$$	α Öffnungswinkel	° Grad
	$$l_S = \frac{V_S}{\left(a^2 \cdot \tan\frac{\alpha}{2} + a \cdot s\right)}$$	x Länge	mm, cm
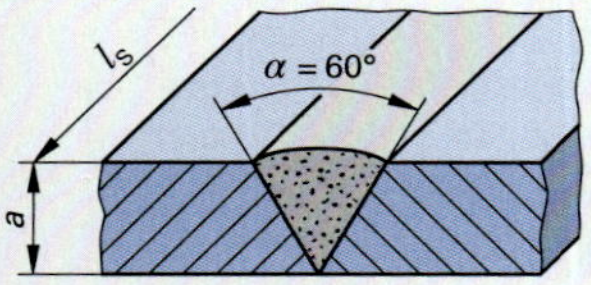 V-Naht	Nahtquerschnitt V-Naht ohne Nahtspalt $$A_S = a^2 \cdot \tan\frac{\alpha}{2}$$		
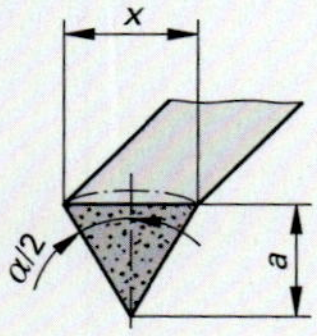	$$x = a \cdot \tan\frac{\alpha}{2}; \quad a = \sqrt{\frac{A_S}{\tan\frac{\alpha}{2}}}$$		
	Nahtvolumen V-Naht ohne Nahtspalt $$V_S = A_S \cdot l_S$$		
	$$A_S = \frac{V_S}{l_S}; \quad l_S = \frac{V_S}{A_S}$$		
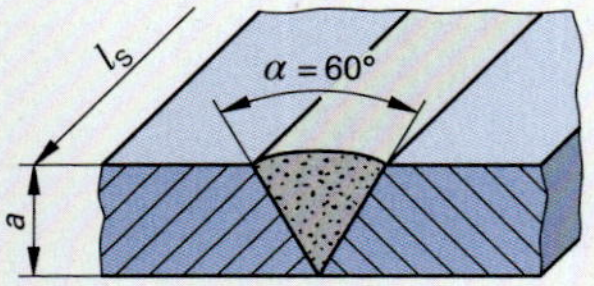 V-Naht	$$V_S = \left(a^2 \cdot \tan\frac{\alpha}{2}\right) \cdot l_S$$		
	$$l_S = \frac{V_S}{\left(a^2 \cdot \tan\frac{\alpha}{2}\right)}$$		

Schmelzschweißen Fortsetzung

Bild Grafik	Formel Gleichung	Formelzeichen Bezeichnung	Einheit

Nahtquerschnitt und Elektrodenverbrauch beim Lichtbogenschmelzschweißen Fortsetzung

I-Naht

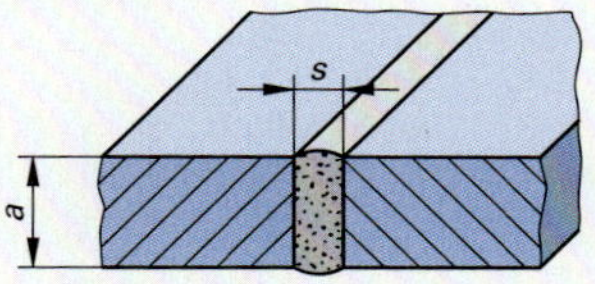

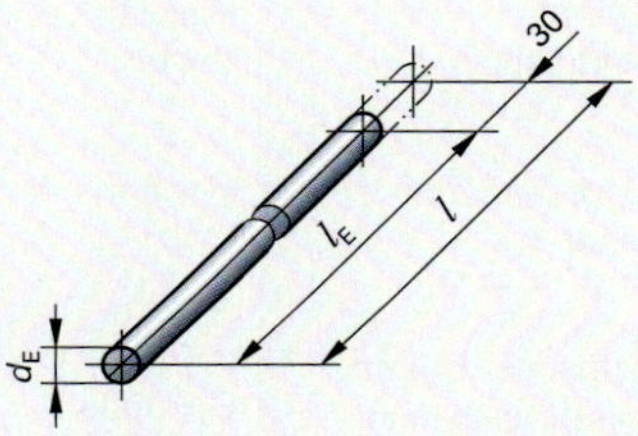

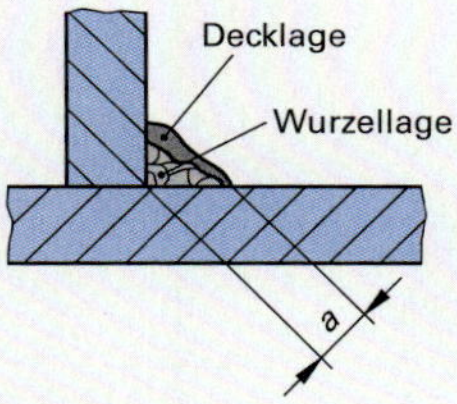

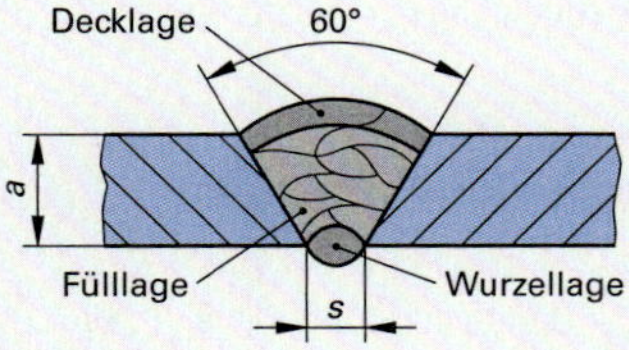

I-Naht mit Nahtspalt

$$A_S = a \cdot s$$

$$a = \frac{A_S}{s}$$

$$s = \frac{A_S}{a}$$

Nahtvolumen I-Naht

$$V_S = A_S \cdot l_S$$

$$A_S = \frac{V_S}{l_S}$$

$$l_S = \frac{V_S}{A_S}$$

$$V_S = a \cdot s \cdot l_S$$

Elektrodenbedarfsberechnung über das Volumen der Schweißnaht und dem nutzbaren Volumen einer Elektrode

$$Z_E = \frac{V_S}{V_E}$$

$$V_E = \frac{V_S}{Z_E}$$

$$V_S = Z_E \cdot V_E$$

Elektrodenbedarf mithilfe des spezifischen Elektrodenbedarfs aus Tabellen bei **Standardbedingungen** (siehe Tabelle 1 und 2)

$$Z_E = l_S \cdot z_S$$

$$l_S = \frac{Z_E}{z_S}$$

Formelzeichen	Bezeichnung	Einheit
a	Schweißnahtdicke	mm, cm
s	Nahtspaltbreite bei einer V-Naht und bei einer I-Naht	mm, cm
A_S	Nahtquerschnitt	mm^2, cm^2, dm^2, m^2
l_S	Schweißnahtlänge	mm, cm, dm, m
l	Elektrodenlänge	mm, cm, dm, m
l_E	nutzbare Elektrodenlänge	mm, cm, dm, m
d_E	Elektrodendurchmesser	mm, cm, dm, m
V_S	Volumen der Schweißnaht	mm^3, cm^3, dm^3, m^3
V_E	nutzbares Volumen einer Elektrode	mm^3, cm^3, dm^3, m^3
z_S	spezifischer Elektrodenbedarf	$\frac{\text{Elektroden}}{\text{m}}$
Z_E	Elektrodenbedarf	–

Tabelle 1: Nahtplanung für V-Nähte

Nahtdicke a mm	Spalt s mm	Anzahl und Art der Lagen[1]	Elektrodenabmessungen $d \times l$ mm	spez. Elektrodenbedarf z_s Stück/m	Nahtmasse je Lagenart m_s g/m	Nahtmasse gesamt m g/m
4	1	1 W	3,2 × 450	3	75	155
		1 D	4 × 450	2	80	
5	1,5	1 W	3,2 × 450	4	100	210
		1 D	4 × 450	2,9	110	
6	2	1 W	3,2 × 450	4	100	285
		2 D	4 × 450	4,7	185	
8	2	1 W	3,2 × 450	4	100	460
		1 F	4 × 450	3,7	145	
		1 D	5 × 450	3,5	215	
10	2	1 W	3,2 × 450	4	100	675
		1 F	4 × 450	4	195	
		1 D	5 × 450	6,2	380	

Tabellenwerte für S355J0; 100% Ausbringung; Elektrodenlänge 450 mm

Tabelle 2: Nahtplanung für Kehlnähte

Nahtdicke a mm	Spalt s mm	Anzahl und Art der Lagen[1]	Elektrodenabmessungen $d \times l$ mm	spez. Elektrodenbedarf z_s Stück/m	Nahtmasse je Lagenart m_s g/m	Nahtmasse gesamt m g/m
3	–	1	3,2 × 450	3,2	80	80
4	–	1	4 × 450	3,6	140	140
5	–	3	3,2 × 450	8,6	215	215
6	–	3	4 × 450	8	310	310
8	–	1 W	4 × 450	3	120	550
		2 D	5 × 450	7	430	
10	–	1 W	4 × 450	3	120	865
		4 D	5 × 450	12,3	745	
12	–	1 W	4 × 450	3	120	1245
		4 D	5 × 450	18,5	1125	

Öffnungswinkel für Kehlnähte 90°, für V- Nähte 60°

[1] Wurzellage; F = Fülllage; D = Decklage

Schmelzschweißen Fortsetzung

Tabellen	Formel Gleichung	Formelzeichen Bezeichnung	Einheit

Nahtquerschnitt und Elektrodenverbrauch beim Lichtbogenschmelzschweißen Fortsetzung

Standardbedingungen: Elektrodenlänge, Stummellänge, Ausbringung und Öffnungswinkel

Korrekturfaktoren

Elektrodenlänge				
Faktor	Nennlänge *l* in mm			
	300	350	400	450
K_L	1,6	1,3	1,1	1

Öffnungswinkel					
Faktor	Öffnungswinkel a V-Nähe			Kehlnähte	
	50°	60°	70°	60°	90°
K_W	0,9	1	1,2	0,6	1

Ausbringung				
Faktor	Ausbringung in %			
	100	120	140	160
K_E	**1**	**0,8**	**0,7**	**0,65**

Standardbedingungen für den Elektrodenbedarf mit spezifischer Masse:

Elektrodenlänge
***l* = 450 mm,**
Stummellänge* = **50 mm**

Ausbringung
K_E = 100 %

Öffnungswinkel
V-Naht K_W = 60°
Kehlnaht K_W = 90°

Elektrodenbedarf mithilfe des **spezifischen Elektrodenbedarfs** (aus Tabellen) **bei Nichtstandardbedingungen**

$$Z_E = K_E \cdot K_L \cdot K_W \cdot l_S \cdot z_S$$

$$l_S = \frac{Z_E}{z_S \cdot K_W \cdot K_L \cdot K_E}$$

Bei Abweichung der Standardbedingungen müssen die Korrekturfaktoren bei der Berechnung berücksichtigt werden.

Elektrodenbedarf mithilfe der **spezifischen Masse bei Standardbedingungen** (nach Tabelle S. 151)

$$Z_E = l_S \cdot \frac{m'}{m_E}$$

$$m_E = \varrho_{\text{Stahl unleg.}} \cdot l_E \cdot \frac{\pi \cdot d_E^2}{4}$$

$$m_E = l_S \cdot \frac{m'}{Z_E}$$

$$l_S = \frac{Z_E \cdot m_E}{m'}$$

Elektrodenbedarf mithilfe der **spezifischen Masse bei Nichtstandardbedingungen** (mit Korrekturfaktoren)

$$Z_E = K_E \cdot K_L \cdot K_W \cdot l_S \cdot \frac{m'}{m_E}$$

$$l_S = \frac{Z_E}{K_W \cdot K_L \cdot K_E} \cdot \frac{m_E}{m'}$$

Formelzeichen	Bezeichnung	Einheit
l_S	Schweißnahtlänge	mm, cm
l	Elektrodenlänge	mm, cm
l_E	nutzbare Elektrodenlänge	mm, cm, dm, m
d_E	Elektrodendurchmesser	mm, cm
z_s	spezifischer Elektrodenverbrauch nach Tabellen mit Standartwerten	$\frac{\text{Elektroden}}{\text{m}}$
Z_E	Elektrodenbedarf	Stück
K_E	Faktor für die Ausbringung	–
K_L	Faktor für die Elektrodenlänge	–
K_W	Faktor für die Öffnungswinkel	–
$\varrho_{\text{Stahl unleg.}}$	Dichte von Stahl unlegiert	$\frac{g}{cm^3}, \frac{kg}{dm^3}$
$\varrho_{\text{Stahl unleg.}} = 7{,}85\,\frac{kg}{dm^3}$		
m_E	Masse einer Elektrode	g, kg
m'	spezifische Nahtmasse (nach Tabelle S. 151)	$\frac{g}{mm}, \frac{kg}{m}$
α	Öffnungswinkel	Grad°

Schmelzschweißen Fortsetzung

Bild Grafik	Formel Gleichung	Formelzeichen Bezeichnung	Einheit

3.4.2 Schweißzeitberechnung beim Lichtbogenhandschweißen

Tabelle: Faktor für die Schweißposition

Faktor	V-Nähte Schweißposition				
	w PA	f PG	ü PE	s PF	q PC
K_p	1	1,1	1,9	1,5	1,2
Faktor	**Kehlnähte Schweißposition**				
	w PA	f PG	ü PE	s PF	h PB
K_p	1	1,2	1,7	1,4	1

Tabelle: Abschmelzleistung *p* von Stabelektroden in g/min

Elektrodentyp	Elektrodendurchmesser *d* in mm		
	3,2	4,0	5,0
E 42 0 RC 11	20	25	32
E 42 0 RR 12	21	29	38
E 38 2 RA 12	27	39	44
E 38 2 RB 12	19	26	36
E 42 0 RR 6	22	29	38
E 42 6 B 42 H10	23	32	43
E 42 4 B 32 H10	23	32	43
E 38 0 RR 73	32	46	72

$$t_h = K_W \cdot K_p \cdot \frac{m_S}{p} \cdot l_S$$

$$m_S = \frac{t_h \cdot p}{l_S \cdot K_W \cdot K_p}$$

$$l_s = \frac{t_h \cdot p}{m_S \cdot K_W \cdot K_p}$$

$$p = \frac{m_S \cdot l_S \cdot K_W \cdot K_p}{t_h}$$

$$K_W = \frac{t_h \cdot p}{l_S \cdot m_S \cdot K_p}$$

$$K_p = \frac{t_h \cdot p}{l_S \cdot m_S \cdot K_W}$$

Formelzeichen	Bezeichnung	Einheit
t_h	Schweißzeit	s, min, h
l_S	Nahtlänge	mm, cm, dm, m
K_W	Faktor für den Öffnungswinkel	–
K_p	Faktor für Schweiß-Position	–
p	Abschmelzleistung	$\frac{g}{mm}$, $\frac{g}{min}$
m_S	Nahtmasse je nach Lageart	$\frac{g}{m}$
d	Elektroden-durchmesser	mm, cm, dm, m

Schweißzeitberechnung

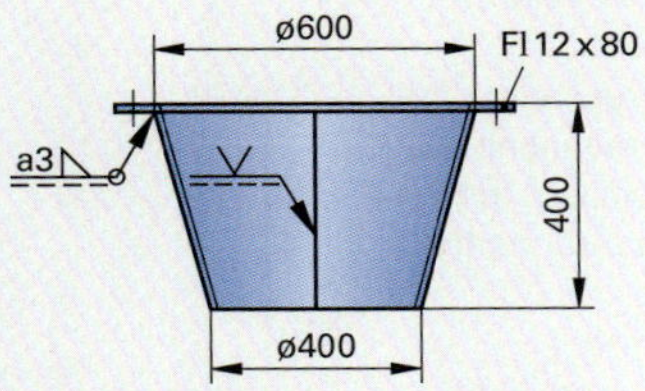

Gesamtschweißzeit bei zwei unterschiedlichen Schweißnähten

$$t_{hGesamt} = t_{h1} + t_{h2}$$

$$t_{h1} = t_{hGesamt} - t_{h2}$$

$$t_{h2} = t_{hGesamt} - t_{h1}$$

Nach Zeichnung:

Formelzeichen	Bezeichnung	Einheit
t_{h1}	Schweißzeit für Nahtform 1	s, min, h
t_{h2}	Schweißzeit für Nahtform 2	s, min, h
$t_{hGesamt}$	Gesamtschweißzeit	s, min, h

Schweißzeitberechnung bei vorgegebener Schweißgeschwindigkeit

$$t_{hS} = \frac{l_S}{v_S}$$

$$l_S = t_{hS} \cdot v_S$$

$$v_S = \frac{l_S}{t_{hS}}$$

Formelzeichen	Bezeichnung	Einheit
t_{hs}	Schweißzeit	s, min, h
v_S	Schweiß-geschwindigkeit	$\frac{mm}{s}$, $\frac{cm}{s}$, $\frac{m}{s}$, $\frac{mm}{min}$, $\frac{cm}{min}$, $\frac{m}{min}$
l_S	Schweißnahtlänge	mm, cm, dm, m

Schmelzschweißen Fortsetzung

Bild/Grafik Daten	Formel Gleichung	Formelzeichen Bezeichnung	Einheit

3.4.3 Verbrauch technischer Gase beim Gasschmelzschweißen

Sauerstoffflasche & Druckminderer

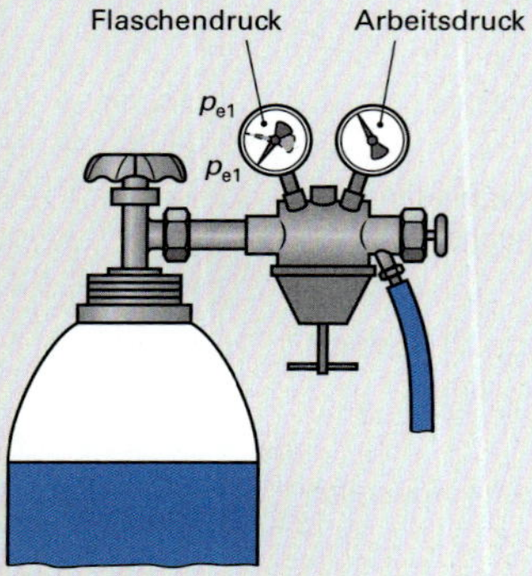

Arbeitsdruck bei Sauerstoff ca. 2,5 bar

Gasflaschendaten Sauerstoff O_2:

Maximaler Flaschendruck 200 bar

Maximales Flaschenvolumen 40 l oder 50 l

Maximale Flaschenfüllmenge 8 m^3 oder 10 m^3

Gassflaschendaten Wasserstoff H_2:

Maximaler Flaschendruck 200 bar

Maximales Flaschenvolumen 10 l oder 50 l

Maximale Flaschenfüllmenge 2 m^3 oder 10 m^3

Dichte bei 0° Celsius und bei 1,013 bar

Gasverbrauch bei Druckflaschengasen ungelöst z. B. Sauerstoff, Wasserstoff

Beim Schweißen entspannen sich die aus der Gasflasche ausströmenden Gase. Als Gasverbrauch wird das Volumen der ausgetretenen Gasmenge bei einem Luftdruck p_{amb} = 1 bar bezeichnet.

$$p_e \cdot V_{Fl} = p_{amb} \cdot V_{amb}$$

$$V_{amb} = \frac{p_{Fl} \cdot V_{Fl}}{p_{amb}}$$

$$p_{amb} = \frac{p_{Fl} \cdot V_{Fl}}{V_{amb}}$$

$$p_F = \frac{p_{amb} \cdot V_{amb}}{p_F}$$

$$\Delta V = \frac{V_{Fl} \cdot (p_1 - p_2)}{p_{amb}}$$

$$V_{Fl} = \frac{\Delta V \cdot p_{amb}}{(p_1 - p_2)}$$

$$p_1 = \frac{\Delta V \cdot p_{amb}}{V_{Fl}} + p_2$$

$$p_2 = p_1 - \frac{\Delta V \cdot p_{amb}}{V_{Fl}}$$

Formelzeichen	Bezeichnung	Einheit
V_{Fl}	Volumen der Gasflasche	l
ΔV	Gasverbrauch	l
P_{e1}	Flaschendruck vor dem Schweißen	bar
p_e	Flaschendruck lt. Inhaltsmanometer	bar
P_F	Fülldruck	bar
p_{e2}	Flaschendruck nach dem Schweißen	bar
P_{amb}	atmosphärischer Druck, Luftdruck	bar
V_{amb}	Volumen bei Luftdruck P_{amb} = 1 bar	l
Δp	Druckunterschied	bar
Δm	Verbrauchte Gasmasse	g, kg
m_1	Gasmasse vor dem Schweißen	g, kg
m_2	Gasmasse nach dem Schweißen	g, kg
K	Umrechnungszahl Umrechnung einer Gasmasse in kg in den Gasverbrauch in l	$\frac{l}{kg}$
ϱ	Dichte $\varrho_{Sauerstoff} = 1{,}43 \frac{kg}{m^3}$ $\varrho_{Wasserstoff} = 0{,}09 \frac{kg}{m^3}$	$\frac{kg}{m^3}$

Umrechnung:

$1 \text{ bar} = 10^5 \text{ Pa} = 10 \cdot \frac{N}{cm^3}$

$1 \text{ l} = 1 \text{ dm}^3 = 1000 \text{ cm}^3 = 0{,}001 \text{ m}^3$

Schmelzschweißen Fortsetzung

Bild Grafik	Formel Gleichung	Formelzeichen Bezeichnung	Einheit

Verbrauch technischer Gase beim Gasschmelzschweißen Fortsetzung

Acetylenflasche & Druckminderer

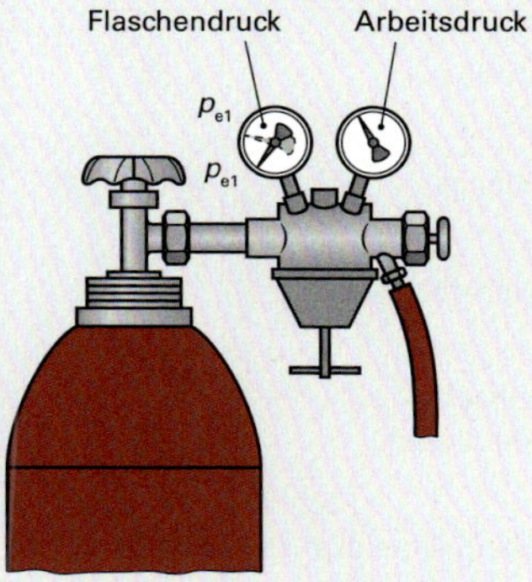

Arbeitsdruck bei Acetylen ca. 0,25 bis 0,5 bar

Gasflaschendaten Acetylen C_2H_2:

Maximaler Flaschendruck 19 bar

Maximales Flaschenvolumen 40 l oder 50 l

Maximale Flaschenfüllmenge 8 m^3 oder 10 m^3

1 l Aceton löst pro bar 25 l Acetylen.

Eine Acetylenflasche enthält 13 l Aceton.

Die verbrauchte Gasmasse Δm wird durch Wiegen vor und nach der Gasentnahme bestimmt.

Gasverbrauch bei gelösten Gasen z. B. Acetylen in Aceton

$$V_{Fl} = \frac{25\ \text{l} \cdot 13\ \text{l} \cdot 18\ \text{bar}}{1\ \text{l} \cdot 1\ \text{bar}}$$

$$V_1 = \frac{V_2 \cdot (p_1 - p_2)}{p_F}$$

$$V_2 = \frac{V_1 \cdot p_F}{(p_1 - p_2)}$$

$$p_1 = \frac{V_1 \cdot p_F}{V_2} + p_2$$

$$p_2 = p_1 - \frac{V_1 \cdot p_F}{V_2}$$

Bei 15 °Celsius und 1 bar:

$$\Delta V = K \cdot \Delta m$$

$$\Delta m = \frac{\Delta V}{K}$$

$$K = 910\ \frac{\text{l}}{\text{kg}}$$

$$\Delta m = m_1 - m_2$$

$$m_1 = \Delta m + m_2$$

$$m_2 = m_1 - \Delta m$$

Flüssiggase (z. B. Propan) und gelöste Gase:

$$\Delta V = \frac{\Delta m}{\varrho_{Gas}}$$

$$\Delta m = \Delta V \cdot \varrho_{Gas}$$

Formelzeichen	Bezeichnung	Einheit
V_{Fl}	Volumen der Gasflasche	l
ΔV	Gasverbrauch, Acetylenverbrauch	l
V_1	entnommene Gasmenge	l
V_2	Füllvolumen der Acetylenflasche	l
p_1	Flaschendruck vor dem Schweißen	bar
p_2	Flaschendruck nach dem Schweißen	bar
P_{amb}	Luftdruck P_{amb} = 1 bar	bar
Δp	Druckunterschied	bar
Δm	Verbrauchte Gasmasse	g, kg
m_1	Gasmasse vor dem Schweißen	g, kg
m_2	Gasmasse nach dem Schweißen	g, kg
K	Umrechnungszahl Masse in Volumen	$\frac{\text{l}}{\text{kg}}$
ϱ_{Gas}	Dichte	$\frac{\text{kg}}{\text{m}^3}$

Dichte bei 0° Celsius und bei 1,013 bar

$\varrho_{Acetylen} = 1{,}17\ \frac{\text{kg}}{\text{m}^3}$

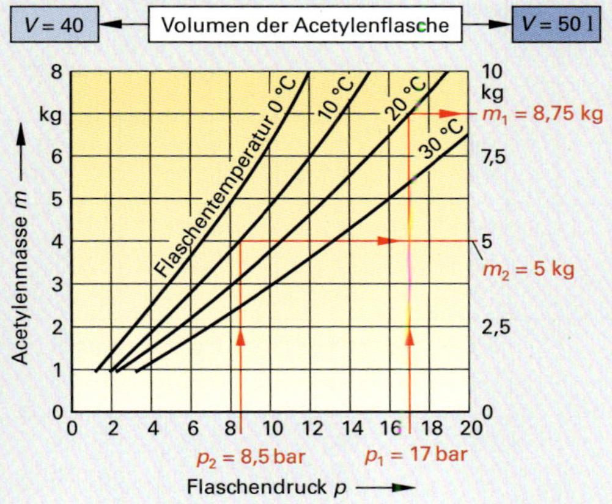

Die verbrauchte Gasmasse ist die Differenz aus der Gasmasse vor dem Schweißen m_1 und der Gasmasse nach dem Schweißen m_2.

Die Werte für m_1 und m_2 können abhängig von den Flaschendrücken p_1 und p_2 und den Temperaturen aus dem Diagramm entnommen werden.

t_1 = Flaschentemperatur vor dem Schweißen in °Celsius

t_2 = Flaschentemperatur nach dem Schweißen in °Celsius

Umrechnung:

1 bar = 10^5 Pa = $10 \cdot \frac{\text{N}}{\text{cm}^3}$; 1 l = 1 dm^3 = 1000 cm^3 = 0,001 m^3

Schmelzschweißen Fortsetzung

Bild Grafik	Formel Gleichung	Formelzeichen Bezeichnung	Einheit

3.4.4 Schweißzeitberechnungen, Schmelzgasschweißen und Gasverbrauch

Schweißzeit und Gasverbrauch

Die Zeit, die für Schweißarbeiten beim Gasschmelzschweißen benötigt wird, ist hauptsächlich abhängig von der Nahtform und der Nahtdicke.

Kehlnaht

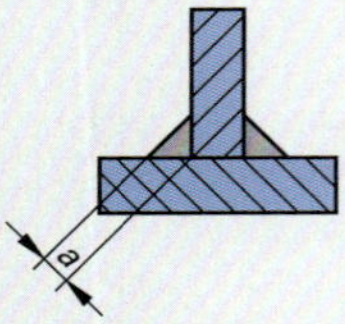

V-Naht ohne Nahtspalt

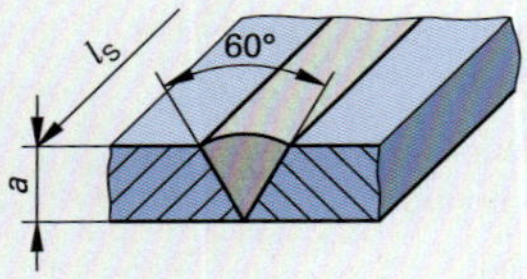

V-Naht mit Nahtspalt

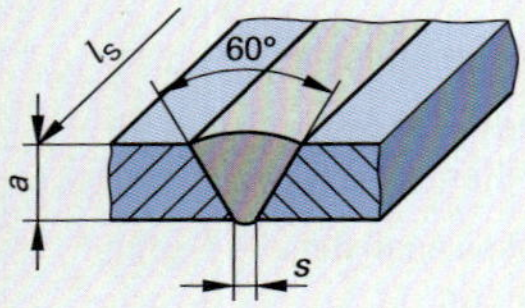

I-Naht

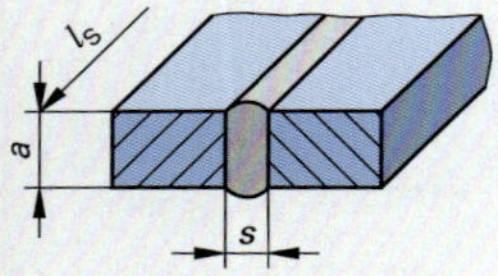

$$t_h = l_S \cdot t_1$$

$$l_S = \frac{t_h}{t_1}$$

$$t_1 = \frac{t_h}{l_S}$$

$$\Delta V = t_h \cdot V_S$$

$$t_h = \frac{\Delta V}{V_S}$$

$$V_S = \frac{\Delta V}{t_h}$$

Formelzeichen	Bezeichnung	Einheit
t_h	Schweißzeit	s, min, h
l_S	Nahtlänge	mm, cm, m
ΔV	Gasverbrauch	l
V_S	spezifischer Gasverbrauch	$\frac{l}{h}$
a	Schweißnahtdicke	mm, cm
s	Nahtspaltbreite	mm, cm
t_1	Schweißzeit pro Meter	$\frac{min}{m}$

Richtwerte für das Gasschmelzschweißen (unlegierter Baustahl)

Nahtplanung			Einstellwerte		Verbrauchswerte V_s		Leistungswerte	
Nahtform	Naht-dicke a mm	Spalt s mm	Brenner-größe	Stab-∅ mm	Sauerstoff l/h	Acetylen l/h	Abschmelz-leistung kg/h	Schweiß-zeit t_1 min/m
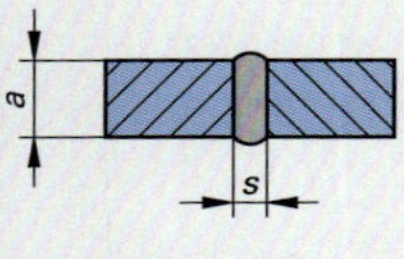	0,8	0	0.5 … 1	1,5	90	80	0,17	8,5
	1	0	0,5 … 1	2	100	90	0,19	7,6
	1,5	1,5	1 … 2	2	150	135	0,25	10
	2	2	1 … 2	2	165	150	0,25	11,5
	3	2,5	2 … 4	2,5	260	235	0,36	12,3
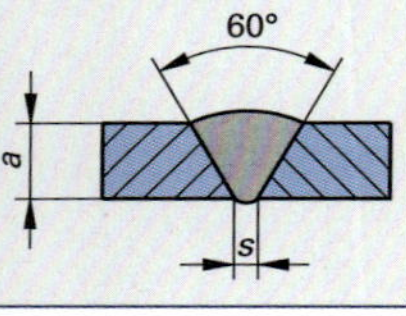	4	2 … 4	2 … 4	3	320	300	0,33	15
	6	2 … 4	4 … 6	4	520	490	0,68	22
	8	2 … 4	6 … 9	5	840	800	0,95	28
	10	2 … 4	9 … 14	6	1300	1250	1,2	35

Schmelzschweißen Fortsetzung

Bild Grafik	Formel Gleichung	Formelzeichen Bezeichnung	Einheit
3.4.5 Rechnerische Schweißnahtlängen			
Flankenkehlnähte 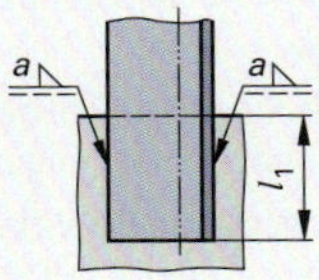	$\Sigma l = 2 \cdot l_1$ $l_1 = \frac{\Sigma l}{2}$	Σl Summe der Schweißnahtlängen l_1 Einzelnahtlänge	mm, cm, dm, m mm, cm, dm, m
Stirn- und Flankenkehlnähte 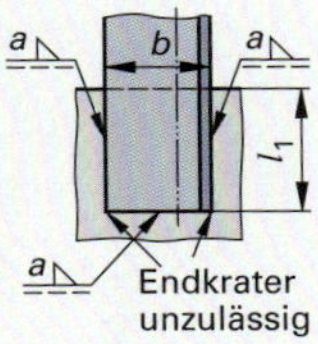	$\Sigma l = 2 \cdot l_1 + b$ $l_1 = \frac{\Sigma l - b}{2}$ $b = \Sigma l - 2 \cdot l_1$	Σl Summe der Schweißnahtlängen l_1 Einzelnahtlänge b Schenkelbreite	mm, cm, dm, m mm, cm, dm, m mm, cm, dm, m
Ringsumlaufende Kehlnaht, Schwereachse näher zur längeren Nahtseite 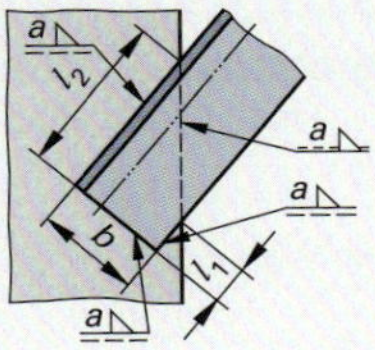	$\Sigma l = l_1 + l_2 + 2 \cdot b$ $l_1 = \Sigma l - l_2 - 2 \cdot b$ $l_2 = \Sigma l - l_1 - 2 \cdot b$ $b = \frac{\Sigma l - l_1 - l_2}{2}$	Σl Summe der Schweißnahtlängen l_1, l_2 Einzelnahtlängen b Schenkelbreite	mm, cm, dm, m mm, cm, dm, m mm, cm, dm, m
Ringsumlaufende Kehlnaht, Schwereachse näher zur kürzeren Nahtseite 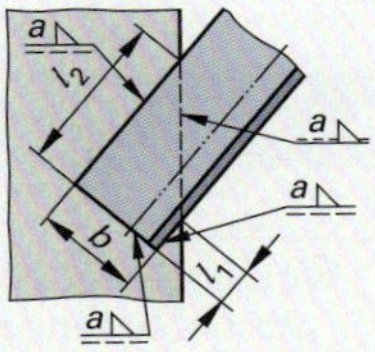	$\Sigma l = 2 \cdot l_1 + 2 \cdot b$ $l_1 = \frac{\Sigma l - 2 \cdot b}{2}$ $b = \frac{\Sigma l - 2 \cdot l_1}{2}$	Σl Summe der Schweißnahtlängen l_1, l_2 Einzelnahtlängen b Schenkelbreite	mm, cm, dm, m mm, cm, dm, m mm, cm, dm, m
Kehlnaht oder HV-Naht bei geschlitztem Winkelprofil 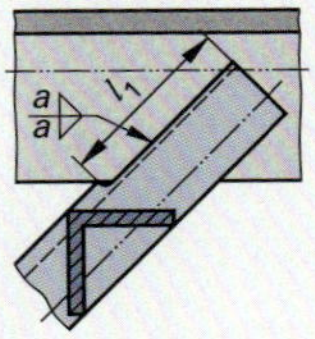	$\Sigma l = 2 \cdot l_1$ $l_1 = \frac{\Sigma l}{2}$	Σl Summe der Schweißnahtlängen l_1 Einzelnahtlänge	mm, cm, dm, m mm, cm, dm, m

4.1 Konstruktionselemente einer Stahlhalle

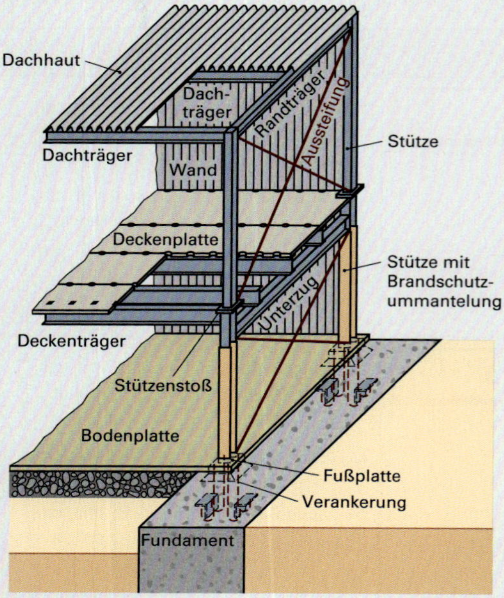

Tragwerk: miteinander verbundene, tragende und aussteifende Bauteile wie Stützen, Träger, Unterzüge, Windverbände

Verbindung: Anschluss von Tragwerksteilen aneinander zur Übertragung von Kräften und Momenten oder zur Lagesicherung

Einwirkung: Von außen her das Tragwerk belastende Einflüsse wie Erdanziehung, Wind, Schnee

Auswirkung: Im Tragwerk durch die Einwirkungen hervorgerufene Reaktionen wie Kräfte, Momente, Spannungen

Lastaufnehmende Bauteile: Bauteile, die die Einwirkungen aufnehmen und diese in das Tragwerk weiterleiten wie Dachhaut, Wände, Bodenplatten

Bild Grafik	**Formel Gleichung**	**Formelzeichen Bezeichnung**	**Einheit**

4.2 Charakteristische Eigenlasten stabförmiger Bauteile

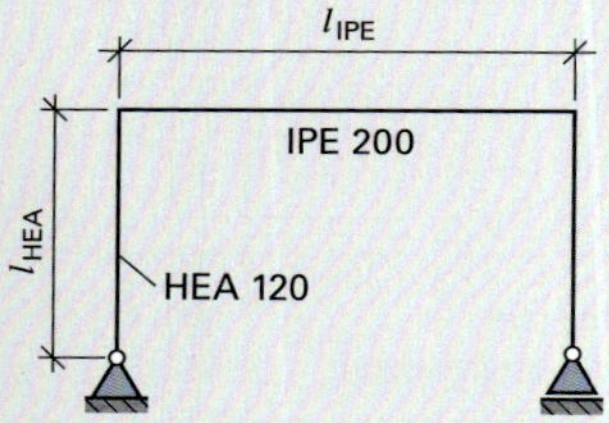

Das Gewicht eines stabförmigen Bauteils (Stütze, Träger, ...) hängt ausschließlich von seiner Länge ab.

$$F_{G,k} = m' \cdot g \cdot l$$

$$m' = \frac{F_{G,k}}{g \cdot l}$$

$$l = \frac{F_{G,k}}{m' \cdot g}$$

Formelzeichen	Bezeichnung	Einheit
$F_{G,k}$	charakteristischer Wert der Eigenlast	kN
m'	längenbezogene Masse des stabförmigen Bauteils	kN/m
g	Fallbeschleunigung	m/s²
l	Länge des stabförmigen Bauteils	m

4.3 Charakteristische Werte von Nutzlasten

Nutzlasten als Flächenlasten q_k (vertikal wirkend) und als Streckenlasten q_k (horizontal wirkend)

Kategorie	Nutzung		Vertikale Nutzlast auf Flächen q_k in kN/m²	Horizontale Nutzlast auf Absturzsicherungen q_k in kN/m
A	Wohnfläche		2,0	0,5
B	Bürofläche		3,0	0,5
C	Flächen mit Personen-Sammlungen	Bestuhlt	4,0	1,0
		Ohne Hindernisse	5,0	3,0
T	Treppen und Treppenpodest	Wohnflächen	3,0	0,5
		Flächen der Kategorie B und C	5,0	1,0
Z	Zugänge und Balkone		4,0	1,0

Bild Grafik	Formel Gleichung	Formelzeichen Bezeichnung	Einheit

4.4 Charakteristische Werte von Windlasten

Der Wert der Windlast auf je einen m² Bauwerksoberfläche ist abhängig vom Standort und der Höhe des Bauwerks sowie von der betrachteten Stelle am Bauwerks.

$$w_{e,k} = q_p(z_e) \cdot c_{pe}$$

$$q_p(z_e) = \frac{w_{e,k}}{c_{pe}}$$

Hilfswerte *e*:

$$e = \min \begin{cases} b \\ 2 \cdot h \end{cases}$$

Formelzeichen	Bezeichnung	Einheit
$w_{e,k}$	Windlast	kN/m²
q_p	Windgeschwindigkeitsdruck	kN/m²
c_{pe}	aerodynamischer Beiwert	–
z_e	Bezugshöhe des Bauwerks	m
b	Bauwerksbreite	m
d	Bauwerkstiefe	m
h	Bauwerkshöhe	m
e	Hilfsgröße zur Einteilung der Bauwerksbereiche	–
A-E	Bezeichnung der Bauwerksbereiche	–

Tabelle 1: Windgeschwindigkeitsdrücke $q_p(z_e)$ in kN/m²

Windzone		0 m ≤ h ≤ 10 m	10 m < h ≤ 18 m	18 m < h ≤ 25 m
1	Binnenland	0,50	0,65	0,75
2	Binnenland	0,65	0,80	0,90
	Ostsee, Küste und Inseln	0,85	1,00	1,00
3	Binnenland	0,80	0,95	1,10
	Ostsee, Küste und Inseln	1,05	1,20	1,30
4	Binnenland	0,95	1,15	1,30
	Ostseeküste und -inseln, Nordseeküste	1,25	1,40	1,55
	Nordseeinseln	1,40	–	–

Tabelle 2: Bauwerksmaße und vertikale Wandflächen

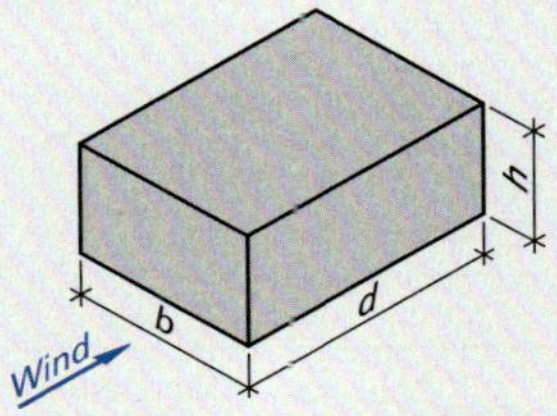

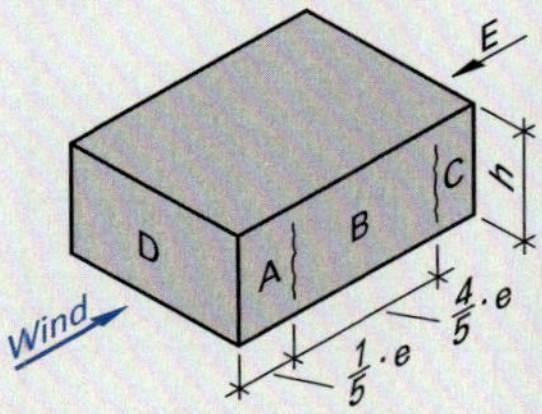

Tabelle 3: Aerodynamische Beiwerte für Windlasten auf vertikale Bauwerksflächen (Wände)

Wandfläche	A	B	C	D	E
c_{pe}	–1,2	–0,8	–0,5	+0,8	–0,5

Bild Grafik	Formel Gleichung	Formelzeichen Bezeichnung	Einheit

4.5 Charakteristische Werte von Schneelasten

Der Wert der Schneelast auf je einen m² Dach-/Vordach-/Auflagefläche ist abhängig vom Bauwerksstandort und dem Neigungswinkel der Fläche.

Schneelast auf der Erdoberfläche (am Boden)

in Zone S1*

$$s_k = 0{,}19 + 0{,}91 \left(\frac{A_H + 140}{760}\right)^2$$

in Zone S2*

$$s_k = 0{,}25 + 1{,}91 \left(\frac{A_H + 140}{760}\right)^2$$

in Zone S3

$$s_k = 0{,}31 + 2{,}91 \left(\frac{A_H + 140}{760}\right)^2$$

Formelzeichen	Bezeichnung	Einheit
s_k	Schneelast am Boden	kN/m²
$s_{k,min}$	Mindestwert der Schneelast auf dem Boden	kN/m²
$s_{i,k}$	Schneelast auf dem Dach	kN/m²
A_H	Höhe des Standorts über dem Meeresspiegel	m

$$s_{i,k} = \mu_i \cdot s_k$$

$$s_k = \frac{s_{i,k}}{\mu_i}$$

Formelzeichen	Bezeichnung	Einheit
$s_{i,k}$	Schneelast auf Fläche	kN/m²
μ_i	Formbeiwert	–
s_k	Schneelast am Boden	kN/m²

Tabelle 1: Mindestwerte der Schneelast auf dem Boden $s_{k,min}$

Zone	Mindestwert $s_{k,min}$ in kN/m²	Standorthöhe über Meeresspiegel in m
1*	0,65	≤ 400
2*	0,85	≤ 285
3	1,10	≤ 255

Für jede Zone gilt:

$s_k \geq s_{k,min}$

*Die charakteristischen Werte der Zonen 1a und 2a ergeben sich durch Multiplikation der Werte aus den Zonen 1 und 2 mit dem Faktor 1,25.

Tabelle 2: Dachformen und Formbeiwerte

Flachdach	Pultdach	Satteldach
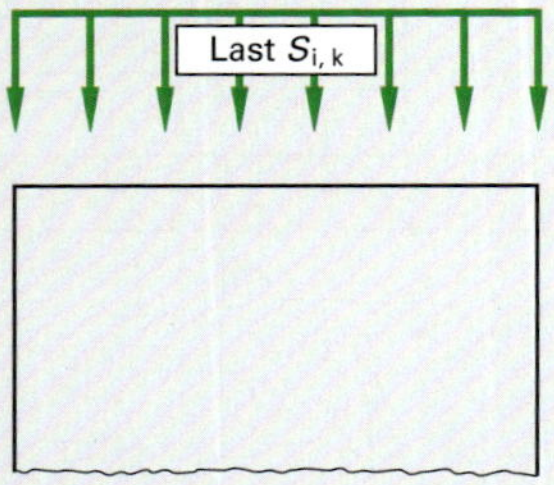	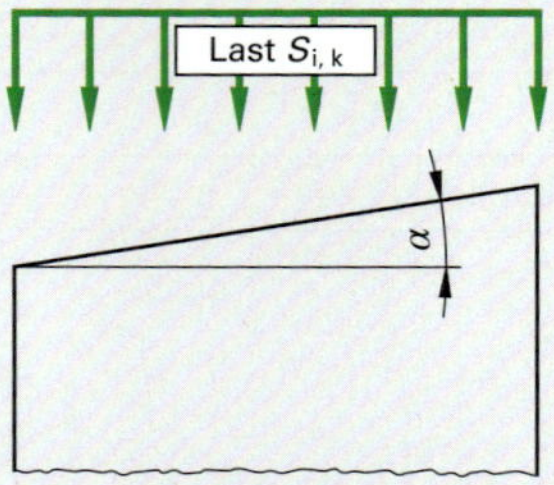	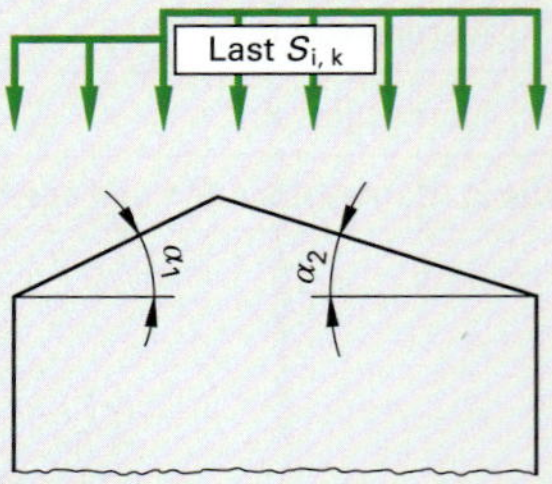

Tabelle 3: Formbeiwert μ_i für die dargestellten Dachformen

α	μ_i
$0° \leq \alpha \leq 30°$	0,8
$30° < \alpha \leq 60°$	$\frac{0{,}8 \cdot (60° - \alpha)}{30°}$
$60° < \alpha \leq 90°$	0,0

Formelzeichen	Bezeichnung	Einheit
α	Dachneigung	°
α_1	Neigungswinkel 1	°
α_2	Neigungswinkel 2	°
μ_i	Formbeiwert	---

Bild Grafik	Formel Gleichung	Formelzeichen Bezeichnung	Einheit

4.6 Umrechnung einwirkender Lasten

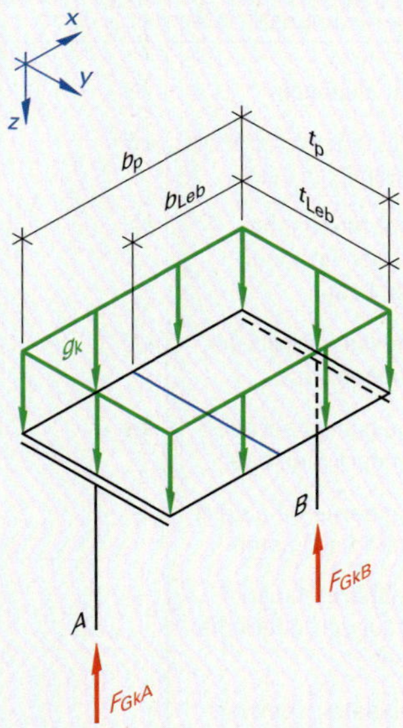

Einwirkungen treten in der Regel als flächig verteilte Lasten (Flächenlasten) auf. Sie wirken sich linienförmig auf Träger aus (Linienlasten) und punktförmig auf Stützen (Punktlasten).

Betrachtet wird eine Platte, die auf zwei Seiten linienförmig gelagert ist.

Der Lasteinzugsbereich (Leb) ist der Bereich der Platte, der seine Last auf das anschließende Bauteil abgibt.

$$b_{Leb} = \frac{1}{2} \cdot b_P$$

$$\overline{g_k} = g_k \cdot b_{Leb}$$

$$\overline{q_k} = q_k \cdot b_{Leb}$$

$$F_{G,k} = \overline{g_k} \cdot t_{Leb}$$

$$F_{Q,k} = \overline{q_k} \cdot t_{Leb}$$

$$\boxed{F_{G,k} = g_k \cdot b_{Leb} \cdot t_{Leb}}$$

$$\boxed{F_{Q,k} = q_k \cdot b_{Leb} \cdot t_{Leb}}$$

$$A_{Leb} = b_{Leb} \cdot t_{Leb}$$

Formelzeichen	Bezeichnung	Einheit
g_k, q_k	charakteristische Flächenlasten	kN/m^2
$\overline{g_k}$, $\overline{q_k}$	charakteristische Streckenlasten	kN/m
$F_{G,k}$, $F_{Q,k}$	charakteristische Punktlasten (Kräfte)	kN
t_P	Plattentiefe	m
b_P	Plattenbreite	m
b_{Leb}	Breite des Lasteinzugsbereichs	m
t_{Leb}	Tiefe des Lasteinzugsbereichs	m
A_{Leb}	Fläche des Lasteinzugsbereichs	m^2

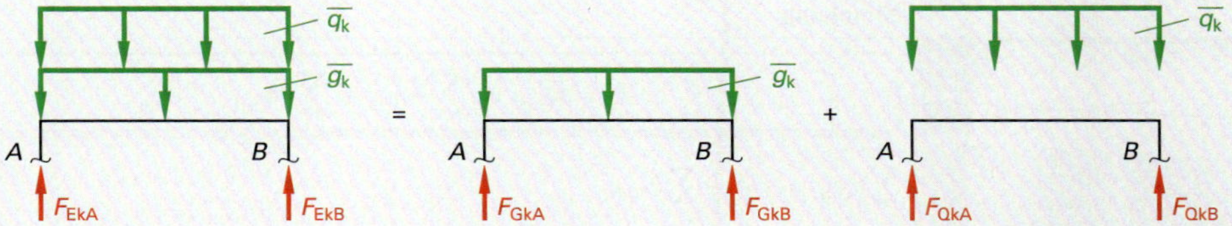

4.7 Kräfte im Inneren eines Bauteils („Beanspruchungen“)

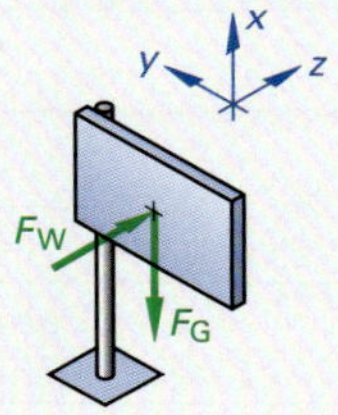

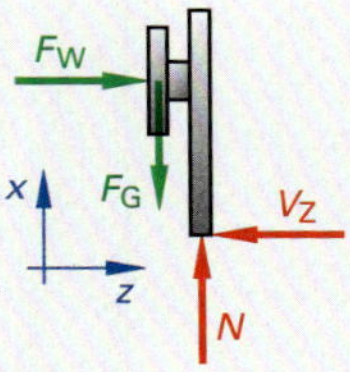

Trennt man ein Bauteil gedanklich auf, so überträgt das Material des Bauteils die von außen einwirkenden Kräfte im Bauteilinneren weiter.

$$\boxed{(F_x =)\ N = F_G}$$

$$\boxed{(F_z =)\ V_z = F_W}$$

Formelzeichen	Bezeichnung	Einheit
F_G	Gewichtskraft	kN
F_W	Windkraft	kN
F_x	Kraft in x-Richtung wirkend	kN
F_z	Kraft in z-Richtung wirkend	kN
N	Normalkraft im Bauteil in lokaler x-Richtung wirkend	kN
V_z	Querkraft im Bauteil in lokaler z-Richtung wirkend	kN

4.8 Umrechnen der charakteristischen Kraftwerte in Bemessungswerte

Bild / Grafik – **Formel / Gleichung** – **Formelzeichen / Bezeichnung** – **Einheit**

Um Belastungsnachweise zu führen, werden die Lasten mit „Teilsicherheitsbeiwerten" erhöht. Damit wird die erforderliche Sicherheit in die Rechnungen integriert.

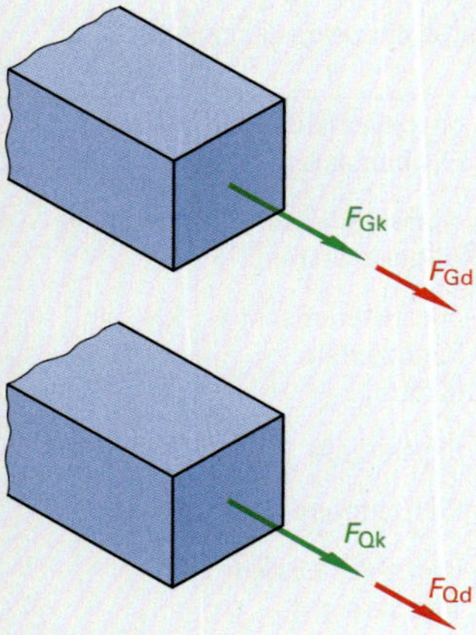

$$F_{G,d} = \gamma_G \cdot F_{G,k}$$

$$F_{G,k} = \frac{F_{G,d}}{\gamma_G}$$

$$F_{Q,d} = \gamma_Q \cdot \psi_0 \cdot F_{Q,k}$$

$$F_{Q,k} = \frac{F_{Q,d}}{\gamma_Q \cdot \psi_0}$$

Formelzeichen	Bezeichnung	Einheit
F	Kraft, allgemein	kN
$F_{G,k}$	charakteristischer Wert der ständigen Last	kN
$F_{Q,k}$	charakteristischer Wert der veränderlichen Last	kN
$F_{G,d}$	Bemessungswert der ständigen Last	kN
$F_{Q,d}$	Bemessungswert der veränderlichen Last	kN
γ_G	Teilsicherheitsbeiwert für ständige Lasten	–
γ_Q	Teilsicherheitsbeiwert für veränderliche Lasten	–
ψ_0	Kombinationsbeiwert für veränderliche Lasten	–

4.9 Bemessungswert mehrerer Einwirkungen

Bild / Grafik – **Formel / Gleichung**

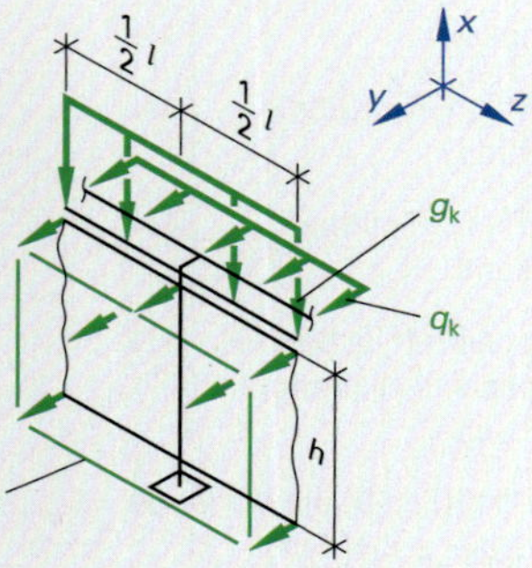

$$F_{E,d} = \sum F_{G,d} + \sum F_{Q,d}$$

$$\sum F_{G,d} = F_{E,d} - \sum F_{Q,d}$$

$$\sum F_{Q,d} = F_{E,d} - \sum F_{G,d}$$

$$F_{E,d} = F_{G,d,1} + F_{G,d,2} + \ldots + F_{Q,d,1} + F_{Q,d,2} + \ldots$$

$$F_{E,d} = \gamma_G \cdot F_{G,k,1} + \gamma_G \cdot F_{G,k,2} + \ldots + \gamma_Q \cdot \psi_0 \cdot F_{Q,k,1} + \gamma_Q \cdot \psi_0 \cdot F_{Q,k,2} + \ldots$$

Formelzeichen	Bezeichnung	Einheit
$F_{E,d}$	Bemessungswert der Kombination aller Einwirkungen	kN
$F_{G,d,1}$	Bemessungswert der ersten ständigen Einwirkung	kN
$F_{G,k,1}$	charakteristischer Wert der ersten veränderlichen Einwirkung	kN
γ_G	Teilsicherheitsbeiwert für ständige Lasten	–
γ_Q	Teilsicherheitsbeiwert für veränderliche Lasten	–
ψ_0	Kombinationsbeiwert für veränderliche Lasten	–

4.10 Beanspruchung von Querschnitten

Tabelle 1: Materialkennwerte

Werkstoff	Streckgrenze f_y in kN/cm²	Zugfestigkeit f_u in kN/cm²
S235	23,5	36,0
S275	27,5	43,0
S355	35,5	49.0

Tabelle 2: Teilsicherheitsbeiwerte für Widerstandsgrößen

Beanspruchung	Formelzeichen	Wert
Allgemein	γ_{M0}	1,0
Knickung	γ_{M1}	1,1
Bruch	γ_{M2}	1,25

Tabelle 3: Kombinationsbeiwerte Ψ für

Nutzlast	0,7	Schneelast	0,5	Windlast	0,6

4.11 Beanspruchbarkeit bei Normalkraft *N* (Zug oder Druck)

Bild Grafik	Formel Gleichung	Formelzeichen Bezeichnung	Einheit
Fläche des Profilquerschnitts 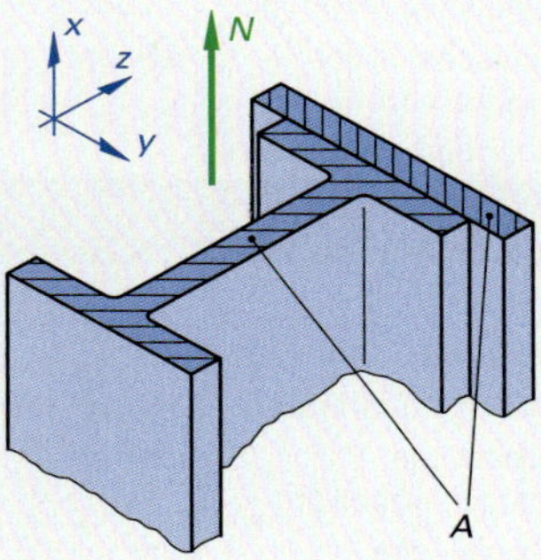	Es kann bestimmt werden: • die Tragfähigkeit eines Profils ($N_{R,d}$) • die notwendige Querschnittsfläche eines Profils (A_{erf}) • die notwendige Streckgrenze des zu verwendenden Materials (f_y)		
	$N_{R,d} = \frac{A_{vorh} \cdot f_{y,vorh}}{\gamma_{M0}}$	$N_{R,d}$ Bemessungswert der Querschnittstragfähigkeit	kN
	$A_{erf} = \frac{N_{E,d} \cdot \gamma_{M0}}{f_{y,vorh}}$	$N_{E,d}$ Bemessungswert der einwirkenden Normalkraft	kN
	$f_{y,erf} = \frac{N_{E,d} \cdot \gamma_{M0}}{A_{vorh}}$	A_{vorh} vorhandene Querschnittsfläche	cm²
		A_{erf} Mindestwert der Querschnittsfläche	cm²
		$f_{y,vorh}$ Streckgrenze des gegebenen Materials	kN/cm²
		$f_{y,erf}$ Mindestwert der Streckgrenze	kN/cm²
		γ_{M0} Teilsicherheitsbeiwert	–

4.12 Tragsicherheitsnachweis bei dominierender Normalkraft

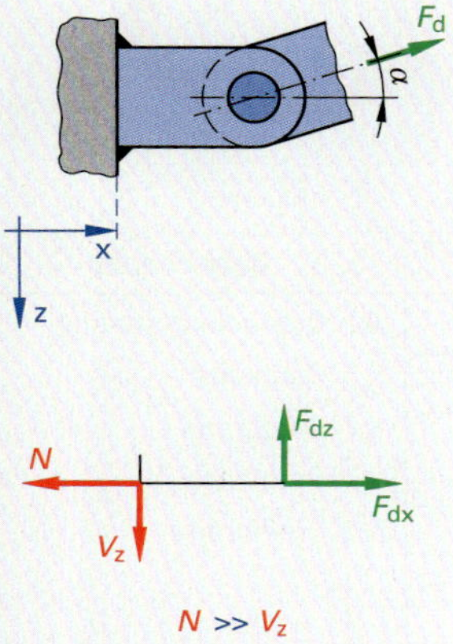	Ist die Normalkraft *N* größer als die Querkraft *V*, so gilt		
	$N_{E,d} \leq N_{R,d}$	$N_{E,d}$ vorhandene Normalkraft	kN
	$N_{E,d} = \frac{A_{vorh} \cdot f_{y,vorh}}{\gamma_{M0}}$	$N_{R,d}$ zulässige Normalkraft	kN
	$A_{erf} = \frac{N_{E,d} \cdot \gamma_{M0}}{f_{y,vorh}}$	A_{vorh} vorhandene Querschnittsfläche	cm²
	$f_{y,erf} = \frac{N_{E,d} \cdot \gamma_{M0}}{A_{vorh}}$	A_{erf} erforderliche Querschnittsfläche	cm²
		$f_{y,vorh}$ vorhandene Streckgrenze	kN/cm²
		$f_{y,erf}$ erforderliche Streckgrenze	kN/cm²
		γ_{M0} Teilsicherheitsbeiwert	–

4.13 Beanspruchbarkeit bei Querkraft V

Bild Grafik	Formel Gleichung	Formelzeichen Bezeichnung	Einheit

Fläche des Profilquerschnitts

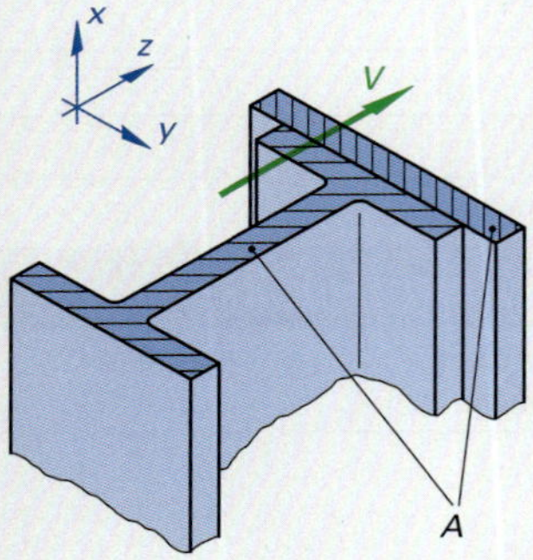

Es können bestimmt werden:
die Tragfähigkeit eines Profils ($V_{R,d}$), die notwendige Schubfläche eines Profils ($A_{v,erf}$) sowie die notwendige Streckgrenze des zu verwendenden Materials (f_y)

$$V_{R,d} = \frac{A_{v,vorh} \cdot f_{y,vorh}}{\sqrt{3} \cdot \gamma_{M0}}$$

$$A_{v,erf} = \frac{V_{E,d} \cdot \sqrt{3} \cdot \gamma_{M0}}{f_{y,vorh}}$$

$$f_{y,erf} = \frac{V_{E,d} \cdot \sqrt{3} \cdot \gamma_{M0}}{A_{v,vorh}}$$

Formelzeichen	Bezeichnung	Einheit
$V_{R,d}$	Bemessungswert der Querschnittstragfähigkeit	kN
$V_{E,d}$	Bemessungswert der einwirkenden Querkraft	kN
$A_{v,vorh}$	vorhandene Querschnittsfläche	cm²
$A_{v,erf}$	Mindestwert der Querschnittsfläche	cm²
$f_{y,vorh}$	Streckgrenze des gegebenen Materials	kN/cm²
$f_{y,erf}$	Mindestwert der Streckgrenze	kN/cm²
γ_{M0}	Teilsicherheitsbeiwert	–

4.14 Tragsicherheitsnachweis bei dominierender Querkraft

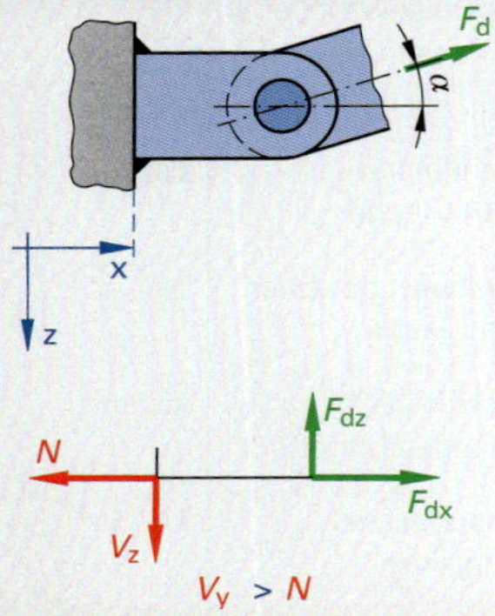

Ist die Querkraft V größer als die Normalkraft N, dann gilt

$$V_{E,d} \leq V_{R,d}$$

$$V_{E,d} = \frac{A_{v,vorh} \cdot f_{y,vorh}}{\sqrt{3} \cdot \gamma_{M0}}$$

$$A_{v,erf} = \frac{V_{E,d} \cdot \sqrt{3} \cdot \gamma_{M0}}{f_{y,vorh}}$$

$$f_{y,erf} = \frac{V_{E,d} \cdot \sqrt{3} \cdot \gamma_{M0}}{A_{v,vorh}}$$

Formelzeichen	Bezeichnung	Einheit
$V_{E,d}$	vorhandene Querkraft	kN
$V_{R,d}$	zulässige Querkraft	kN
$A_{v,vorh}$	vorhandene Querschnittsfläche	cm²
$A_{v,erf}$	erforderliche Querschnittsfläche	cm²
$f_{y,vorh}$	vorhandene Streckgrenze	kN/cm²
$f_{y,erf}$	erforderliche Streckgrenze	kN/cm²
γ_{M0}	Teilsicherheitsbeiwert	–

Tabelle 1: Wirksame Schubflächen A_v häufig verwendeter Profile

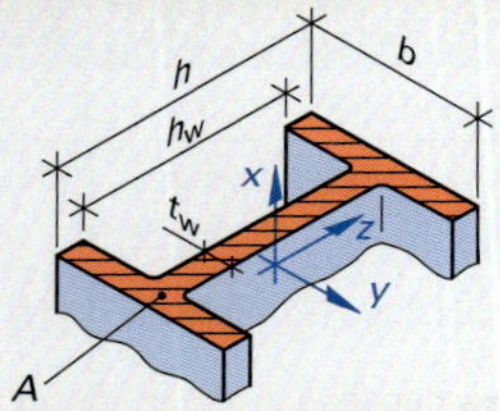

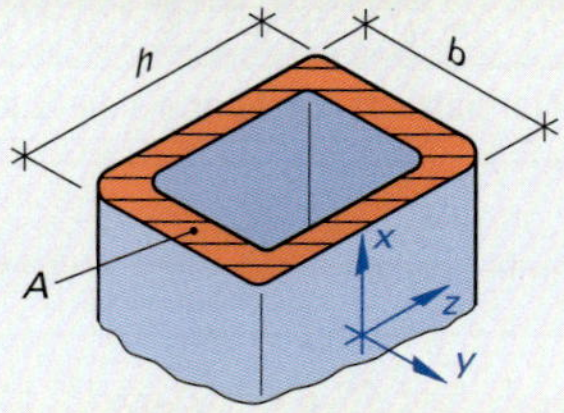

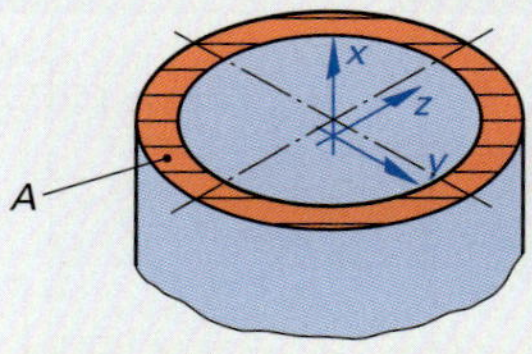

Profi	Lastrichtung	Schubfläche	Bezeichnung
I, H	parallel zum Steg	$A_v = h_w \cdot t_w$	A Querschnittsfläche
	parallel zum Flansch	$A_v = A - h_w \cdot t_w$	h_w Steghöhe
Quadrat-, Rechteckhohlprofile	parallel zur Profilhöhe h	$A_v = \frac{A \cdot h}{b + h}$	t_w Stegbreite h Profilhöhe
	parallel zur Profilbreite b	$A_v = \frac{A \cdot b}{b + h}$	b Profilbreite
Rundrohre	beliebig	$A_v = \frac{2 \cdot A}{\pi}$	

4.15 Knickfestigkeitsnachweis

Bild Grafik	Formel Gleichung	Formelzeichen Bezeichnung	Einheit

Druckbelasteter Stab

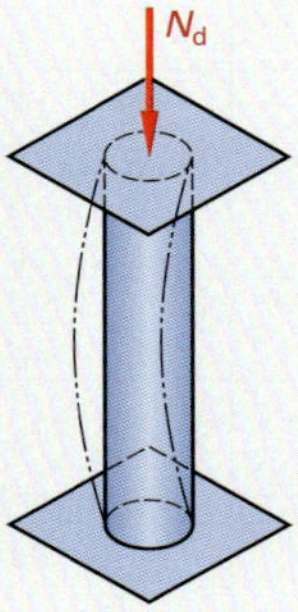

Euler-Fälle

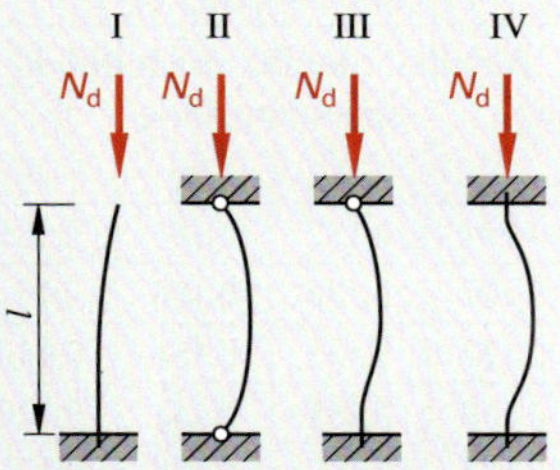

Tabelle 1: Bezugsschlankheitsgrade

Stahlgüte	Bezugsschlankheitsgrad λ_1
S235JR	93,9
S275	86,8
S355J0	76,4

Nachweis der Knickfestigkeit

Knickfestigkeit ist gegeben, wenn die einwirkende Druckkraft kleiner oder gleich der Knickbeanspruchbarkeit ist.

$$\frac{N_{Ed}}{N_{b,Rd}} \leq 1{,}0$$

$$N_{Ed} \leq N_{b,Rd}$$

Formelzeichen	Bezeichnung	Einheit
N_{Ed}	Bemessungswert der einwirkenden Normalkraft	kN
$N_{b,Rd}$	Knickbeanspruchbarkeit	kN

Bemessungswert der einwirkenden Normalkraft

Die einwirkende Normalkraft kann sich aus ständigen und veränderlichen Anteilen zusammensetzen.

$$N_{Ed} = \gamma_G \cdot N_{Gk} + \gamma_Q \cdot N_{Qk}$$

$$N_{Gk} = \frac{N_{Ed} - \gamma_Q \cdot N_{Qk}}{\gamma_G}$$

$$N_{Qk} = \frac{N_{Ed} - \gamma_G \cdot N_{Gk}}{\gamma_Q}$$

Formelzeichen	Bezeichnung	Einheit
N_{Ed}	Bemessungswert der einwirkenden Normalkraft	kN
N_{Gk}	charakteristischer Wert der ständig einwirkenden Normalkraft	kN
N_{Qk}	charkateristischer Wert der veränderlich einwirkenden Normalkraft	kN
γ_G	Teilsicherheitsbeiwert für ständige Lasten	–
γ_Q	Teilsicherheitsbeiwert für veränderliche Lasten	–

Ermittlung der Knicklänge

Die Knicklänge hängt ab von der Art der Lagerung des Stabs. Unterschieden werden die in der Tabelle „Euler-Fälle" dargestellten Möglichkeiten.

$$L_{cr} = \beta \cdot l$$

$$l = \frac{L_{cr}}{\beta}$$

Formelzeichen	Bezeichnung	Einheit
L_{cr}	Knicklänge	cm
l	Stablänge	cm
β	Knicklängenbeiwert	–

Berechnung des „bezogenen" Schlankheitsgrades

$$\bar{\lambda} = \frac{L_{cr}}{i_{min} \cdot \lambda_1}$$

$$L_{cr} = \bar{\lambda} \cdot i_{min} \cdot \lambda_1$$

$$i_{min} = \frac{L_{cr}}{\bar{\lambda} \cdot \lambda_1}$$

$$\lambda_1 = \frac{L_{cr}}{\bar{\lambda} \cdot i_{min}}$$

Formelzeichen	Bezeichnung	Einheit
$\bar{\lambda}$	bezogener Schlankheitsgrad	–
L_{cr}	Knicklänge	cm
i_{min}	kleinster Trägheitsradius des Stabprofils	mm
λ_1	Bezugsschlankheitsgrad	–

Knickfestigkeitsnachweis Fortsetzung

Tabelle 1: Zuordnung des Stabquerschnitts zu einer Knickspannungslinie

Querschnitt		Begrenzungen		Ausweichen rechtwinklig zur Achse	Knickspannungslinie
Gewalzte I-Querschnitte	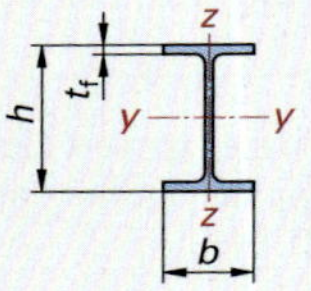	$h/b > 1{,}2$	$t_f \leq 40$ mm	y-y z-z	a b
			$40 \text{ mm} \leq t_f \leq 100$ mm	y-y z-z	b c
		$h/b \leq 1{,}2$	$t_f \leq 100$ mm	y-y z-z	b c
			$t_f > 100$ mm	y-y z-z	d d
Hohlquerschnitte	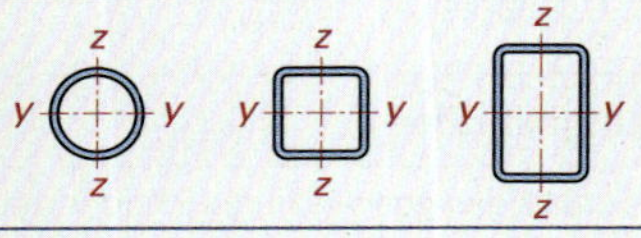	warmgefertigt		Jede	a
		kaltgefertigt		Jede	c
Geschweißte I-Querschnitte	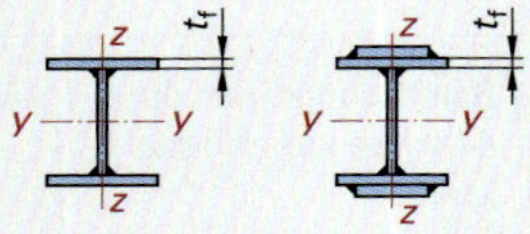	$t_f \leq 40$ mm		y-y z-z	b c
		$t_f > 40$ mm		y-y z-z	c d
U-, T- und Vollquerschnitte	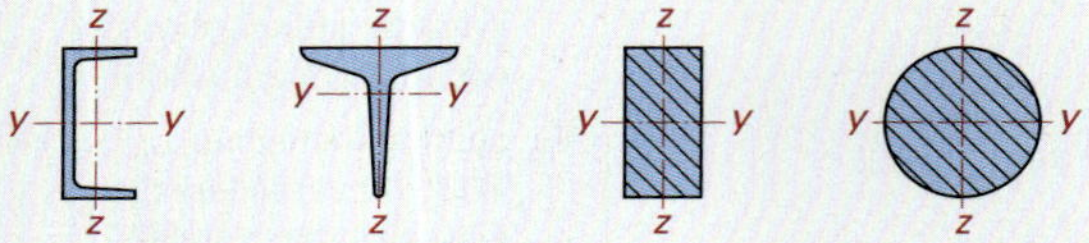			Jede	c
L-Querschnitte	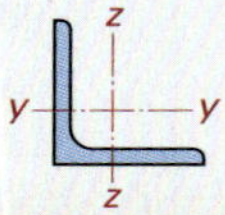			Jede	b

Tabelle 2: Bestimmung des Abminderungsfaktors χ

λ	Abminderungfaktor für Knickspannungslinie a	b	c	d	λ	Abminderungfaktor für Knickspannungslinie a	b	c	d	λ	Abminderungfaktor für Knickspannungslinie a	b	c	d
0,2	1,000	1,000	1,000	1,000	**1,1**	0,596	0,535	0,484	0,419	**2,1**	0,204	0,192	0,180	0,163
0,25	0,988	0,982	0,970	0,961	**1,2**	0,530	0,478	0,434	0,376	**2,2**	0,187	0,176	0,166	0,151
0,3	0,978	0,964	0,949	0,923	**1,3**	0,470	0,427	0,389	0,339	**2,3**	0,172	0,163	0,154	0,140
0,4	0,953	0,926	0,897	0,850	**1,4**	0,418	0,382	0,349	0,306	**2,4**	0,159	0,151	0,142	0,130
0,5	0,924	0,884	0,843	0,779	**1,5**	0,372	0,342	0,315	0,227	**2,5**	0,147	0,140	0,132	0,121
0,6	0,890	0,837	0,785	0,710	**1,6**	0,333	0,308	0,284	0,251	**2,6**	0,136	0,130	0,123	0,113
0,7	0,848	0,784	0,725	0,643	**1,7**	0,299	0,278	0,258	0,229	**2,7**	0,127	0,121	0,115	0,106
0,8	0,796	0,724	0,662	0,580	**1,8**	0,270	0,252	0,235	0,209	**2,8**	0,118	0,113	0,108	0,100
0,9	0,734	0,661	0,600	0,521	**1,9**	0,245	0,229	0,214	0,192	**2,9**	0,111	0,106	0,101	0,094
1,0	0,666	0,597	0,540	0,467	**2,0**	0,223	0,209	0,196	0,177	**3,0**	0,104	0,099	0,095	0,088

Formel Gleichung	Formelzeichen Bezeichnung	Einheit
Berechnung der Knickbeanspruchbarkeit		
$$N_{b,Rd} = \frac{\chi \cdot A \cdot f_y}{\gamma_{M1}}$$	$N_{b,Rd}$ Knickbeanspruchbarkeit	kN
	A Profil-Querschnittsfläche	cm^2
	f_y Streckgrenze des Materials	kN/cm^2
$\chi = \frac{N_{b,Rd} \cdot \gamma_{M1}}{A \cdot f_y}$; $A = \frac{N_{b,Rd} \cdot \gamma_{M1}}{\chi \cdot f_y}$; $f_y = \frac{N_{b,Rd} \cdot \gamma_{M1}}{\chi \cdot A}$	γ_{M1} Teilsicherheitsbeiwert	–
	χ Abminderungsfaktor	–

4 Statische Berechnung

4.16 Festigkeit von Schweißverbindungen

Bild Grafik	Formel Gleichung	Formelzeichen Bezeichnung	Einheit
Stumpfnaht $A = t \cdot l$ 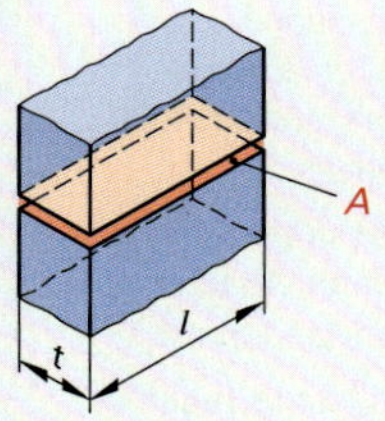	Gerechnet wird hier mit dem „vereinfachten" Verfahren.		
	$F_{w,Ed} \leq F_{w,Rd}$	$F_{w,Ed}$ bezogener Bemessungswert der Einwirkungen	$\frac{kN}{cm}$
	$F_{w,Ed} = \frac{F_{Ed}}{l_{eff}}$	$F_{w,Rd}$ bezogener Bemessungswert der Nahtwiderstandskraft	$\frac{kN}{cm}$
	$l_{eff} = \frac{F_{Ed}}{F_{w,Ed}}$	F_{Ed} Bemessungswert der Kraft aus allen Einwirkungen	kN
	Voll ausgeführte Naht $l_{eff} = l$	a Dicke der Schweißnaht	mm
		l volle Nahtlänge	mm
Kehlnaht $A = a \cdot l$ 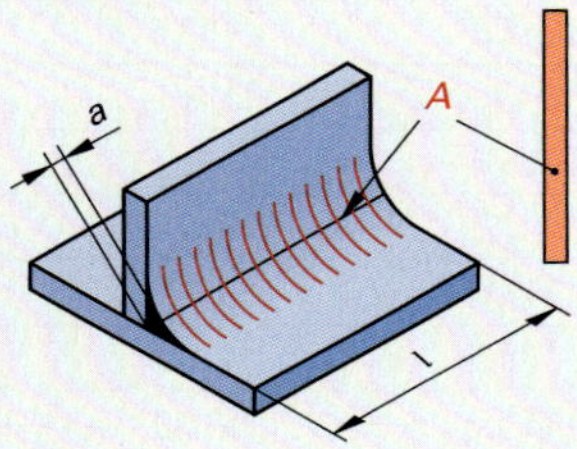	Normal ausgeführte Naht $l_{eff} = l - 2 \cdot a$	l_{eff} wirksame Nahtlänge	mm
	$l = l_{eff} + 2 \cdot a$	f_u Zugfestigkeit	kN/cm²
	$a = \frac{l - l_{eff}}{2}$	β_w Korrelationsbeiwert	–
	$F_{w,Rd} = \frac{a \cdot f_u}{\sqrt{3} \cdot \beta_w \cdot \gamma_{M2}}$	γ_{M2} Teilsicherheitsbeiwert für Widerstand gegen Bruchversagen durch Zug	–
	$a = \frac{\sqrt{3} \cdot \beta_w \cdot \gamma_{M2} \cdot F_{w,Rd}}{f_u}$		
	$f_u = \frac{\sqrt{3} \cdot \beta_w \cdot \gamma_{M2} \cdot F_{w,Rd}}{a}$		

Tabelle 1: Korreliationsbeiwerte

Stahlsorte	Korreliationsbeiwerte β_w
S235	0,8
S275	0,85
S355	0,9

4.16.1 Festigkeit von Schraubenverbindungen

Bild Grafik	Formel Gleichung	Formelzeichen Bezeichnung	Einheit
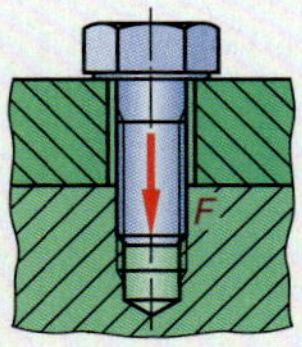	Zugbeanspruchung		
	$F_{t,Ed} \leq F_{t,Rd}$	$F_{t,Ed}$ Bemessungswert der wirkenden Zugkraft	kN
		$F_{t,Rd}$ Grenzzugkraft	kN

Tabelle 2: Grenzzugkraft $F_{t,Rd}$ pro Schraube in kN

Festigkeitsklasse	Schraubengröße				
	M12	M16	M20	M24	M36
4.6	24,3	45,2	70,6	101,7	235,3
5.6	30,3	56,5	88,2	127,1	294,1
8.8	48,6	90,4	141,1	203,3	470,6
10.9	60,7	113,0	176,4	254,2	588,2

4.17 Abscherbeanspruchung

Bild Grafik	Formel Gleichung	Formelzeichen Bezeichnung	Einheit

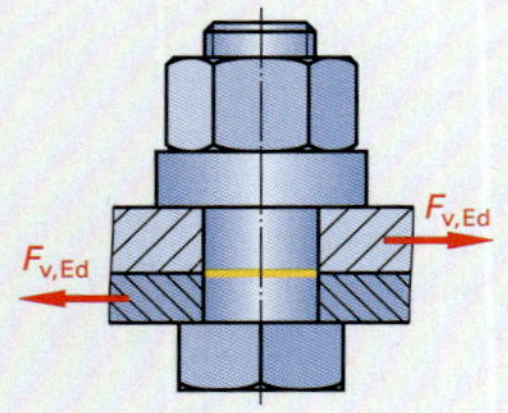

$$F_{v,Ed} \leq F_{v,Rd,ges}$$

$$F_{v,Rd,ges} = n \cdot m \cdot F_{v,Rd}$$

$$n = \frac{F_{v,Rd,ges}}{m \cdot F_{v,Rd}}$$

$$m = \frac{F_{v,Rd,ges}}{n \cdot F_{v,Rd}}$$

Formelzeichen	Bezeichnung	Einheit
$F_{v,Ed}$	Bemessungswert der Abscherkraft	kN
$F_{v,Rd}$	Bemessungswert der Abscher-Widerstandskraft je Scherfuge	kN
$F_{v,Rd,ges}$	Bemessungswert der gesamten Abscher-Widerstandskraft	kN
m	Anzahl Scherfugen	–
n	Anzahl Schrauben	–

Tabelle 1: Bemessungswert der Abscher-Widerstandskraft $F_{v,Rd}$ je Scherfuge in kN

Lage der Scherfuge	Festigkeits-klasse	Schraubengröße M12	M16	M20	M24	M36
Im Schaft	5.6	27,1	48,2	75,4	108,5	244,3
	8.8	43,4	77,2	120,6	173,6	390,9
	10.9	54,2	96,5	150,7	217,0	488,6
Im Gewinde	5.6	20,2	37,7	58,8	84,7	196,1
	8.8	32,4	60,3	94,1	135,6	313,7
	10.9	33,7	62,8	98,0	141,2	326,8
Im Schaft (Pass-schraube)	5.6	31,9	54,5	83,0	117,8	258,0
	8.8	51,1	87,2	132,9	188,5	412,8
	10.9	63,8	109,0	166,1	235,7	516,0

4.18 Lochleibungsbeanspruchung

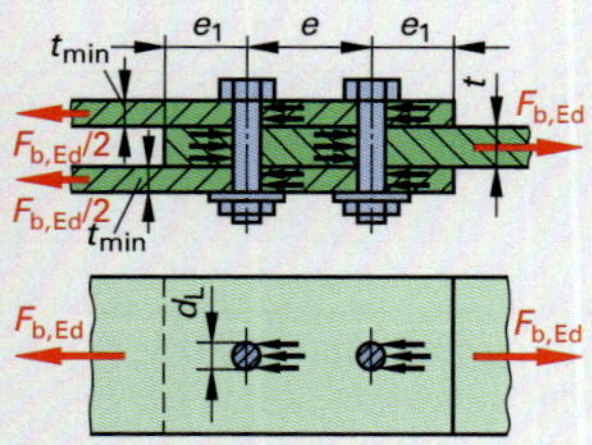

$$F_{b,Ed} \leq F_{b,Rd,ges}$$

$$F_{b,Rd,ges} = n \cdot t_{min} \cdot F_{b,Rd}$$

$$n = \frac{F_{b,Rd,ges}}{t_{min} \cdot F_{b,Rd}}$$

$$t_{min} = \frac{F_{b,Rd,ges}}{n \cdot F_{b,Rd}}$$

Formelzeichen	Bezeichnung	Einheit
$F_{b,Ed}$	Bemessungswert der Lochleibungskraft	kN
$F_{v,Rd}$	Bemessungswert der Lochleibungs-Widerstandskraft	kN
$F_{v,Rd,ges}$	Bemessungswert der gesamten Lochleibungs-Widerstandskraft	kN
t_{min}	kleinste Materialstärke	–
n	Anzahl Schrauben	–

Tabelle 2 : Bemessungswert der Lochleibungs-Widerstandskraft $F_{b,Rd}$ pro cm Material in kN/cm^2

Material der Bauteile	Verbindungsart	Schraubengröße M12	M16	M20	M24	M36
S235	SL	44,86	56,53	73,09	89,72	134,60
	SLP	48,60	65,40	82,20	99,00	137,40
S275	SL	53,56	67,40	87,27	107,13	160,71
	SLP	58,03	78,09	98,15	118,21	164,06
S355	SL	61,05	76,94	99,48	122,11	183,19
	SLP	66,14	89,01	111,87	134,74	187,00

SL: Scher-Lochleibungsverbindung bei rohen und hochfesten Schrauben.
SLP: Scher-Lochleibungsverbindung bei Passschrauben.

5.1 Beanspruchung auf Zug

Bild Grafik	Formel Gleichung	Formelzeichen Bezeichnung	Einheit

Bei Zugbeanspruchung wirkt die Kraft vom Bauteil weg, sie zieht es auseinander. Das Bauteil wird länger.

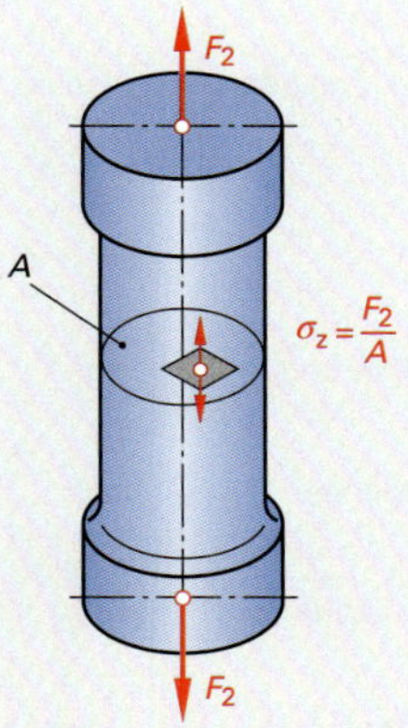

$$\sigma_z = \frac{F_z}{A}$$

$A = \frac{F_z}{\sigma_z}$

$F_z = \sigma_z \cdot A$

Für Stahl gilt:

$$\sigma_{z,zul} = \frac{R_e}{\nu}$$

$\nu = \frac{R_e}{\sigma_{z,zul}}$

$R_e = \nu \cdot \sigma_{z,zul}$

Für Gusseisen gilt:

$$\sigma_{z,zul} = \frac{R_m}{\nu}$$

$\nu = \frac{R_m}{\sigma_{z,zul}}$

$R_m = \nu \cdot \sigma_{z,zul}$

Formelzeichen	Bezeichnung	Einheit
σ_z	Zugspannung	N/mm^2
$\sigma_{z,zul}$	zulässige Zugspannung	N/mm^2
A	Querschnittsfläche	mm^2
F_z	Zugkraft	N
R_e	Streckgrenze	N/mm^2
R_m	Zugfestigkeit	N/mm^2
ν	Sicherheitsfaktor	–

Tabelle 1: Übliche Sicherheitsfaktoren ν

Material-kennwert	Schadens-folge	ν
R_e	gering	1,3
	groß	1,5
R_m	gering	1,75
	groß	2,0

5.2 Beanspruchung auf Druck

Bei Druckbeanspruchung wirkt die Kraft F auf das Bauteil hin, sie „drückt" (=staucht) es zusammen. Das Bauteil wird kürzer.

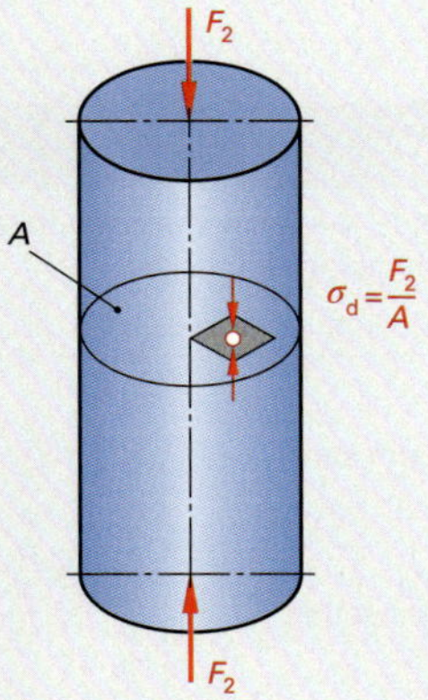

$$\sigma_d = \frac{F_d}{A}$$

$A = \frac{F_d}{\sigma_d}$

$F_d = \sigma_d \cdot A$

Für Stahl gilt:

$$\sigma_{d,zul} = \frac{\sigma_{dF}}{\upsilon}$$

$\sigma_{dF} = \sigma_{d,zul} \cdot \upsilon$

$\upsilon = \frac{\sigma_{dF}}{\sigma_{d,zul}}$

Für Gusseisen gilt:

$\sigma_{d,zul} \approx \frac{2 \cdot R_m}{\nu}$

Formelzeichen	Bezeichnung	Einheit
σ_d	Druckspannung	N/mm^2
$\sigma_{d,zul}$	zulässige Druckspannung	N/mm^2
A	Querschnittsfläche	mm^2
F_d	Druckkraft	N
σ_{dF}	Quetschgrenze (bei Stahl ist $\sigma_{dF} \approx R_e$)	N/mm^2
R_m	Zugfestigkeit	N/mm^2
ν	Sicherheitsfaktor	–

5.3 Längenänderung bei Beanspruchungen auf Zug oder Druck „Gesetz von Hook"

Bild Grafik	Formel Gleichung	Formelzeichen Bezeichnung	Einheit
Spannungs-Dehnungs-Diagramm mit Proportionalitätsbereich	Unter Einwirkung von Zug- oder Druckkräften ändert sich die Länge eines Bauteils.		

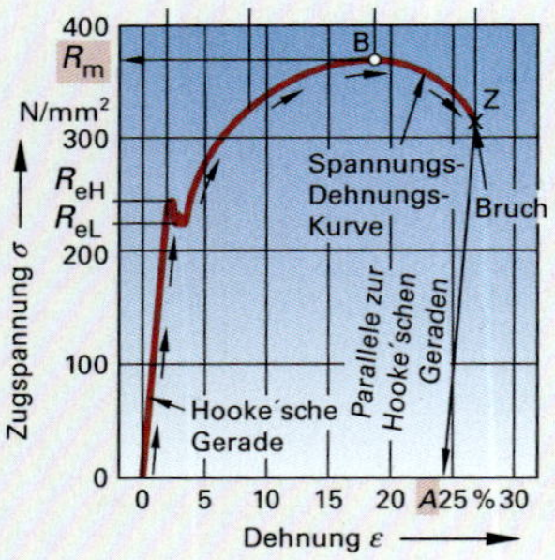

$$\sigma = \frac{\Delta l}{l_0} \cdot E = \varepsilon \cdot E$$

$$\Delta l = \frac{\sigma \cdot l_0}{E}$$

$$l_0 = \frac{\Delta l \cdot E}{\sigma}$$

$$E = \frac{\sigma \cdot l_0}{\Delta l}$$

Formelzeichen	Bezeichnung	Einheit
σ	Spannung (Zug oder Druck)	N/mm^2
ε	Dehnung	%
Δl	Längenänderung	mm
l_0	Ausgangslänge	mm
l_{ges}	gedehnte Länge	mm
E	Elastizitätsmodul	N/mm^2

unbelasteter Stab
belasteter Stab mit Verlängerung

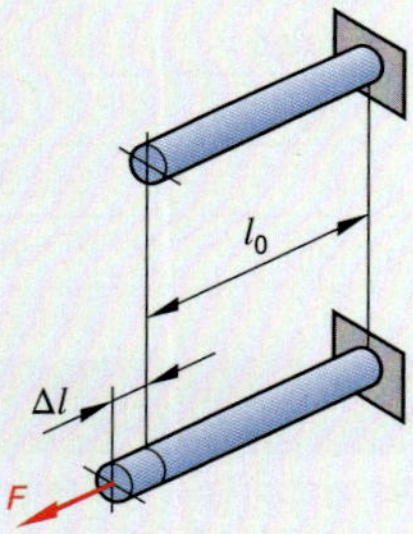

$$\varepsilon = \frac{\Delta l}{l_0}$$

$$\Delta l = l_0 \cdot \varepsilon$$

$$l_0 = \frac{\Delta l}{\varepsilon}$$

$$l_{ges} = l_0 + \Delta l$$

$$\Delta l = l_{ges} - l_0$$

5.4 Beanspruchung auf Flächenpressung

Flächenpressung wirkt im Kontaktbereich sich berührender Bauteile. Die zu übertragende Kraft verteilt sich auf die gesamte projizierte Querschnittsfläche A.

Formschlüssige Verbindungen wirken durch Flächenpressung.

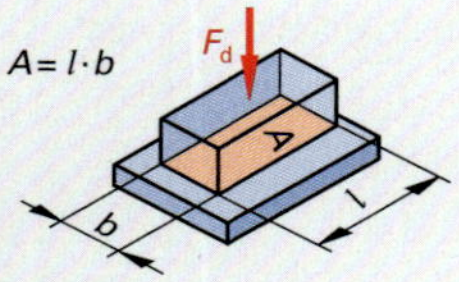

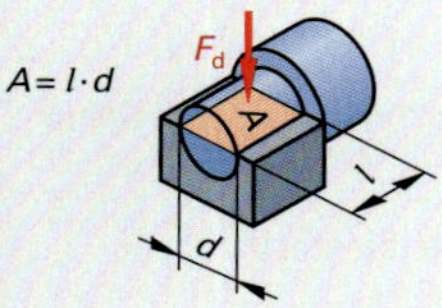

$$p = \frac{F_d}{A}$$

$$A = \frac{F_d}{p}$$

$$F_d = p \cdot A$$

$$p_{zul} = \frac{R_e}{1{,}2}$$

Formelzeichen	Bezeichnung	Einheit
p	Flächenpressung	N/mm^2
p_{zul}	zulässige Flächenpressung	N/mm^2
F_d	Druckkraft	N
A	Querschnittsfläche	mm^2
R_e	Streckgrenze	N/mm^2

5.5 Beanspruchung auf Schub (Scherung)

Bild Grafik	Formel Gleichung	Formelzeichen Bezeichnung	Einheit

Das Abscheren von Material kann erwünscht (Schneiden, Stanzen, Scherstifte) oder unerwünscht sein (Bolzen-, Schraubenverbindungen etc). Ist es unerwünscht, so muss das Material der einwirkenden Kraft standhalten, ist es erwünscht, so muss das Material versagen.

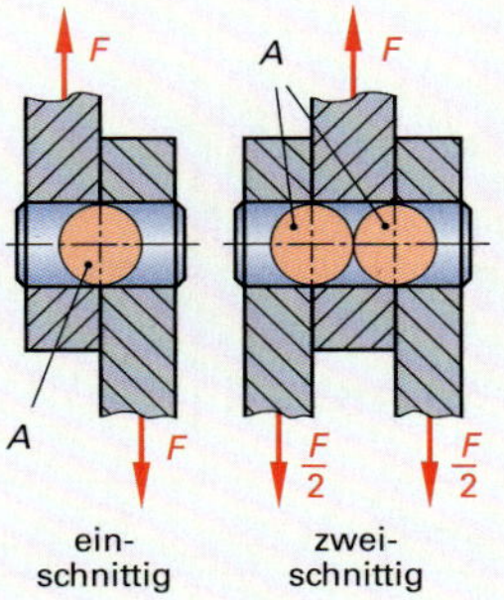

$$\tau_a = \frac{F}{A}$$

$F = \tau_a \cdot A$

$A = \frac{F}{\tau_a}$

$\tau_{a,zul} = \frac{\tau_{aB}}{\upsilon}$

Scheren, Stanzen

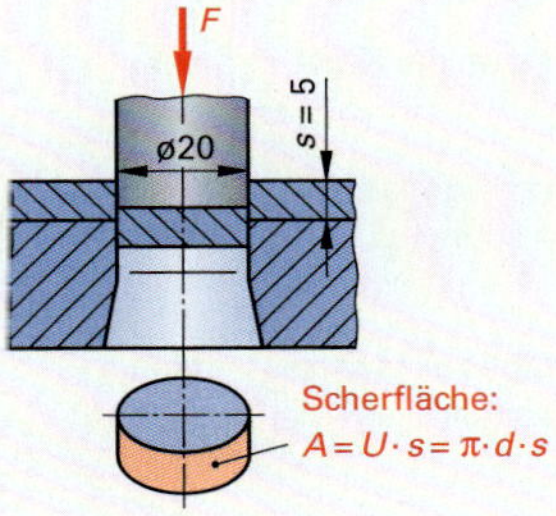

$$\tau_{aB,max} \approx 0{,}8 \cdot R_m$$

$F_S = 1{,}2 \cdot A \cdot \tau_{aB}$

$$F_S = U \cdot s \cdot \tau_{aB,max}$$

Formelzeichen	Bezeichnung	Einheit
τ_a	Scherspannung	N/mm²
$\tau_{a,zul}$	zulässige Scherspannung	N/mm²
$\tau_{aB,max}$	maximale Scherfestigkeit	N/mm²
F	Kraft	N
F_S	Scherkraft	N
A	Scherfläche	mm²
U	Länge der Scherfläche	mm
s	Tiefe der Scherfläche	mm
R_m	Zugfestigkeit	N/mm²
ν	Sicherheitszahl	–
1,2	Verschleißfaktor	–

5.6 Festigkeit von Schweißverbindungen

Schweißnähte können auf Zug/Druck und auf Schub beansprucht werden. Entsprechend ist die Normal- oder die Schubspannung nachzuweisen.

Stumpfnaht

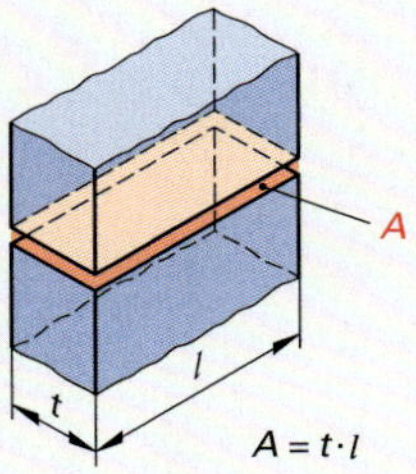

$$\sigma_w = \frac{F_w}{A}$$

$F_w = \sigma_w \cdot A$

$A = \frac{F_w}{\sigma_w}$

Kehlnaht

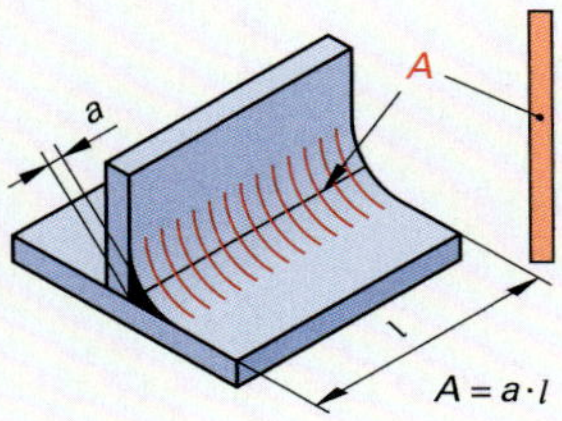

$$\tau_w = \frac{F_w}{A}$$

$F_w = \tau_w \cdot A$

$A = \frac{F_w}{\tau_w}$

Nahtquerschnittsfläche

$$A = t \cdot l = a \cdot l_{eff}$$

$l_{eff} = L - 2 \cdot a$

Formelzeichen	Bezeichnung	Einheit
σ_w	Spannung	N/mm²
τ_w	Scherspannung	N/mm²
F_w	Kraft	N
A	Nahtquerschnittsfläche	mm²
t	Nahtbreite	mm
a	Nahtdicke (a-Maß)	mm
l	tragende Schweißnahtlänge	mm
l_{eff}	effektiv tragende Schweißnahtlänge	mm
L	Schweißnahtlänge	mm

5.7 Beanspruchung auf Biegung

Bild **Grafik**	**Formel** **Gleichung**	**Formelzeichen** **Bezeichnung**	**Einheit**
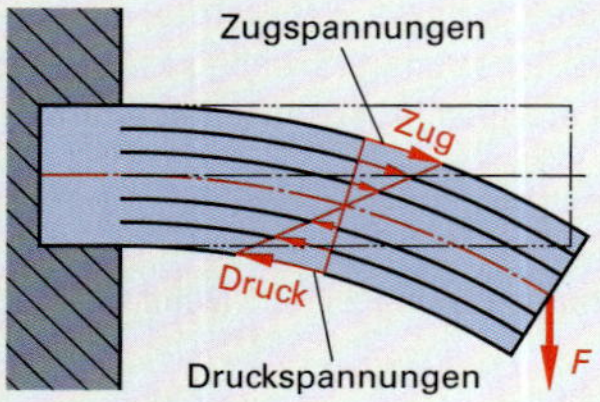	Bei Biegung treten auf der einen Seite der neutralen Faser Zugspannungen, auf der anderen Seite Druckspannungen auf. $$\sigma_b = \frac{M_b}{W}$$ $M_b = \sigma_b \cdot W$ $W = \frac{M_b}{\sigma_b}$	σ_b Biegespannung M_b Biegemoment W axiales Widerstandsmoment	N/mm² Nmm mm³
Maximale Biegemomente bei unterschiedlichen Lagerungen und Belastung durch Einzelkraft			
einseitig fest eingespannt Kraft außen 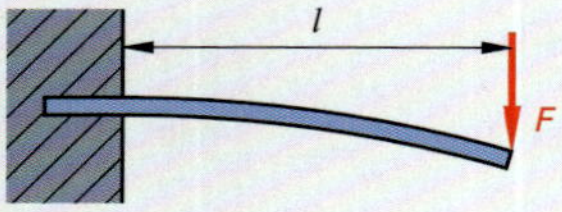	$$M_{b,max} = F \cdot l$$ $F = \frac{M_{b,max}}{l}$ $l = \frac{M_{b,max}}{F}$	$M_{b,max}$ Biegemoment F Kraft l Hebelarm der Kraft	Nmm N mm
zweiseitig fest eingespannt Kraft mittig 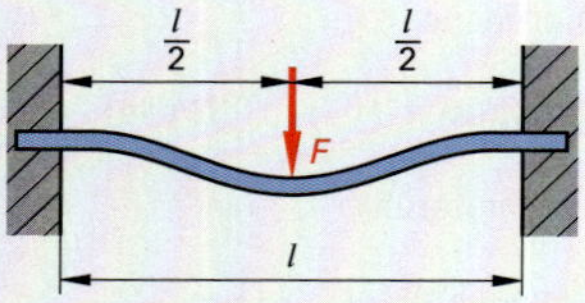	$$M_{b,max} = \frac{F \cdot l}{8}$$ $F = \frac{8 \cdot M_{b,max}}{l}$ $l = \frac{8 \cdot M_{b,max}}{F}$	l_1 Abstand zur linken Lagerstelle l_2 Abstand zur rechten Lagerstelle	mm mm
beidseitig gelagert Kraft mittig 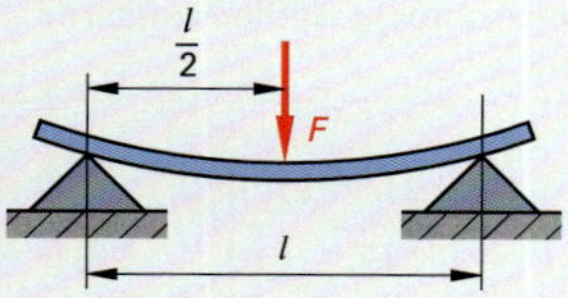	$$M_{b,max} = \frac{F \cdot l}{4}$$ $F = \frac{4 \cdot M_{b,max}}{l}$ $l = \frac{4 \cdot M_{b,max}}{F}$		
beidseitig gelagert Kraft außermittig 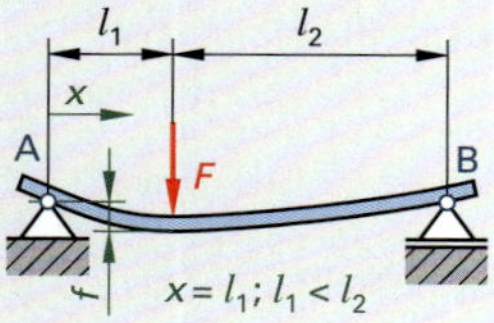	$$M_{b,max} = F \cdot \frac{l_1 \cdot l_2}{l}$$ $F = \frac{l \cdot M_{b,max}}{l_1 \cdot l_2}$ $l = \frac{F \cdot l_1 \cdot l_2}{M_{b,max}}$ $l_1 = \frac{l \cdot M_{b,max}}{F \cdot l_2}$ $l_2 = \frac{l \cdot M_{b,max}}{F \cdot l_1}$		

5.8 Axiale Widerstandmomente *W* für übliche Querschnitte

Bild Grafik	Formel Gleichung
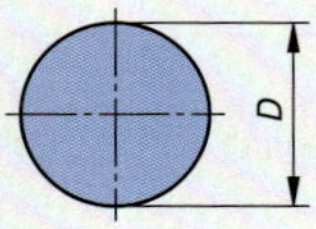	$W = \dfrac{\pi \cdot D^3}{32}$ $D = \sqrt[3]{\dfrac{32 \cdot W}{\pi}}$
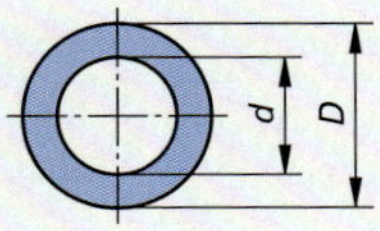	$W = \dfrac{\pi \cdot (D^4 - d^4)}{32 * D}$ $d = \sqrt[4]{D^4 - \dfrac{W \cdot 32 \cdot D}{\pi}}$
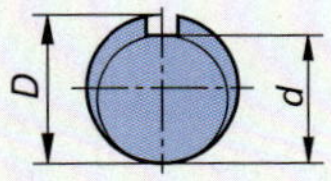	$W = 0{,}012 \cdot (D + d)^3$ $D = \sqrt[3]{\dfrac{W}{0{,}012}} - d$ $d = \sqrt[3]{\dfrac{W}{0{,}012}} - D$
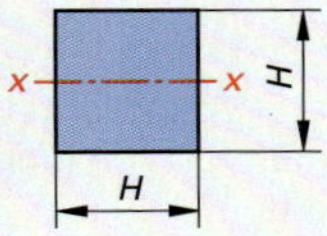	$W_y = W_z = \dfrac{H^3}{6}$ $h = \sqrt[3]{6 \cdot W_y}$
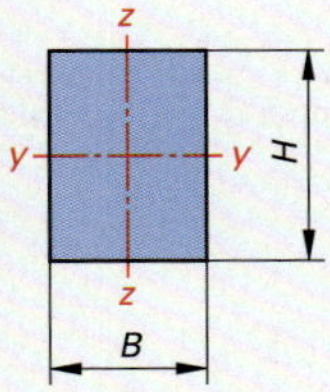	$W_y = \dfrac{B \cdot H^2}{6}$ $B = \dfrac{6 \cdot W_y}{H^2}$ $H = \sqrt{\dfrac{6 \cdot W_y}{B}}$ $W_z = \dfrac{H \cdot B^2}{6}$
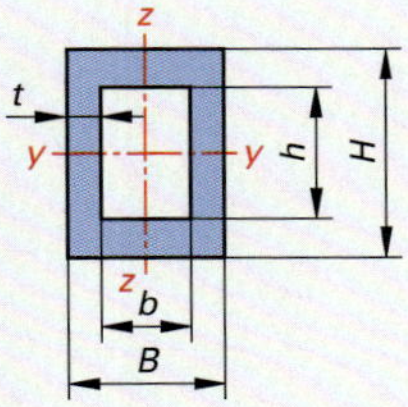	$W_y = \dfrac{B \cdot H^3 - b \cdot h^3}{6 \cdot H}$ $W_z = \dfrac{H \cdot B^3 - h \cdot b^3}{6 \cdot B}$

Formelzeichen Bezeichnung	Einheit
W axiales Widerstands-moment	mm^3
W_y axiales Widerstands-moment um die *y*-Achse	mm^3
W_z axiales Widerstands-moment um die *z*-Achse	mm^3
D Außendurchmesser	mm
d Innendurchmesser	mm
B Gesamtbreite	mm
b Innenbreite	mm
H Gesamthöhe	mm
h Innenhöhe	mm

5.9 Beanspruchung auf Torsion (Verdrehung)

Bei Torsion treten nur Schubspannungen auf, die vom Mittelpunkt zum Rand hin immer größer werden.

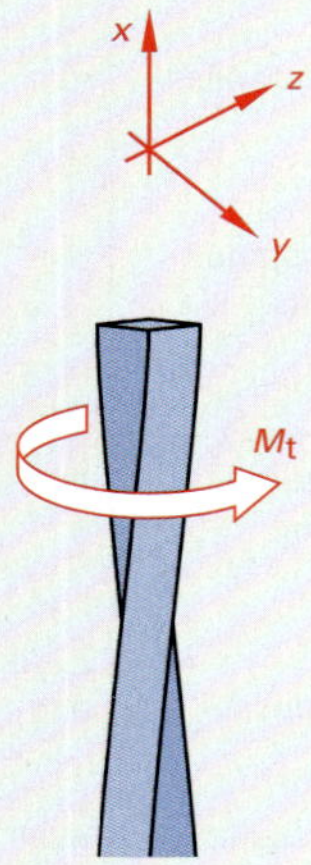

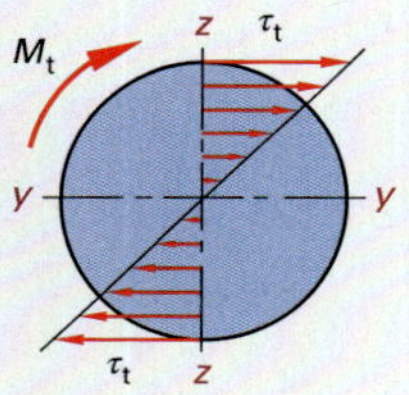

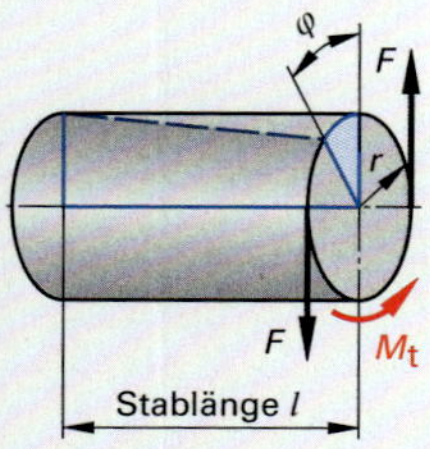

Bild Grafik	Formel Gleichung	Formelzeichen Bezeichnung	Einheit
	$\tau_t = \dfrac{M_t}{W_p}$	τ_t Torsionsspannung	N/mm²
	$M_t = \tau_t \cdot W_p$	$\tau_{t,zul}$ zulässige Torsionsspannung	N/mm²
	$W_p = \dfrac{M_t}{\tau_t}$	$\tau_{t,f}$ Torsionsfließgrenze	N/mm²
		M_t Torsionsmoment	Nmm
		W_p polares Widerstandsmoment	mm³
	$\tau_{t,zul} = \dfrac{\tau_{t,f}}{\nu}$	ν Sicherheitszahl	–
	$\nu = \dfrac{\tau_{t,f}}{\tau_{t,zul}}$	d_{erf} erforderlicher Durchmesser von Wellen mit kreisförmigem Querschnitt	mm
	$\tau_{t,f} = \nu \cdot \tau_{t,zul}$	φ Verdrehwinkel	°
	$\tau_{t,f} \approx 0{,}7 \cdot R_e$	G Schubmodul (für Stahlwerkstoffe 80000 N/mm²)	N/mm²
		R_e Streckgrenze des Materials	N/mm²
	$d_{erf} = \sqrt[3]{\dfrac{16 \cdot M_t}{\pi \cdot \tau_{t,zul}}}$	$\tau_{t,f}$ Torsionsspannung	N/mm²
		l Stablänge	mm
		r Stabradius	mm
	$M_t = \dfrac{\pi \cdot d^3 \cdot \tau_{t,zul}}{16}$		
	$\varphi = \dfrac{M_t \cdot l}{W_p \cdot r \cdot G} \cdot \dfrac{180°}{\pi}$		

Beanspruchung auf Torsion (Verdrehung) Fortsetzung

Bild Grafik	Formel Gleichung	Formelzeichen Bezeichnung	Einheit
Polare Widerstandsmomente W_p für übliche Querschnitte			
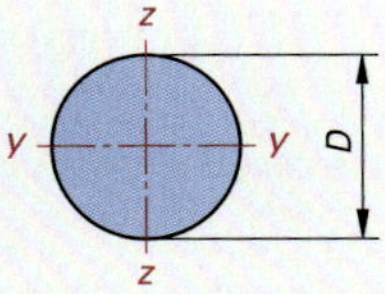	$W_{p,y} = W_{p,z} = \frac{\pi \cdot D^3}{16}$ $D = \sqrt[3]{\frac{16 \cdot W_p}{\pi}}$	W_p polares Widerstandsmoment des Profils $W_{p,x}$ polares Widerstandsmoment des Profils bezüglich der *x*-Achse $W_{p,y}$ polares Widerstandsmoment des Profils bezüglich der *y*-Achse	mm^3 mm^3 mm^3
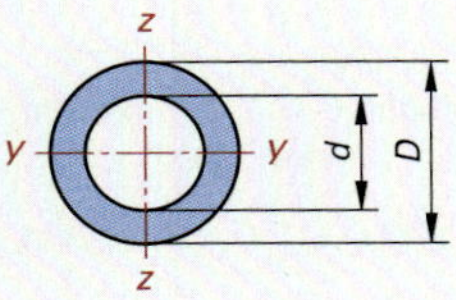	$W_{p,y} = W_{p,z} = \frac{\pi \cdot (D^4 - d^4)}{16 \cdot D}$ $d = \sqrt[4]{D^4 - \frac{16 \cdot W_p \cdot D}{\pi}}$	$W_{p,z}$ polares Widerstandsmoment des Profils bezüglich der *z*-Achse D Außendurchmesser d Innendurchmesser S Schlüsselweite	mm^3 mm mm mm
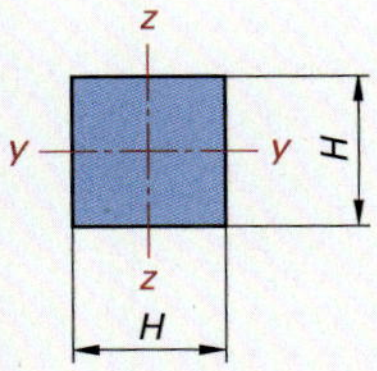	$W_{p,y} = W_{p,z} = 0{,}208 \cdot H^3$ $H = \sqrt[3]{\frac{W_p}{0{,}208}}$		
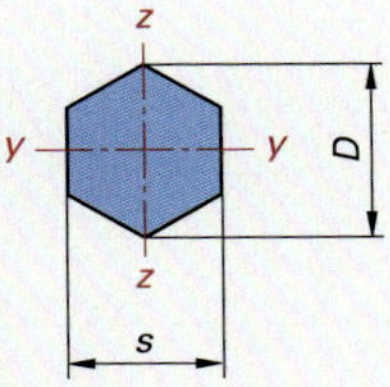	$W_{p,y} = 0{,}123 \cdot D^3$ $D = \sqrt[3]{\frac{W_p}{0{,}123}}$ $W_{p,z} = 0{,}188 \cdot S^3$ $S = \sqrt[3]{\frac{W_p}{0{,}188}}$		

6.1 Zahnradberechnungen

6.1.1 Zahnradmaße für außenverzahnte Stirnräder mit Geradverzahnung

Bild Grafik	Formel Gleichung	Formelzeichen Bezeichnung	Einheit
Außenverzahnte Stirnräder mit Geradverzahnung	$m = \frac{p}{\pi} = \frac{d}{z}$	m Modul	mm, cm, dm
	$p = \pi \cdot m$	p Teilung	mm, cm, dm
	$d = z \cdot m$	d Teilkreisdurchmesser	mm, cm, dm
	$z = \frac{d}{m} = \frac{d_a - 2 \cdot m}{m}$	d_a Kopfkreisdurchmesser	mm, cm, dm
	$d_a = d + 2 \cdot m$	d_f Fußkreisdurchmesser	mm, cm, dm
	$d = d_a - 2 \cdot m$	z Zähnezahl	–
	$m = \frac{d_a - d}{2}$	h Zahnhöhe	mm, cm, dm
	$d_a = m \cdot (z + 2)$	h_a Zahnkopfhöhe	mm, cm, dm
	$m = \frac{d_a}{z + 2}$	h_f Zahnfußhöhe	mm, cm, dm
	$z = \frac{d_a}{m} - 2$	c Kopfspiel	mm, cm, dm
	$d_f = d - 2 \cdot (m + c)$	a Achsabstand	mm, cm, dm
	$d = d_f + 2 \cdot (m + c)$		
	$m = \frac{d - d_f}{2} - c$		
	$h = 2 \cdot (m + c)$		
	$m = \frac{h}{2} - c$		
	$c = \frac{h}{2} - m$		
	$h_f = m + c$		
	$m = h_f - c$		
	$c = h_f - m$		
	$h_a = m$	Umrechnung: $c = 0{,}1 \cdot m$ bis $0{,}3 \cdot m$; häufig $c = 0{,}167 \cdot m$	

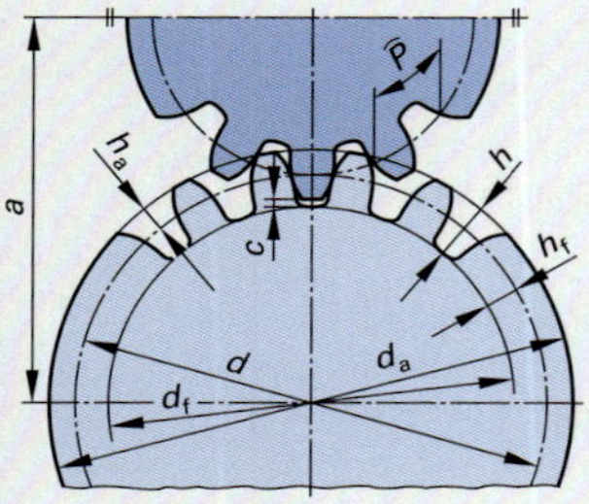

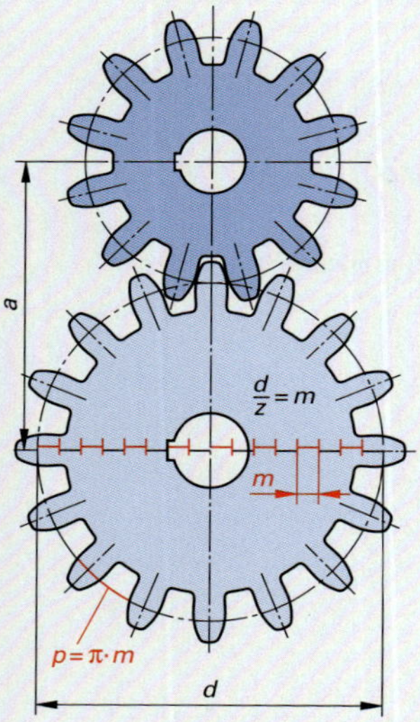

Zahnradberechnungen Fortsetzung

Bild Grafik	Formel Gleichung	Formelzeichen Bezeichnung	Einheit
6.1.2 Achsabstand			
Achsabstand bei Außenverzahnung 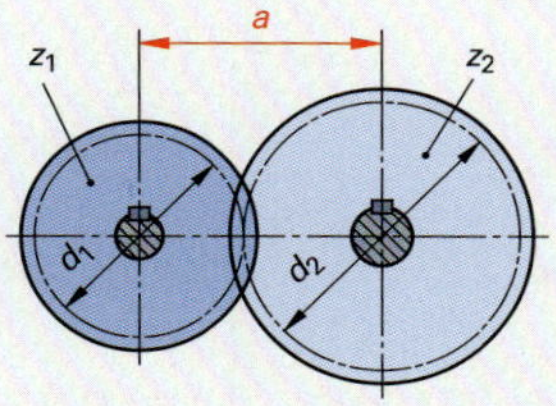 	Achsabstand mit außenliegendem Gegenrad $$a = \frac{d_1 + d_2}{2} = \frac{m \cdot (z_1 + z_2)}{2}$$ $d_1 = 2 \cdot a - d_2$ $d_2 = 2 \cdot a - d_1$ $m = \frac{2 \cdot a}{z_1 + z_2}$ $z_1 = \frac{2 \cdot a}{m} - z_2$ $z_2 = \frac{2 \cdot a}{m} - z_1$	a Achsabstand m Modul d_1 Teilkreisdurchmesser des treibenden Rades z_1 Zähnezahl des treibenden Rades d_2 Teilkreisdurchmesser des getriebenen Rades z_2 Zähnezahl des getriebenen Rades	mm, cm, dm mm, cm, dm mm, cm, dm – mm, cm, dm –
Achsabstand bei Innenverzahnung 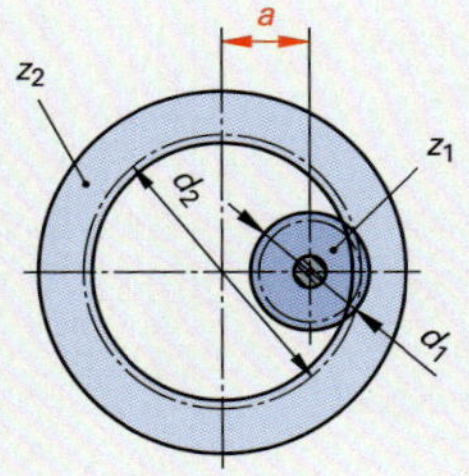 	Achsabstand mit innenliegendem Gegenrad $$a = \frac{d_2 - d_1}{2} = \frac{m \cdot (z_2 - z_1)}{2}$$ $d_1 = d_2 - 2 \cdot a$ $d_2 = d_1 + 2 \cdot a$ $m = \frac{2 \cdot a}{(z_2 - z_1)}$ $z_1 = z_2 - \frac{2 \cdot a}{m}$ $z_2 = z_1 + \frac{2 \cdot a}{m}$		

6.1.3 Einfache Übersetzungen

Bild Grafik	Formel Gleichung	Formelzeichen Bezeichnung	Einheit
Zahnstangentrieb			
Zahnstangentrieb 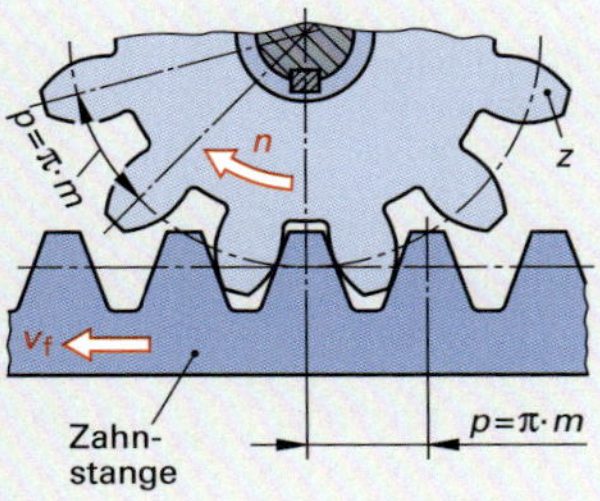 	Zahnstangenweg bei einem Drehwinkel von α $$s = z \cdot p \cdot \frac{\alpha}{360°}$$ $p = \pi \cdot m$ $p = \frac{s \cdot 360°}{z \cdot \alpha}$ $z = \frac{s \cdot 360°}{p \cdot \alpha}$	m Modul p Teilung s Weg der Zahnstange α Drehwinkel des Zahnrades z Zähnezahl des Zahnrades π Kreiszahl Pi = 3,14...	mm, cm, dm mm, cm, dm mm, cm, dm ° –

Zahnradberechnungen Fortsetzung

Bild Grafik	Formel Gleichung	Formelzeichen Bezeichnung	Einheit
Einfache Übersetzungen Fortsetzung			
Zahnstangentrieb			
Zahnstangentrieb 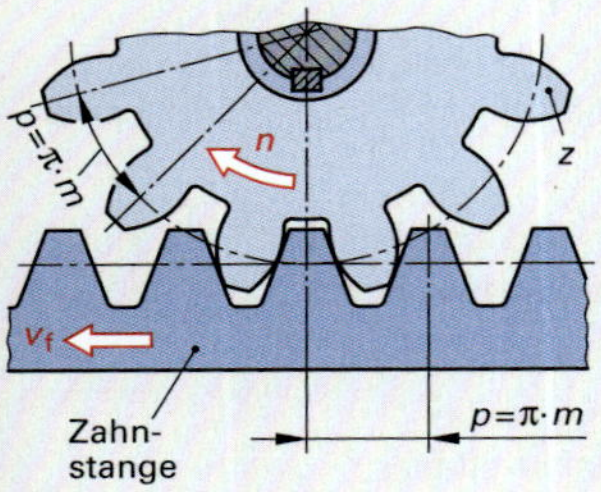	Zahnstangenweg bei einer Drehung von α $z = \frac{s \cdot 360°}{\pi \cdot m \cdot \alpha}$	m Modul	mm, cm, dm
	$m = \frac{s \cdot 360°}{\pi \cdot z \cdot \alpha}$	p Teilung	mm, cm, dm
	$v_f = n \cdot z \cdot p$	s Weg der Zahnstange	mm, cm, dm
	$n = \frac{v_f}{z \cdot p}$	α Drehwinkel des Zahnrades	°
	$z = \frac{v_f}{n \cdot p}$	π Kreiszahl Pi = 3,14...	
	$p = \frac{v_f}{n \cdot z}$	n Drehzahl des Zahnrades	$\frac{1}{min}$ oder min^{-1}
	$p = \pi \cdot m$	z Zähnezahl des Zahnrades	–
	$m = \frac{p}{\pi}$	d Teilkreisdurchmesser	mm, cm, dm
	Zahnstangenweg bei einer Umdrehung von α = 360° $s = z \cdot p = z \cdot \pi \cdot m$	v_f Vorschubgeschwindigkeit	$\frac{m}{s}$, $\frac{m}{min}$
	$z = \frac{s}{p} = \frac{s}{\pi \cdot m}$ $p = \frac{s}{z}$ $m = \frac{s}{\pi \cdot z}$		
Schneckentrieb			
Schneckentrieb 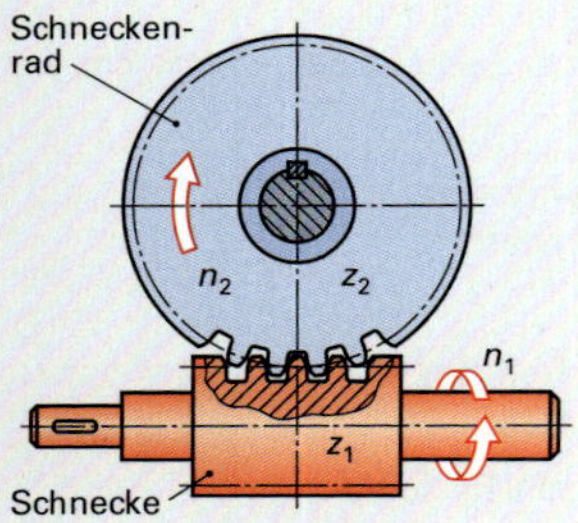	$z_1 \cdot n_1 = z_2 \cdot n_2$	z_1 Zähnezahl (Gangzahl) der Schnecke	–
	$z_1 = \frac{z_2 \cdot n_2}{n_1}$	z_2 Zähnezahl des Schneckenrades	–
	$n_1 = \frac{z_2 \cdot n_2}{z_1}$	n_1 Drehzahl der Schnecke	$\frac{1}{min}$ oder min^{-1}
	$z_2 = \frac{z_1 \cdot n_1}{n_2}$ $n_2 = \frac{z_1 \cdot n_1}{z_2}$	n_2 Drehzahl des Schneckenrades	$\frac{1}{min}$ oder min^{-1}

Zahnradberechnung Fortsetzung

Bild Grafik, Tabelle	Formel Gleichung	Formelzeichen Bezeichnung	Einheit

Einfache Übersetzungen Fortsetzung

Schneckentrieb

Schneckentrieb

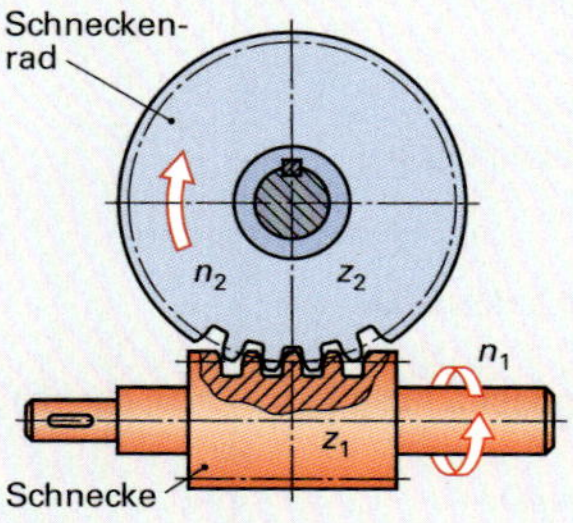

$$i = \frac{n_1}{n_2} = \frac{z_2}{z_1}$$

$n_1 = i \cdot n_2$

$n_2 = \frac{n_1}{i}$

$z_1 = \frac{z_2}{i}$

$z_2 = i \cdot z_1$

Formelzeichen	Bezeichnung	Einheit
z_1	Zähnezahl (Gangzahl) der Schnecke	–
z_2	Zähnezahl des Schneckenrades	–
n_1	Drehzahl der Schnecke	$\frac{1}{\text{min}}$ oder min^{-1}
n_2	Drehzahl des Schneckenrades	$\frac{1}{\text{min}}$ oder min^{-1}
i	Übersetzungsverhältnis	–

Flachriementrieb

Einfacher Flachriementrieb

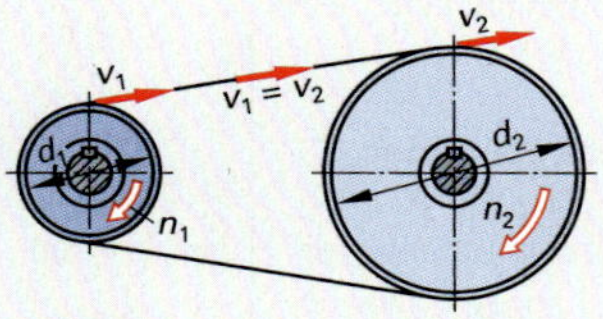

Übersetzungsverhältnis		
$i < 1$	$i > 1$	$i = 1$
Übersetzung ins Schnelle	Übersetzung ins Langsame	keine Drehzahländerung

$$v = v_1 = v_2$$

$$d_1 \cdot n_1 = d_2 \cdot n_2$$

$d_1 = \frac{d_2 \cdot n_2}{n_1}$

$n_1 = \frac{d_2 \cdot n_2}{d_1}$

$d_2 = \frac{d_1 \cdot n_1}{n_2}$

$n_2 = \frac{d_1 \cdot n_1}{d_2}$

$$i = \frac{n_1}{n_2} = \frac{d_2}{d_1}$$

$n_1 = i \cdot n_2$

$n_2 = \frac{n_1}{i}$

$d_1 = \frac{d_2}{i}$

$d_2 = i \cdot d_1$

$$v = \pi \cdot d \cdot n$$

$d = \frac{v}{\pi \cdot n}$

$n = \frac{v}{\pi \cdot d}$

Formelzeichen	Bezeichnung	Einheit
i	Übersetzungsverhältnis	–
v	Umfangsgeschwindigkeit	$\frac{\text{m}}{\text{s}}, \frac{\text{m}}{\text{min}}$
Treibende Riemenscheiben		
d_1	Durchmesser	mm, cm, dm
n_1	Drehzahl	$\frac{1}{\text{min}}$ oder min^{-1}
v_1	Umfangsgeschwindigkeit	$\frac{\text{m}}{\text{s}}, \frac{\text{m}}{\text{min}}$
Getriebene Riemenscheiben		
d_2	Durchmesser	mm, cm, dm
n_2	Drehzahl	$\frac{1}{\text{min}}$ oder min^{-1}
v_2	Umfangsgeschwindigkeit	$\frac{\text{m}}{\text{s}}, \frac{\text{m}}{\text{min}}$

Bei der Angabe der Umdrehungsgeschwindigkeit wird in der Regel Meter pro Zeit angegeben. Der Durchmesser wird in der Regel mit Millimeter angegeben.

Deshalb die Umrechnungsfaktoren x 1000 oder x 0,001 beachten.

Zahnradberechnungen Fortsetzung

Bild/Grafik Tabelle	Formel Gleichung	Formelzeichen Bezeichnung	Einheit

Einfache Übersetzungen Fortsetzung

Zahnradtrieb

Einfacher Zahnradtrieb

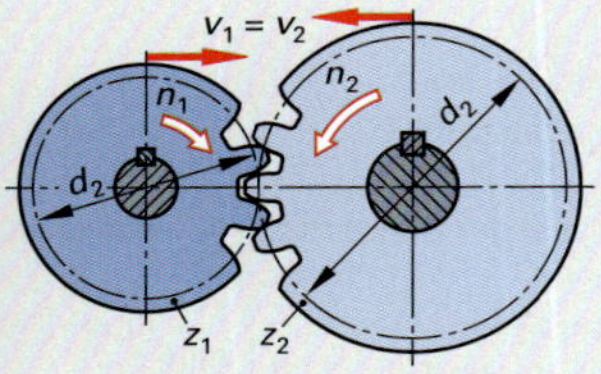

treibendes Rad getriebenes Rad

Übersetzungsverhältnis		
$i<1$	$i>1$	$i=1$
Übersetzung ins Schnelle	Übersetzung ins Langsame	keine Drehzahländerung

$$v = v_1 = v_2$$

$$z_1 \cdot n_1 = z_2 \cdot n_2$$

$$z_1 = \frac{z_2 \cdot n_2}{n_1}$$

$$n_1 = \frac{z_2 \cdot n_2}{z_1}$$

$$z_2 = \frac{z_1 \cdot n_1}{n_2}$$

$$n_2 = \frac{z_1 \cdot n_1}{z_2}$$

$$i = \frac{n_1}{n_2} = \frac{d_2}{d_1} = \frac{z_2}{z_1}$$

$$n_1 = i \cdot n_2$$

$$n_2 = \frac{n_1}{i}$$

$$d_2 = i \cdot d_1$$

$$d_1 = \frac{d_2}{i}$$

$$z_2 = i \cdot z_1$$

$$z_1 = \frac{z_2}{i}$$

Formelzeichen	Bezeichnung	Einheit
i	Übersetzungsverhältnis	–
v	Umfangsgeschwindigkeit	$\frac{m}{s}$, $\frac{m}{min}$
Treibende Zahnräder		
d_1	Teilkreisdurchmesser	mm, cm, dm
z_1	Zähnezahl	–
n_1	Drehzahl	$\frac{1}{min}$ oder min^{-1}
v_1	Umfangsgeschwindigkeit	$\frac{m}{s}$, $\frac{m}{min}$
Getriebene Zahnräder		
d_2	Teilkreisdurchmesser	mm, cm, dm
z_2	Zähnezahl	–
n_2	Drehzahl	$\frac{1}{min}$ oder min^{-1}
v_2	Umfangsgeschwindigkeit	$\frac{m}{s}$, $\frac{m}{min}$

6.1.4 Mehrfache Übersetzungen

Mehrfacher Zahnradtrieb

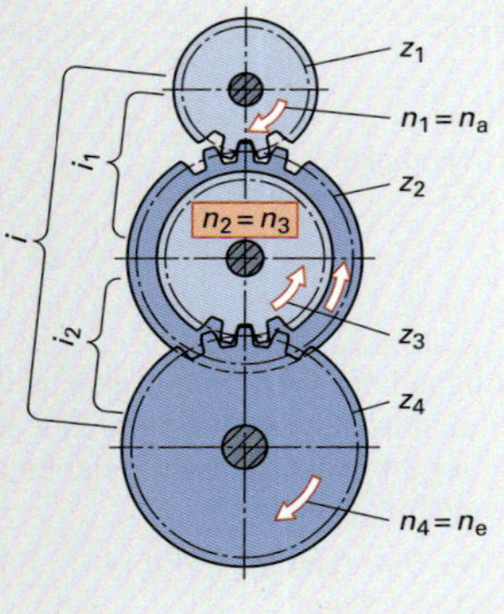

$$z_1 \cdot z_3 \cdot n_1 = z_2 \cdot z_4 \cdot n_4$$

$$z_1 = \frac{z_2 \cdot z_4 \cdot n_4}{z_3 \cdot n_1}$$

$$n_1 = \frac{z_2 \cdot z_4 \cdot n_4}{z_1 \cdot z_3}$$

$$z_2 = \frac{z_1 \cdot z_3 \cdot n_1}{z_4 \cdot n_4}$$

$$z_4 = \frac{z_1 \cdot z_3 \cdot n_1}{z_2 \cdot n_4}$$

$$z_3 = \frac{z_2 \cdot z_4 \cdot n_4}{z_1 \cdot n_1}$$

Formelzeichen	Bezeichnung	Einheit
Treibende Zahnräder		
$z_1, z_3, \ldots$	Zähnezahl	–
n_1, n_3	Drehzahl	$\frac{1}{min}$ oder min^{-1}
$n_1 = n_a$	Anfangsdrehzahl	$\frac{1}{min}$ oder min^{-1}
Getriebene Zahnräder		
$z_2, z_4, \ldots$	Zähnezahl	–
n_2, n_4	Drehzahl	$\frac{1}{min}$ oder min^{-1}
$n_4 = n_e$	Enddrehzahl	$\frac{1}{min}$ oder min^{-1}

Zahnradberechnungen Fortsetzung

Bild Grafik Tabelle	Formel Gleichung	Formelzeichen Bezeichnung	Einheit

Mehrfache Übersetzungen Fortsetzung

Mehrfacher Zahnradtrieb

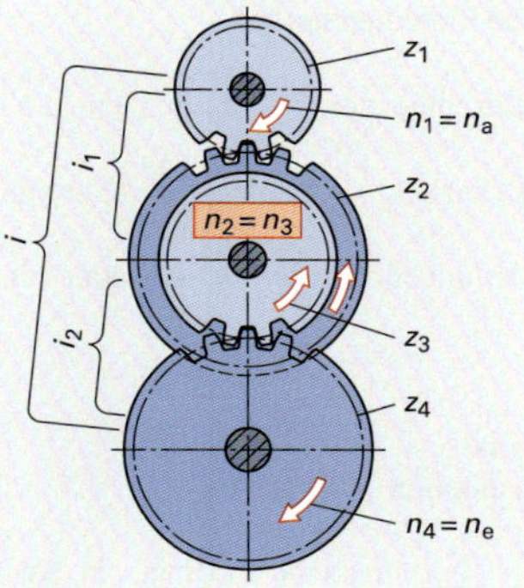

Übersetzungsverhältnis		
$i < 1$	$i > 1$	$i = 1$
Übersetzung ins Schnelle	Übersetzung ins Langsame	keine Drehzahländerung

$$z_4 = \frac{z_1 \cdot z_3 \cdot n_1}{z_2 \cdot z_4}$$

$$i_1 = \frac{z_2}{z_1} = \frac{n_1}{n_2}$$

$$z_2 = i_1 \cdot z_1 \qquad z_1 = \frac{z_2}{i_1}$$

$$n_1 = i_1 \cdot n_2 \qquad n_2 = \frac{n_1}{i_1}$$

$$i = i_1 \cdot i_2$$

$$n_2 = n_3$$

$$i = \frac{n_1}{n_2} \cdot \frac{n_3}{n_4} \cdot \frac{\dots}{\dots}$$

$$i = \frac{z_2}{z_1} \cdot \frac{z_4}{z_3} \cdot \frac{\dots}{\dots}$$

$$i = \frac{n_a}{n_e}$$

$$n_a = i \cdot n_e$$

$$n_e = \frac{n_a}{i}$$

Formelzeichen	Bezeichnung	Einheit
Treibende Zahnräder		
$z_1, z_3, \dots$	Zähnezahl	–
n_1, n_3	Drehzahl	$\frac{1}{\text{min}}$ oder min^{-1}
$n_1 = n_a$	Anfangsdrehzahl	$\frac{1}{\text{min}}$ oder min^{-1}
Getriebene Zahnräder		
$z_2, z_4, \dots$	Zähnezahl	–
n_2, n_4	Drehzahl	$\frac{1}{\text{min}}$ oder min^{-1}
$n_4 = n_e$	Enddrehzahl	$\frac{1}{\text{min}}$ oder min^{-1}
$i_1, i_2, \dots$	Einzelübersetzungen	–
i	Gesamtübersetzung	–

Mehrfacher Flachriementrieb

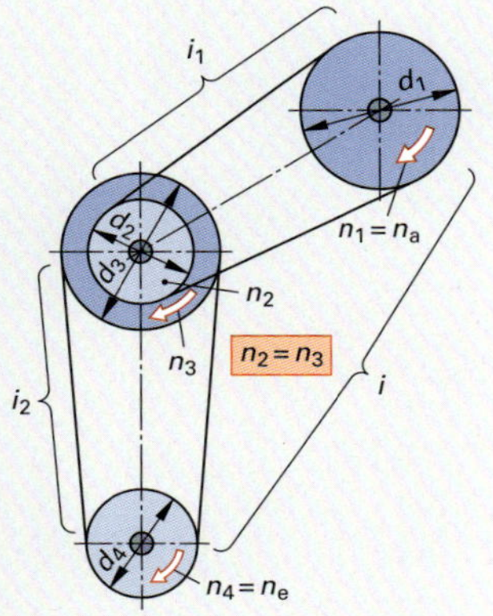

Übersetzungsverhältnis		
$i < 1$	$i > 1$	$i = 1$
Übersetzung ins Schnelle	Übersetzung ins Langsame	keine Drehzahländerung

$$d_1 \cdot d_3 \cdot n_1 = d_2 \cdot d_4 \cdot n_4$$

$$n_1 = \frac{d_2 \cdot d_4 \cdot n_4}{d_1 \cdot d_3}$$

$$n_4 = \frac{d_1 \cdot d_4 \cdot n_1}{d_2 \cdot d_4}$$

$$d_1 = \frac{d_2 \cdot d_4 \cdot n_4}{d_3 \cdot n_1}$$

$$d_2 = \frac{d_1 \cdot d_3 \cdot n_1}{d_4 \cdot n_4}$$

Formelzeichen	Bezeichnung	Einheit
Treibende Riemenscheiben		
d_1, d_3	Durchmesser	mm, cm, dm
n_1, n_3	Drehzahlen	$\frac{1}{\text{min}}$ oder min^{-1}
Getriebene Riemenscheiben		
d_2, d_4	Durchmesser	mm, cm, dm
$n_2, n_4 \dots$	Drehzahlen	$\frac{1}{\text{min}}$ oder min^{-1}

Zahnradberechnungen Fortsetzung

Bild Grafik Tabelle	Formel Gleichung	Formelzeichen Bezeichnung	Einheit

Mehrfache Übersetzungen Fortsetzung

Flachriementrieb

Mehrfacher Flachriementrieb

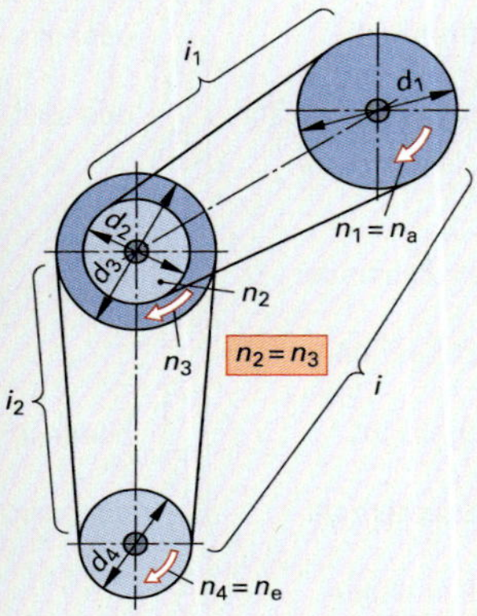

Übersetzungsverhältnis		
$i<1$	$i>1$	$i=1$
Übersetzung ins Schnelle	Übersetzung ins Langsame	keine Drehzahländerung

$$d_3 = \frac{d_2 \cdot d_4 \cdot n_4}{d_1 \cdot n_1}$$

$$d_4 = \frac{d_1 \cdot d_3 \cdot n_1}{d_2 \cdot n_4}$$

$$i_1 = \frac{n_1}{n_2} = \frac{d_2}{d_1}$$

$$n_1 = i_1 \cdot n_2$$

$$d_1 = \frac{d_2}{i_1}$$

$$n_2 = \frac{n_1}{i_1}$$

$$d_2 = i_1 \cdot d_1$$

$$i_2 = \frac{n_3}{n_4} = \frac{d_4}{d_3}$$

$$d_4 = i_2 \cdot d_3$$

$$n_3 = i_2 \cdot n_4$$

$$d_3 = \frac{d_4}{i_2}$$

$$n_4 = \frac{n_3}{i_2}$$

$$i = \frac{n_1}{n_2} \cdot \frac{n_3}{n_4} = \frac{\dots}{\dots}$$

$$i = \frac{d_2}{d_1} \cdot \frac{d_4}{d_3} \cdot \frac{\dots}{\dots}$$

$$i = \frac{n_1}{n_2} \cdot \frac{n_3}{n_4} \cdot \frac{\dots}{\dots}$$

$$i = \frac{n_a}{n_e}$$

$$n_a = i \cdot n_e$$

$$n_e = \frac{n_a}{i}$$

Treibende Riemenscheiben

Formelzeichen	Bezeichnung	Einheit
d_1, d_3	Durchmesser	mm, cm, dm
n_1, n_3	Drehzahl	$\frac{1}{\text{min}}$ oder min^{-1}
$n_1 = n_a$	Anfangsdrehzahl	$\frac{1}{\text{min}}$ oder min^{-1}

Getriebene Riemenscheiben

Formelzeichen	Bezeichnung	Einheit
d_2, d_4	Durchmesser	mm, cm, dm
n_2, n_4, …	Drehzahl	$\frac{1}{\text{min}}$ oder min^{-1}
$n_4 = n_e$	Enddrehzahl	$\frac{1}{\text{min}}$ oder min^{-1}
i_1, i_2, …	Einzelübersetzungen	–
i	Gesamtübersetzung	–

6.2 Hauptnutzungszeit

6.2.1 Hauptnutzungszeit beim Bohren

Bild Grafik	Formel Gleichung	Formelzeichen Bezeichnung	Einheit
Bohren Grundlochbohrung 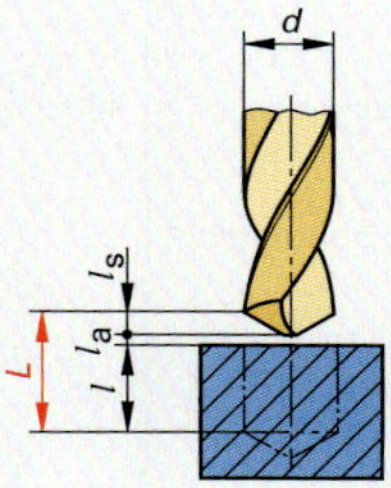	$t_h = \frac{L \cdot i}{n \cdot f}$	t_h Hauptnutzungszeit	s, min, h
	$f = \frac{L \cdot i}{t_h \cdot n}$	L Vorschubweg	mm, cm, dm, m
	$L = \frac{t_h \cdot n \cdot f}{i}$	i Anzahl der Bohrungen	–
	$i = \frac{t_h \cdot n \cdot f}{L}$	n Drehzahl	$\frac{1}{min}$ oder min^{-1}
	$n = \frac{L \cdot i}{t_h \cdot f}$	f Vorschub je Umdrehung	mm, cm, dm
	$v_c = \pi \cdot d \cdot n$	v_c Schnittgeschwindigkeit	$\frac{m}{s}$, $\frac{m}{min}$
Bohren Durchgangsbohrung 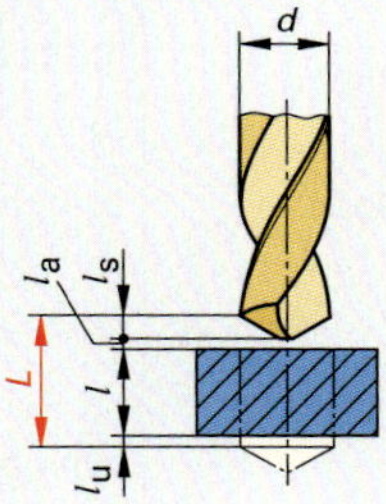	$d = \frac{v_c}{\pi \cdot n}$	v_f Vorschubgeschwindigkeit	$\frac{m}{s}$, $\frac{m}{min}$
	$v_f = f \cdot n$	l Bohrungstiefe	mm, cm, dm
	$f = \frac{v_f}{n}$	l_a Anlauf	mm, cm, dm
	$n = \frac{v_f}{f}$	l_s Anschnitt	mm, cm, dm
	Vorschubweg L für Grundlochbohrung $L = l + l_s + l_a$	d Werkzeugdurchmesser	mm, cm, dm
	$l_a = L - l - l_s$	σ Spitzenwinkel des Bohrers	° Grad
	$l_s = L - l - l_a$		
	$l_s = Faktor \cdot d$	$Faktor = \frac{1}{2 \cdot \tan\frac{\sigma}{2}}$	
	$l_s = \frac{d}{2 \cdot \tan\frac{\sigma}{2}}$		
	Vorschubweg L für Durchgangsbohrung $L = l + l_s + l_a + l_u$		
	$l_s = L - l - l_a - l_u$		
	$l_a = L - l - l_s - l_u$		
	$l_u = L - l - l_s - l_a$		

Anschnitt l_s

σ	l_s
80°	0,6 · *d*
118°	0,3 · *d*
130°	0,23 · *d*
140°	0,18 · *d*

Hauptnutzungszeit Fortsetzung

Bild Grafik	Formel Gleichung	Formelzeichen Bezeichnung	Einheit

6.2.2 Hauptnutzungszeit beim Reiben

Reiben einer Grundlochbohrung

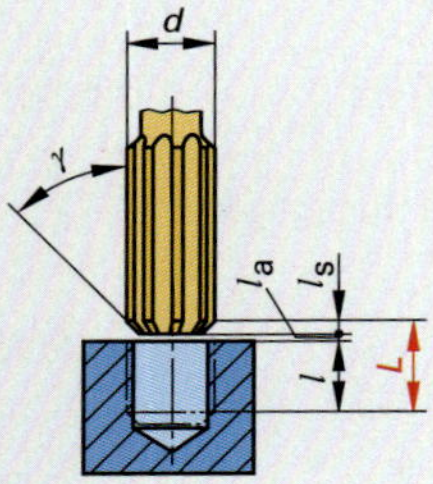

Reiben einer Durchgangsbohrung

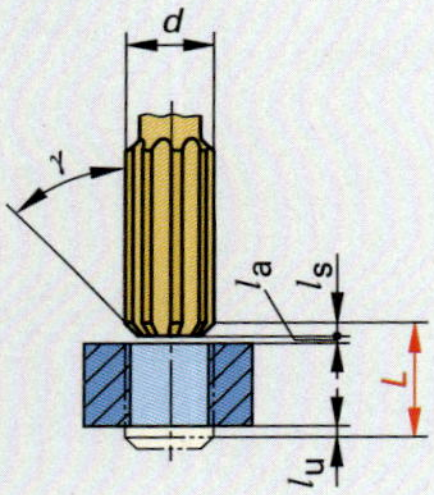

Anschnittfaktoren für den Anschnittwinkel γ

Anschnitt l_s	
γ	l_s
15°	$1{,}87 \cdot d$
30°	$0{,}87 \cdot d$
45°	$0{,}5 \cdot d$
60°	$0{,}29 \cdot d$

$$t_h = \frac{L \cdot i}{n \cdot f}$$

$f = \frac{L \cdot i}{t_h \cdot n}$

$L = \frac{t_h \cdot n \cdot f}{i}$

$i = \frac{t_h \cdot n \cdot f}{L}$

$n = \frac{L \cdot i}{t_h \cdot f}$

$v_c = \pi \cdot d \cdot n$

$d = \frac{v_c}{\pi \cdot n}$

$$n = \frac{v_c}{\pi \cdot d}$$

$$v_f = f \cdot n$$

$f = \frac{v_f}{n}$

$n = \frac{v_f}{f}$

Vorschubweg L für die Reibung einer Grundlochbohrung

$$L = l + l_s + l_a$$

$l_a = L - l - l_s$

$l_s = L - l - l_a$

$l_s = Faktor \cdot d$

$l_s = \frac{d}{2 \cdot \tan\gamma}$

Vorschubweg L für die Reibung einer Durchgangsbohrung

$$L = l + l_s + l_a + l_u$$

$l_s = L - l - l_a - l_u$

$l_a = L - l - l_s - l_u$

$l_u = L - l - l_s - l_a$

Formelzeichen	Bezeichnung	Einheit
t_h	Hauptnutzungszeit	s, min, h
L	Vorschubweg	mm, cm, dm, m
i	Anzahl der Bohrungen	–
n	Drehzahl	$\frac{1}{min}$ oder min^{-1}
f	Vorschub je Umdrehung	mm, cm, dm
v_c	Schnittgeschwindigkeit	$\frac{m}{s}$, $\frac{m}{min}$
v_f	Vorschubgeschwindigkeit	$\frac{m}{s}$, $\frac{m}{min}$
l	Bohrungstiefe	mm, cm, dm
l_a	Anlauf	mm, cm, dm
l_s	Anschnitt	mm, cm, dm
d	Durchmesser der Reibahle	mm, cm, dm
γ	Anschnittwinkel	° Grad

$Faktor = \frac{1}{2 \cdot \tan\gamma}$

Hauptnutzungszeit Fortsetzung

6.2.3 Hauptnutzungszeit beim Senken

Bild Grafik	Formel Gleichung	Formelzeichen Bezeichnung	Einheit
Senken einer Bohrung mit Zapfensenker	$t_h = \dfrac{L \cdot i}{n \cdot f}$	t_h Hauptnutzungszeit	s, min, h
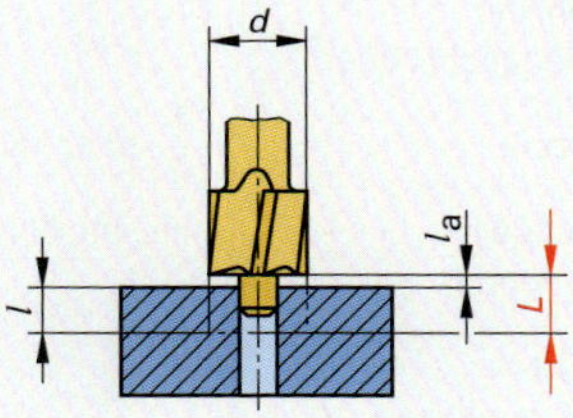	$f = \dfrac{L \cdot i}{t_h \cdot n}$	L Vorschubweg	mm, cm, dm, m
	$L = \dfrac{t_h \cdot n \cdot f}{i}$	i Anzahl der Senkungen	–
	$i = \dfrac{t_h \cdot n \cdot f}{L}$	n Drehzahl	$\frac{1}{min}$ oder min^{-1}
	$n = \dfrac{L \cdot i}{t_h \cdot f}$	f Vorschub je Umdrehung	mm, cm, dm
	$v_c = \pi \cdot d \cdot n$ $d = \dfrac{v_c}{\pi \cdot n}$	v_c Schnittgeschwindigkeit	$\frac{m}{s}$, $\frac{m}{min}$
	$n = \dfrac{v_c}{\pi \cdot d}$	v_f Vorschubgeschwindigkeit	$\frac{m}{s}$, $\frac{m}{min}$
	$v_f = f \cdot n$	l Senktiefe	mm, cm, dm
	$f = \dfrac{v_f}{n}$ $n = \dfrac{v_f}{f}$	l_a Anlauf	mm, cm, dm
	Vorschubweg einer Senkung $L = l + l_a$	d Durchmesser des Zapfensenkers	mm, cm, dm
	$l = L - l_a$ $l_a = L - l$		

6.2.4 Hauptnutzungszeit beim Gewindeschneiden

Bild Grafik	Formel Gleichung	Formelzeichen Bezeichnung	Einheit
Gewindeschneiden für Grundlochgewinde	$t_h = \dfrac{L \cdot i}{n \cdot f}$	t_h Hauptnutzungszeit	s, min, h
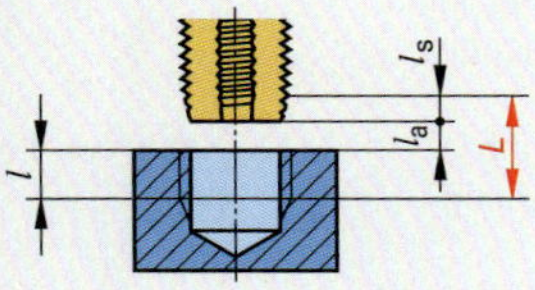	$f = \dfrac{L \cdot i}{t_h \cdot n}$	L Vorschubweg	mm, cm, dm, m
	$L = \dfrac{t_h \cdot n \cdot f}{i}$	i Anzahl der Gewindebohrungen	–
	$n = \dfrac{L \cdot i}{t_h \cdot f}$	n Drehzahl	$\frac{1}{min}$ oder min^{-1}
	$n = \dfrac{v_c}{\pi \cdot d}$	f Vorschub je Umdrehung	mm, cm, dm
	$d = \dfrac{v_c}{\pi \cdot n}$	v_c Schnittgeschwindigkeit	$\frac{m}{s}$, $\frac{m}{min}$

Hauptnutzungzeit Fortsetzung

Bild Grafik	Formel Gleichung	Formelzeichen Bezeichnung	Einheit

Gewindeschneiden Fortsetzung

Gewindeschneiden für Grundlochgewinde

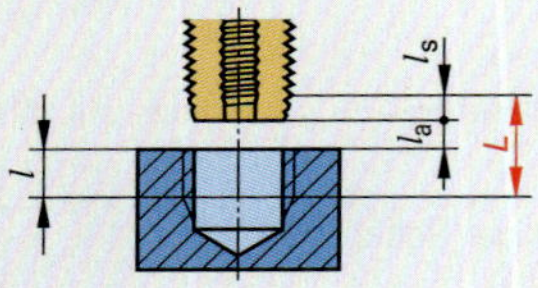

Gewindeschneiden für ein Durchgangsgewinde

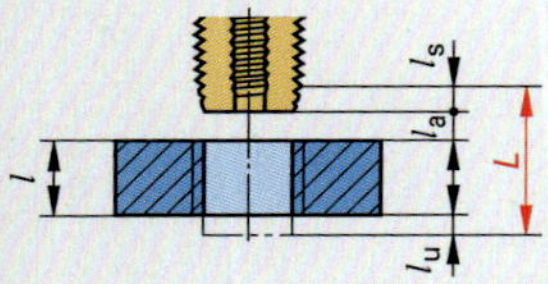

Die Steigungen P sind aus den Tabellen zu entnehmen.

$v_c = \pi \cdot d \cdot n$

$$v_f = f \cdot n$$

$f = \frac{v_f}{n}$ $\quad$ $n = \frac{v_f}{f}$

Vorschubweg für ein Grundlochgewinde

$$L = l + l_s + l_a$$

$l_a = L - l - l_s$

$l_s = L - l - l_a$

$l_s = g \cdot P$

$g = \frac{P_h}{P}$

Vorschubweg für ein Durchgangsgewinde

$$L = l + l_s + l_a + l_u$$

$l_s = L - l - l_a - l_u$

$l_a = L - l - l_s - l_u$

$l_u = L - l - l_s - l_a$

Formelzeichen	Bezeichnung	Einheit
t_h	Hauptnutzungszeit	s, min, h
L	Vorschubweg	mm, cm, dm, m
i	Anzahl der Gewindebohrungen	–
n	Drehzahl	$\frac{1}{min}$ oder min^{-1}
f	Vorschub je Umdrehung	mm, cm, dm
v_c	Schnitt-geschwindigkeit	$\frac{m}{s}$, $\frac{m}{min}$
v_f	Vorschub-geschwindigkeit	$\frac{mm}{s}$, $\frac{mm}{min}$
l	Gewindebohrungstiefe	mm, cm, dm
l_s	Anschnitt	mm, cm, dm
l_a	Anlauf	mm, cm, dm
l_u	Überlauf	mm, cm, dm
d	Gewindedurchmesser	mm, cm, dm
g	Gangzahl	–
P	Steigung siehe Tabellenbuch	mm, cm, dm
P_h	Steigung, Vorschub pro Umdrehung	mm, cm, dm

6.2.5 Hauptnutzungszeit beim Sägen

Bügelsägemaschine

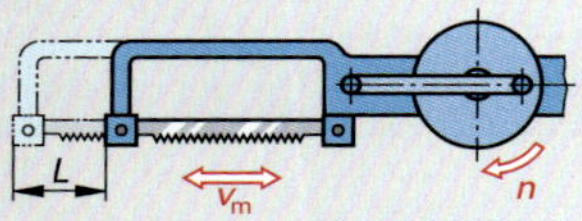

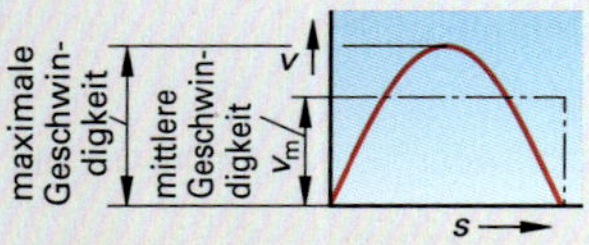

Schnittwerte		
Werkstoff des Werkstücks	**Schnittgeschwindigkeit m/min**	**Hubfrequenz Hübe/min**
Unlegierte Baustähle	25 … 35	80 … 100
Nicht-rostende Stähle	16 … 24	40 … 60
Al-Legierung	40 … 60	80 … 120

Nach Herstellerangaben

$$t_h = \frac{L \cdot i}{n_D \cdot f}$$

$n_D = \frac{L \cdot i}{t_h \cdot f}$

$f = \frac{L \cdot i}{t_h \cdot n_D}$

$i = \frac{t_h \cdot n_D \cdot f}{L}$

$L = \frac{t_h \cdot n_D \cdot f}{i}$

$$v_m = 2 \cdot L \cdot n_D$$

$n_D = \frac{v_m}{2 \cdot L}$ $\quad$ $L = \frac{v_m}{2 \cdot n_D}$

Formelzeichen	Bezeichnung	Einheit
t_h	Hauptnutzungszeit	s, min, h
L	Hubweg	mm, cm, dm
i	Anzahl der Schnitte	–
n_D	Doppelhubzahl Hubfrequenz	$\frac{1}{min}$ oder $\frac{Hübe}{min}$
f	Vorschub je Umdrehung	mm, cm, dm
v_m	mittlere Schnitt-geschwindigkeit	$\frac{m}{s}$, $\frac{m}{min}$
v_f	Vorschub-geschwindigkeit	$\frac{mm}{s}$, $\frac{mm}{min}$

Hauptnutzungszeit Fortsetzung

Bild Grafik	Formel Gleichung	Formelzeichen Bezeichnung	Einheit
Hauptnutzungszeit beim Sägen Fortsetzung			
Bandsägemaschine 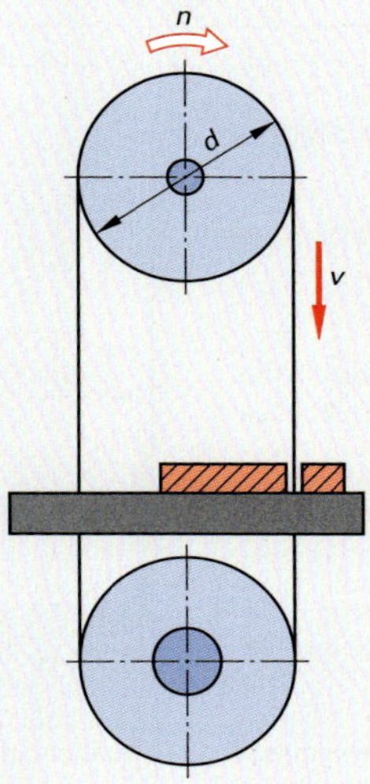	$$t_h = \frac{L}{v_f}$$ $L = t_h \cdot v_f$ $\quad v_f = \frac{L}{t_h}$	t_h Hauptnutzungszeit	s, min, h
		L Sägeschnittlänge (Eingriffslänge)	mm, cm, dm
		v_f Vorschub-geschwindigkeit	$\frac{mm}{s}$, $\frac{mm}{min}$
	$$t_h = \frac{L \cdot p}{d \cdot \pi \cdot n \cdot f_z}$$	p Teilung des Sägeblatts	mm
	$p = \frac{\pi \cdot d \cdot t_h \cdot f_z \cdot n}{L}$	d Durchmesser der Antriebsscheibe	mm, cm, dm
	$n = \frac{L \cdot p}{\pi \cdot d \cdot t_h \cdot f_z}$ $d = \frac{L \cdot p}{\pi \cdot n \cdot t_h \cdot f_z}$	n Drehzahl der Antriebsscheibe	$\frac{1}{min}$ oder min^{-1}
	$f_z = \frac{L \cdot p}{\pi \cdot d \cdot n \cdot t_h}$	f_z Vorschub je Sägezahn	mm
	$L = \frac{\pi \cdot d \cdot t_h \cdot f_z \cdot n}{p}$	S Sägefläche (Querschnittfläche des Profils) siehe Tabellenbuch	cm^2
Bandsägemaschine 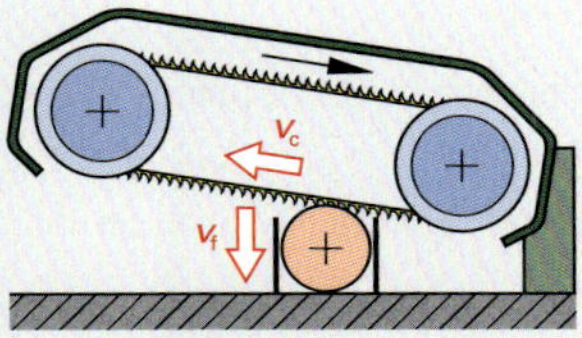	$$v_f = \frac{\pi \cdot d \cdot n \cdot f_z}{p}$$	P_S Schnittflächenleistung siehe Tabellenbuch	$\frac{cm^2}{min}$
	$p = \frac{\pi \cdot d \cdot n \cdot f_z}{v_f}$ $d = \frac{v_f \cdot p}{\pi \cdot n \cdot f_z}$ $n = \frac{v_f \cdot p}{\pi \cdot d \cdot f_z}$ $f_z = \frac{v_f \cdot p}{\pi \cdot n \cdot d}$		
	Hauptnutzungszeit mithilfe der Schnittflächenleistung Sägen mit HS-Sägeband (Bimetall-Sägeband) $$t_h = \frac{S}{P_S}$$ $S = t_h \cdot P_S$ $P_S = \frac{S}{t_h}$		

Hauptnutzungszeit Fortsetzung

Bild Grafik	Formel Gleichung	Formelzeichen Bezeichnung	Einheit
6.2.6 Hauptnutzungszeit beim Drehen			
Längs-Runddrehen	Hauptnutzungszeit bei Längs-Runddrehen und Quer-Plandrehen mit konstanter Schnittgeschwindigkeit		
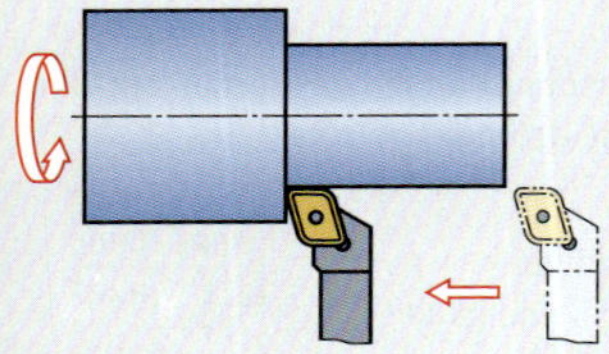	Übergangsdurchmesser $d_g = \frac{v_c}{\pi \cdot n_g}$	d_g Übergangsdurchmesser, Grenzdurchmesser	mm, cm, dm
	$n_g = \frac{v_c}{\pi \cdot d_g}$	v_c Schnittgeschwindigkeit	$\frac{mm}{s}$, $\frac{mm}{min}$
	$v_c = \pi \cdot d_g \cdot n_g$	n_g Grenzdrehzahl des Grenzdurchmessers	$\frac{1}{min}$ oder min^{-1}
Quer-Plan-Drehen	Spanungstiefe beim Längs-Runddrehen	π Kreiszahl Pi = 3,14…	
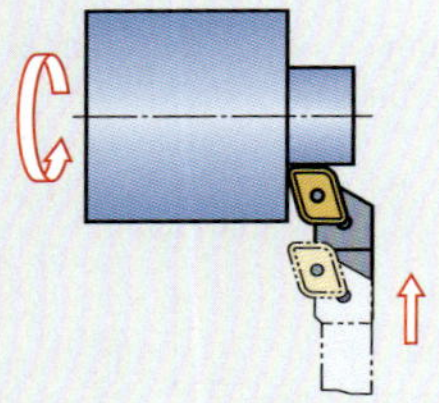	$a_P = \frac{d - d_1}{2 \cdot i}$	a_P Schnitttiefe, Spanungstiefe	mm
	$i = \frac{d - d_1}{2 \cdot a_P}$	d Außendurchmesser	mm, cm, dm
	$d_1 = d - 2 \cdot i \cdot a_P$ $d = d_1 + 2 \cdot i \cdot a_P$	d_1 Innendurchmesser	mm, cm, dm
	$t_h = \frac{\pi \cdot d_m \cdot L \cdot i}{v_c \cdot f}$	t_h Hauptnutzungszeit	s, min, h
Quer-Stech-Drehen		d_m mittlerer Durchmesser	mm, cm, dm
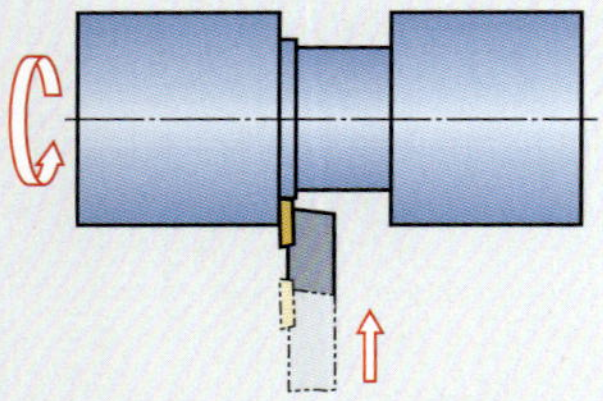	$v_c = \frac{\pi \cdot d_m \cdot L \cdot i}{t_h \cdot f}$	L Vorschubweg	mm, cm, dm
	$f = \frac{\pi \cdot d_m \cdot L \cdot i}{t_h \cdot v_c}$	i Anzahl der Schnitte	mm, cm, dm
	$d_m = \frac{t_h \cdot v_c \cdot f}{\pi \cdot L \cdot i}$ $L = \frac{t_h \cdot v_c \cdot f}{\pi \cdot d_m \cdot i}$	v_c Schnittgeschwindigkeit	$\frac{mm}{s}$, $\frac{mm}{min}$
	$i = \frac{t_h \cdot v_c \cdot f}{\pi \cdot d_m \cdot L}$	f Vorschub	mm
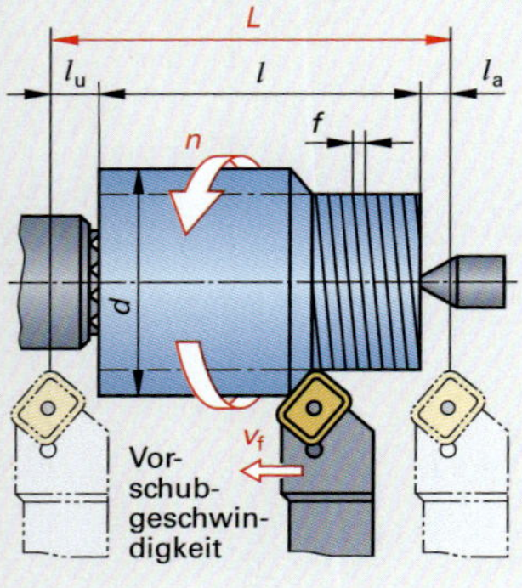	Hauptnutzungszeit bei Längs-Runddrehen und Quer-Plandrehen mit konstanter Drehzahl		
	$t_h = \frac{L \cdot i}{f \cdot n}$	t_h Hauptnutzungszeit	s, min, h
		L Vorschubweg	mm, cm, dm
	$i = \frac{t_h \cdot f \cdot n}{L}$	i Anzahl der Schnitte	–
		f Vorschub	mm
		n Drehzahl	$\frac{1}{min}$ oder min^{-1}

Hauptnutzungszeit Fortsetzung

Bild Grafik	Formel Gleichung	Formelzeichen Bezeichnung	Einheit

Hauptnutzungszeit beim Drehen Fortsetzung

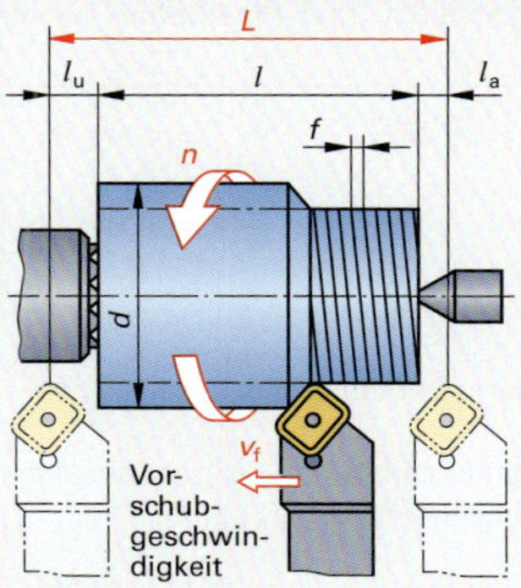

Längs-Runddrehen und Quer-Plandrehen mit konstanter Drehzahl

Formel	Formelzeichen	Bezeichnung	Einheit
$f = \frac{L \cdot i}{t_h \cdot n}$	t_h	Hauptnutzungszeit	s, min, h
$n = \frac{L \cdot i}{t_h \cdot f}$	L	Vorschubweg	mm, cm, dm
$L = \frac{t_h \cdot f \cdot n}{i}$	i	Anzahl der Schnitte	–
	f	Vorschub	mm
	n	Drehzahl	$\frac{1}{\text{min}}$ oder min^{-1}

Längs-Runddrehen ohne Ansatz

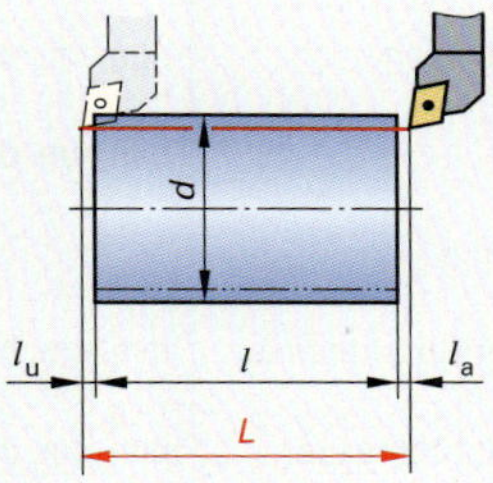

Formeln zum Vorschubweg, mittleren Durchmesser beim Längs-Runddrehen für die Hauptnutzungszeit

Formel	Formelzeichen	Bezeichnung	Einheit
$L = l + l_a + l_u$	L	Vorschubweg	mm, cm, dm
$l = L - l_a - l_u$	l	Werkstücklänge	mm, cm, dm
$l_a = L - l - l_u$	l_a	Anlauf	mm, cm, dm
$l_u = L - l - l_a$	l_u	Überlauf	mm, cm, dm
	$l_a = l_u = 1 \ldots 2$ mm		
Bei konstanter Schnittgeschwindigkeit: $d_m = d - a_P \cdot (i + 1)$	d_m	mittlerer Durchmesser	mm, cm, dm
$d = d_m + a_P \cdot (i + 1)$	d	Außendurchmesser	mm, cm, dm
$a_P = \frac{d - d_m}{(i + 1)}$	i	Anzahl der Schnitte	–
$i = \frac{d - d_m}{a_p} - 1$	a_P	Schnitttiefe, Spanungstiefe	mm, cm, dm

Längs-Runddrehen mit Ansatz

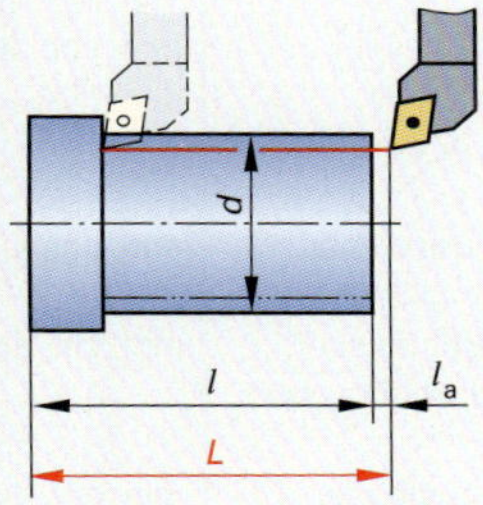

Formel	Formelzeichen	Bezeichnung	Einheit
$L = l + l_a$	L	Vorschubweg	mm, cm, dm
$l = L - l_a$	l	Werkstücklänge	mm, cm, dm
$l_a = L - l$	l_a	Anlauf	mm, cm, dm
	$l_a = l_u = 1 \ldots 2$ mm		
Bei konstanter Schnittgeschwindigkeit: $d_m = d - a_P \cdot (i + 1)$	d_m	mittlerer Durchmesser	mm, cm, dm
$d = d_m + a_P \cdot (i + 1)$	d	Außendurchmesser	mm, cm, dm
$a_P = \frac{d - d_m}{(i + 1)}$	i	Anzahl der Schnitte	–
$i = \frac{d - d_m}{a_p} - 1$	a_P	Schnitttiefe, Spanungstiefe	mm, cm, dm

Hauptnutzungszeit Fortsetzung

Bild Grafik	Formel Gleichung	Formelzeichen Bezeichnung	Einheit
Hauptnutzungszeit beim Drehen Fortsetzung			
Quer-Plandrehen ohne Ansatz beim Vollzylinder	Formeln zum Vorschubweg, mittleren Durchmesser beim Quer-Plandrehen für die Hauptnutzungszeit		
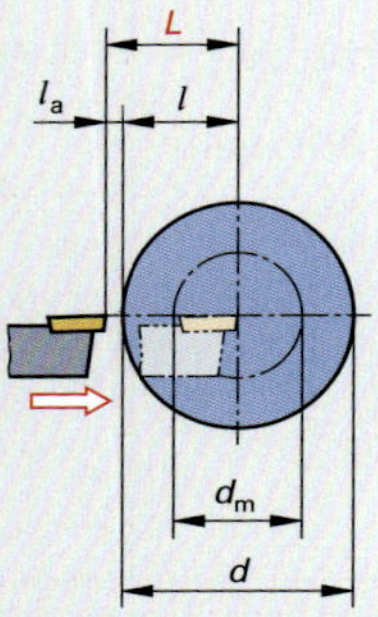	$L = \frac{d}{2} + l_a$ $d = 2 \cdot (L - l_a)$ $l_a = L - \frac{d}{2}$ Bei konstanter Schnittgeschwindigkeit $d_m = \frac{d}{2}$ $d = 2 \cdot d_m$	L Vorschubweg l_a Anlauf $l_a = 1 \ldots 2$ mm d_m mittlerer Durchmesser d Außendurchmesser, Anfangsdurchmesser l Werkstücklänge $l = \frac{d}{2}$	mm, cm, dm mm, cm, dm mm, cm, dm mm, cm, dm mm, cm, dm
Quer-Plandrehen mit Ansatz beim Vollzylinder 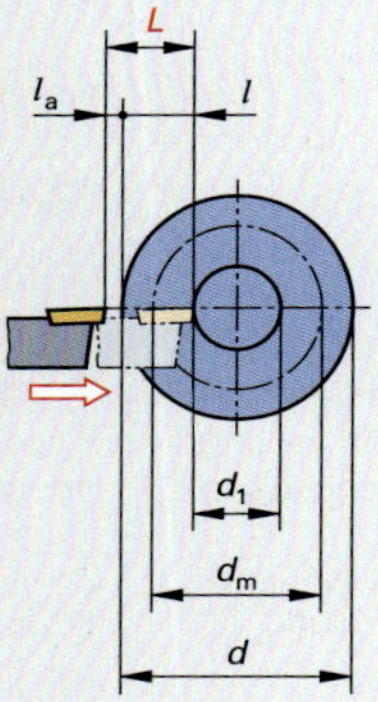	$L = \frac{d - d_1}{2} + l_a$ $d = 2 \cdot (L - l_a) + d_1$ $l_a = L - \frac{d - d_1}{2}$ $d_1 = d - 2 \cdot (L - l_a)$ Bei konstanter Schnittgeschwindigkeit $d_m = \frac{d + d_1}{2}$ $d = 2 \cdot d_m - d_1$ $d_1 = 2 \cdot d_m - d$	L Vorschubweg l_a Anlauf $l_a = 1 \ldots 2$ mm d_m mittlerer Durchmesser d Außendurchmesser, Anfangsdurchmesser d_1 Innendurchmesser, Enddurchmesser l Werkstücklänge $l = \frac{d - d_1}{2}$	mm, cm, dm mm, cm, dm mm, cm, dm mm, cm, dm mm, cm, dm mm, cm, dm
Querplandrehen beim Hohlzylinder 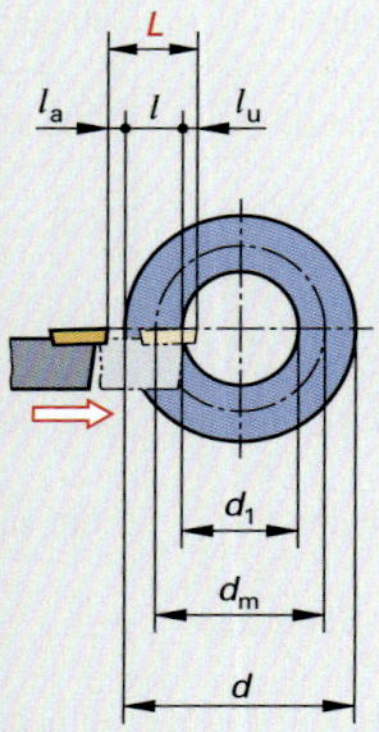	$L = \frac{d - d_1}{2} + l_a + l_u$ $d = 2 \cdot (L - l_a - l_u) + d_1$ $d_1 = d - 2 \cdot (L - l_a - l_u)$ $l_a = L - \frac{d - d_1}{2} - l_u$ $l_u = L - \frac{d - d_1}{2} - l_a$ Bei konstanter Schnittgeschwindigkeit $d_m = \frac{d + d_1}{2}$ $d = 2 \cdot d_m - d_1$ $d_1 = 2 \cdot d_m - d$	L Vorschubweg l_a Anlauf l_u Überlauf $l_a = l_u = 1 \ldots 2$ mm d_m mittlerer Durchmesser d Außendurchmesser, Anfangsdurchmesser d_1 Innendurchmesser, Enddurchmesser l Werkstücklänge $l = \frac{d - d_1}{2}$	mm, cm, dm mm, cm, dm mm, cm, dm mm, cm, dm mm, cm, dm mm, cm, dm mm, cm, dm

Hauptnutzungszeit Fortsetzung

Hauptnutzungszeit beim Drehen Fortsetzung

Formeln für die Hauptnutzungszeit, der Drehzahl und des Vorschubweges beim Abstechdrehen und Einstechdrehen

Bild Grafik	Formel Gleichung	Formelzeichen Bezeichnung	Einheit
Quer-Abstechen 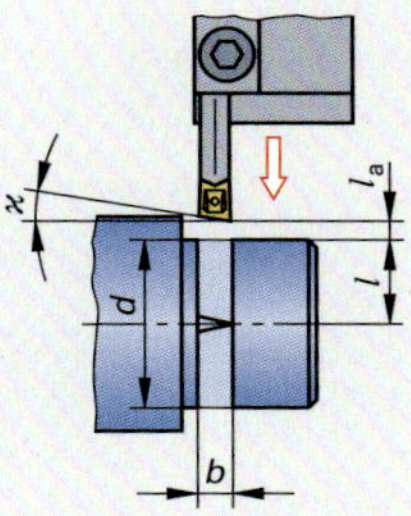	$$t_h = \frac{L \cdot i}{n \cdot f}$$	t_h Hauptnutzungszeit	s, min, h
	$i = \frac{t_h \cdot f \cdot n}{L}$	L Vorschubweg	mm, cm, dm
		i Anzahl der Schnitte	–
	$n = \frac{L \cdot i}{t_h \cdot f}$	n Drehzahl	$\frac{1}{\text{min}}$ oder min^{-1}
	$f = \frac{L \cdot i}{t_h \cdot n}$	f Vorschub	mm, cm, dm
Quer-Einstechdrehen	$f = \frac{v_f}{n}$	v_c Schnitt-geschwindigkeit	$\frac{\text{mm}}{\text{s}}, \frac{\text{mm}}{\text{min}}$
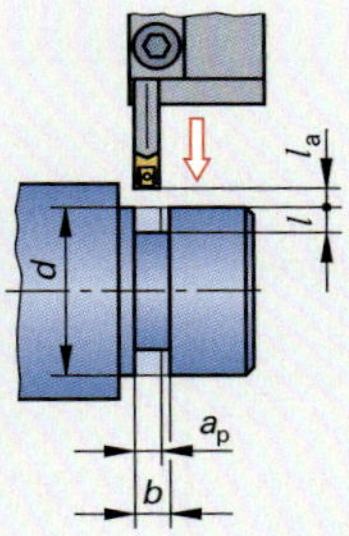	$v_f = f \cdot n$	v_f Vorschub-geschwindigkeit	$\frac{\text{mm}}{\text{s}}, \frac{\text{mm}}{\text{min}}$
	$f = \frac{v_f}{n}$	l_a Anlauf	mm, cm, dm
	$n = \frac{v_f}{f}$	l_a = 1 … 2 mm	
	$v_c = \pi \cdot d \cdot n$	d Außendurchmesser, Anfangsdurchmesser	mm, cm, dm
	$d = \frac{v_c}{\pi \cdot n}$	l Werkstücklänge	mm, cm, dm
Längs-Einstechdrehen 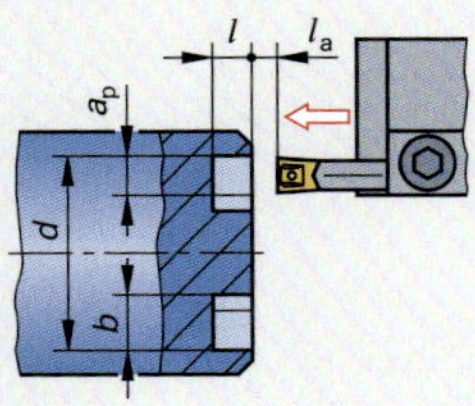	$$n = \frac{v_c}{\pi \cdot d}$$		
	$L = \frac{t_h \cdot f \cdot n}{i}$		
	$$L = l + l_a$$		
	$l = L - l_a$		
	$l_a = L - l$		

6.3 Hydraulik und Pneumatik

Bild Grafik	Formel Gleichung	Formelzeichen Bezeichnung	Einheit

6.3.1 Druck

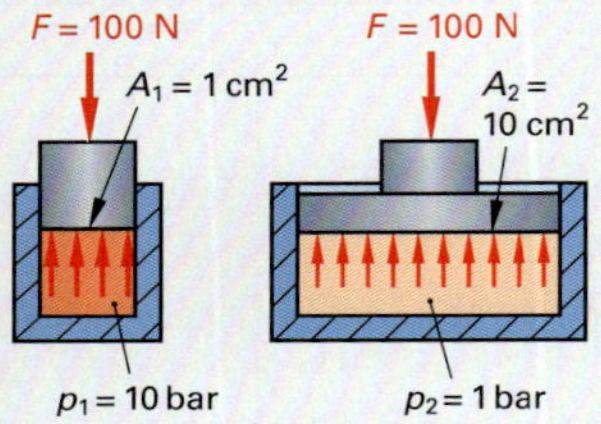

Bei gleich großer Kraft *F* gilt:

kleine Fläche	große Fläche
⇓	⇓
großer Druck	kleiner Druck

Druck ist die Kraft, die senkrecht auf eine Fläche wirkt, geteilt durch die Größe dieser Fläche.

$$p = \frac{F}{A}$$

$$F = p \cdot A$$

$$A = \frac{F}{p}$$

Formelzeichen	Bezeichnung	Einheit
p	Druck	$\frac{N}{m^2} = Pa$
F	Kraft	N
A	Fläche	m^2

Umrechnung:

$1\ Pa = 1\ \frac{N}{m^2}$

$1\ bar = 10\ \frac{N}{cm^2} = 10^5\ Pa$

$1\ mbar = 100\ Pa = 1\ hPa$

6.3.2 Schweredruck

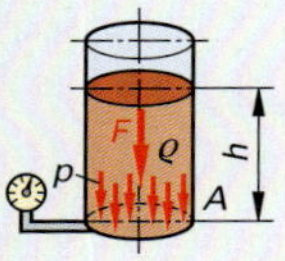

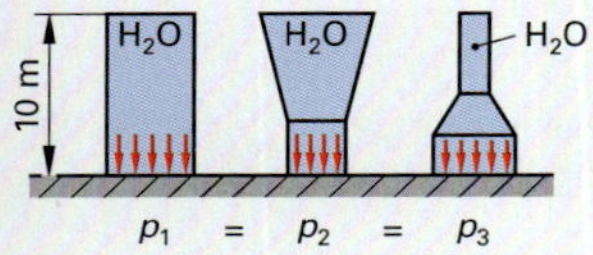

Der Schweredruck ist abhängig von der Höhe *h* der Flüssigkeitssäule und der Dichte ϱ der Flüssigkeit.

$$p = \varrho \cdot h \cdot g$$

$$\varrho = \frac{p}{h \cdot g}$$

$$h = \frac{p}{\varrho \cdot g}$$

Formelzeichen	Bezeichnung	Einheit
p	Schweredruck	$\frac{N}{m^2} = Pa$
ϱ	Dichte der Flüssigkeit	$\frac{kg}{dm^3} = \frac{t}{m^3}$
h	Höhe	m
g	Fallbeschleunigung ($g = 9{,}81\ \frac{m}{s^2}$)	$\frac{m}{s^2}$

6.3.3 Luftdruck, absoluter Druck, Überdruck

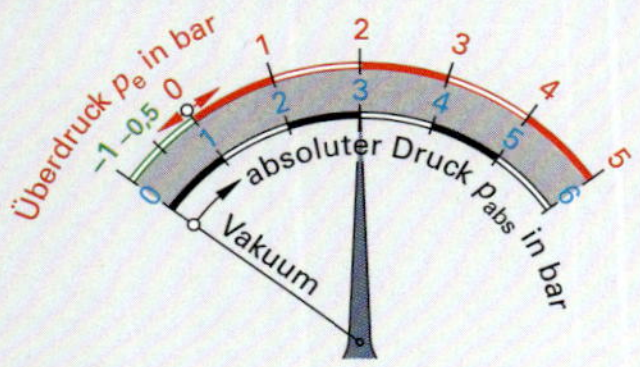

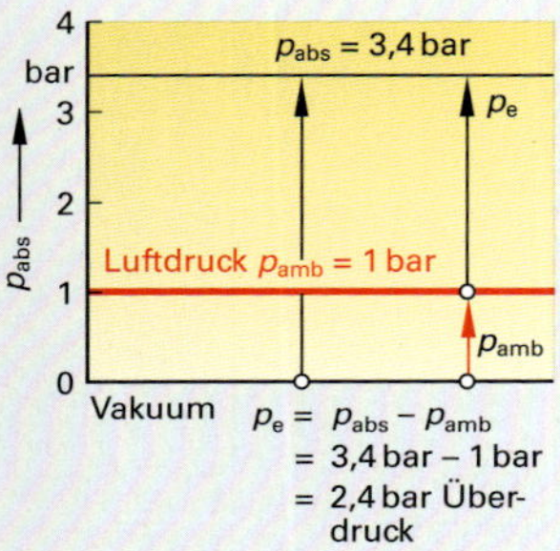

Der Luftdruck (Atmosphärendruck) ist abhängig von der Höhe der Luft über der Meeresoberfläche. Der Mittelwert des Luftdrucks beträgt p_{amb} = 1,013 bar = 1013 mbar = 1013 hPa.

$$p_e = p_{abs} - p_{amb}$$

$$p_{abs} = p_e + p_{amb}$$

$$p_{amb} = p_{abs} - p_e$$

Formelzeichen	Bezeichnung	Einheit
p_e	Überdruck	Pa, bar
p_{abs}	Absoluter Druck	Pa, bar
p_{amb}	Luftdruck	Pa, bar

Hydraulik und Pneumatik Fortsetzung

Bild Grafik	Formel Gleichung	Formelzeichen Bezeichnung	Einheit
6.3.4 Druckausbreitung von Gasen			
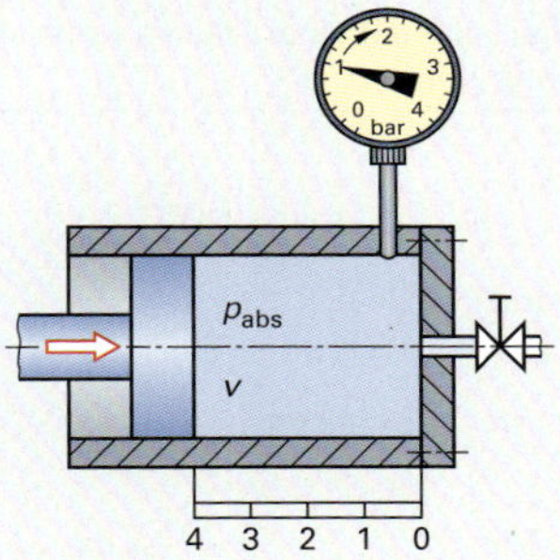	Das Produkt aus absolutem Druck p_{abs} und Volumen V und einer eingeschlossenen Gasmenge hat bei gleichbleibender Temperatur stets den selben Wert.		
	$p_{abs} \cdot V = \text{konstant}$	p_{abs} Absoluter Druck	Pa, bar
	$p_{abs1} \cdot V_1 = p_{abs2} \cdot V_2$	p_{abs1} Absoluter Druck beim Volumen V_1	Pa, bar
	$p_{abs1} = \dfrac{p_{abs2} \cdot V_2}{V_1}$	p_{abs2} Absoluter Druck beim Volumen V_2	Pa, bar
	$V_1 = \dfrac{p_{abs2} \cdot V_2}{p_{abs1}}$	V Volumen	l
	$p_{abs2} = \dfrac{p_{abs1} \cdot V_1}{V_2}$	V_1 Volumen	l
	$V_2 = \dfrac{p_{abs1} \cdot V_1}{p_{abs2}}$	V_2 Volumen	l
6.3.5 Kolbenkräfte			
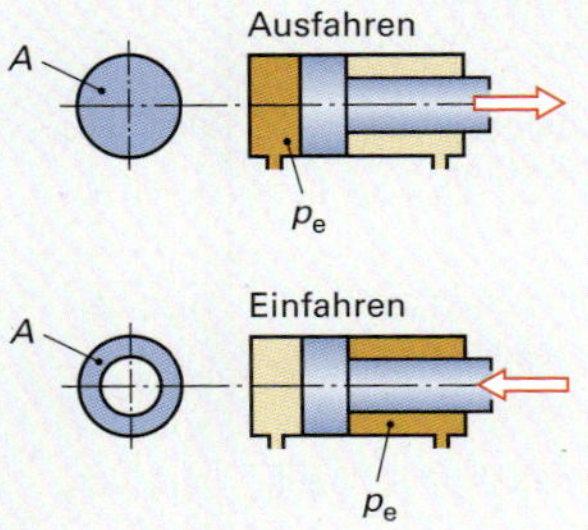	Kolbenkraft bei Zylindern bezieht sich auf die Kraft, die durch den Druck der Arbeitsflüssigkeit auf die Kolbenfläche erzeugt wird.		
	$F = p_e \cdot A \cdot \eta$	F Kolbenkraft	N
	$p_e = \dfrac{F}{A \cdot \eta}$	p_e Druck der Flüssigkeit	$\dfrac{\text{N}}{\text{cm}^2}$
	$A = \dfrac{F}{p_e \cdot \eta}$	A Wirksame Kolbenfläche	cm^2
	$\eta = \dfrac{F}{p_e \cdot A}$	D Durchmesser der Kolbenseite	cm
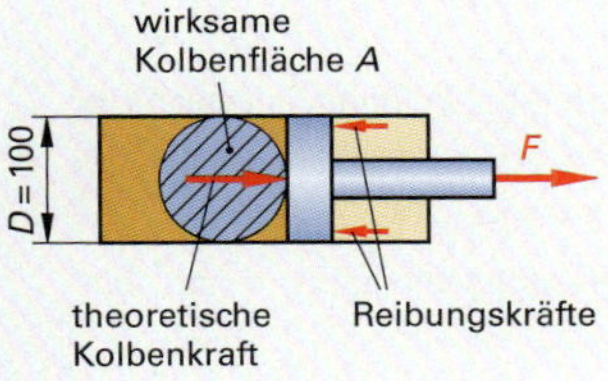	A Kreisfläche $A = \dfrac{\pi \cdot D^2}{4}$	d Durchmesser der Kolbenstange	cm
		η Wirkungsgrad	–
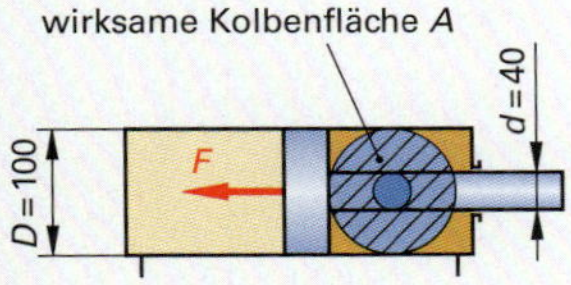	A Kreisringfläche $A = \dfrac{\pi \cdot (D^2 - d^2)}{4}$		

Hydraulik und Pneumatik Fortsetzung

Bild Grafik	Formel Gleichung	Formelzeichen Bezeichnung	Einheit

6.3.6 Kraftübersetzung

Das Prinzip der Kraftübersetzung besagt, dass ein in einem Behälter wirkender Druck sich gleichmäßig in alle Richtungen ausbreitet. Dabei kann mit einer kleinen Kraft am Druckkolben eine große Kraft am Arbeitskolben erzeugt werden.

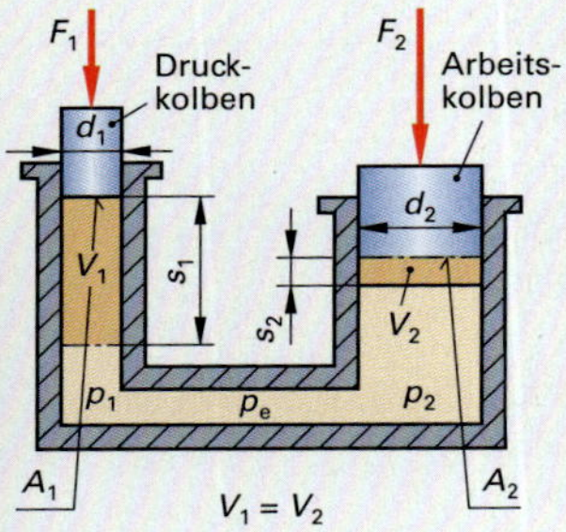

$V_1 = V_2$

$p_1 = p_e = p_2$

$\frac{F_1}{A_1} = p_e = \frac{F_2}{A_2}$

$$p = p_e = p_1 = p_2$$

$$\frac{F_1}{F_2} = \frac{A_1}{A_2}$$

$F_1 = \frac{A_1}{A_2} \cdot F_2$

$F_2 = \frac{A_2}{A_1} \cdot F_1$

$A_1 = \frac{F_1}{F_2} \cdot A_2$

$A_2 = \frac{F_2}{F_1} \cdot A_1$

$$\frac{F_1}{F_2} = \frac{d_1^2}{d_2^2}$$

$F_1 = \frac{d_1^2}{d_2^2} \cdot F_2$

$F_2 = \frac{d_2^2}{d_1^2} \cdot F_1$

$d_1 = \sqrt{\frac{F_1}{F_2} \cdot d_2^2}$

$d_2 = \sqrt{\frac{F_2}{F_1} \cdot d_1^2}$

Formelzeichen	Bezeichnung	Einheit
p	Druck	$\frac{N}{cm^2}$, bar
p_e	Überdruck	$\frac{N}{cm^2}$, bar
p_1	Druck am Druckkolben	$\frac{N}{cm^2}$, bar
p_2	Druck am Arbeitskolben	$\frac{N}{cm^2}$, bar
F_1	Kraft am Druckkolben	N
F_2	Kraft am Arbeitskolben	N
A_1	Fläche am Druckkolben	mm^2, cm^2
A_2	Fläche am Arbeitskolben	mm^2, cm^2
d_1	Durchmesser am Druckkolben	mm, cm
d_2	Durchmesser am Arbeitskolben	mm, cm
s_1	Weg des Druckkolbens	mm, cm
s_2	Weg des Arbeitskolbens	mm, cm
V_1	Verdrängtes Volumen bei s_1	mm^3, cm^3
V_2	Verdrängtes Volumen bei s_2	mm^3, cm^3

Hydraulik und Pneumatik Fortsetzung

Bild Grafik	Formel Gleichung	Formelzeichen Bezeichnung	Einheit

Kraftübersetzung Fortsetzung

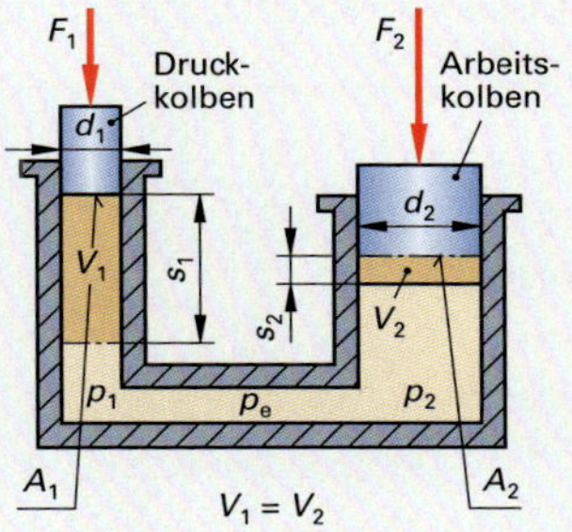

$V_1 = V_2$

$p_1 = p_e = p_2$

$\frac{F_1}{A_1} = p_e = \frac{F_2}{A_2}$

$$\frac{s_1}{s_2} = \frac{A_1}{A_2}$$

$s_1 = \frac{A_1}{A_2} \cdot s_2$

$s_2 = \frac{A_2}{A_1} \cdot s_1$

$A_1 = \frac{s_1}{s_2} \cdot A_2$

$A_2 = \frac{s_2}{s_1} \cdot A_1$

$$F_1 \cdot s_1 = F_2 \cdot s_2$$

$F_1 = \frac{F_2 \cdot s_2}{s_1}$

$F_2 = \frac{F_1 \cdot s_1}{s_2}$

$s_1 = \frac{F_2 \cdot s_2}{F_1}$

$s_2 = \frac{F_1 \cdot s_1}{F_2}$

$$i = \frac{F_1}{F_2}$$

$F_1 = i \cdot F_2$

$F_2 = \frac{F_1}{i}$

$$i = \frac{A_1}{A_2}$$

$A_1 = i \cdot A_2$

$A_2 = \frac{A_1}{i}$

Formelzeichen	Bezeichnung	Einheit
p	Druck	$\frac{N}{cm^2}$, bar
p_e	Überdruck	$\frac{N}{cm^2}$, bar
p_1	Druck am Druckkolben	$\frac{N}{cm^2}$, bar
p_2	Druck am Arbeitskolben	$\frac{N}{cm^2}$, bar
F_1	Kraft am Druckkolben	N
F_2	Kraft am Arbeitskolben	N
A_1	Fläche am Druckkolben	mm^2, cm^2
A_2	Fläche am Arbeitskolben	mm^2, cm^2
d_1	Durchmesser am Druckkolben	mm, cm
d_2	Durchmesser am Arbeitskolben	mm, cm
s_1	Weg des Druckkolbens	mm, cm
s_2	Weg des Arbeitskolbens	mm, cm
V_1	Verdrängtes Volumen bei s_1	mm^3, cm^3
V_2	Verdrängtes Volumen bei s_2	mm^3, cm^3
i	Übersetzungsverhältnis	–

Hydraulik und Pneumatik Fortsetzung

Bild Grafik	Formel Gleichung	Formelzeichen Bezeichnung	Einheit
6.3.7 Strömungsgeschwindigkeit			
Strömungsgeschwindigkeit in Rohren	Kommt es in Leitungen zu Querschnittsveränderungen, so kommt es zu Geschwindigkeitsänderungen des Volumenstroms. Die Strömungsgeschwindigkeit ist umso größer, je kleiner der Rohrleitungsquerschnitt ist und umgekehrt.		
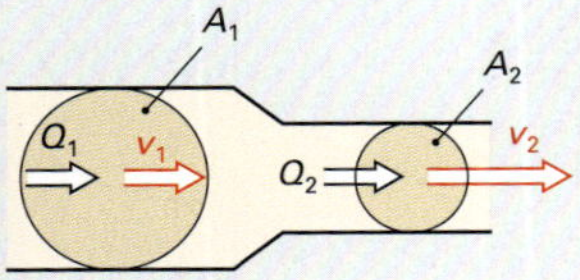 	$Q_1 = Q_2$	Q_1 Volumenstrom 1	$\frac{dm^3}{min}, \frac{l}{min}$
		Q_2 Volumenstrom 2	$\frac{dm^3}{min}, \frac{l}{min}$
	$Q_1 = A_1 \cdot v_1$	v_1 Strömungsgeschwindigkeit 1	$\frac{dm}{s}, \frac{m}{s}$
	$A_1 = \frac{Q_1}{v_1}$	v_2 Strömungsgeschwindigkeit 2	$\frac{dm}{s}, \frac{m}{s}$
	$v_1 = \frac{Q_1}{A_1}$	A_1 Leitungsquerschnittsfläche 1	cm^2, dm^2, m^2
		A_2 Leitungsquerschnittsfläche 2	cm^2, dm^2, m^2
	$Q_2 = A_2 \cdot v_2$		
	$A_2 = \frac{Q_2}{v_2}$		
	$v_2 = \frac{Q_2}{A_2}$		
	$A_1 \cdot v_1 = A_2 \cdot v_2$		
	$A_1 = \frac{A_2 \cdot v_2}{v_1}$		
	$v_1 = \frac{A_2 \cdot v_2}{A_1}$		
	$A_2 = \frac{A_1 \cdot v_1}{v_2}$		
	$v_2 = \frac{A_1 \cdot v_1}{A_2}$		

Hydraulik und Pneumatik Fortsetzung

Bild Grafik	Formel Gleichung	Formelzeichen Bezeichnung	Einheit
6.3.8 Kolbengeschwindigkeit			
	Die Kolbengeschwindigkeit bezieht sich auf die Geschwindigkeit, mit der sich der Kolben in einem Zylinder bewegt. Sie ist ein Maß dafür, wie schnell der Kolben im Zylinder aus- bzw. einfährt.		
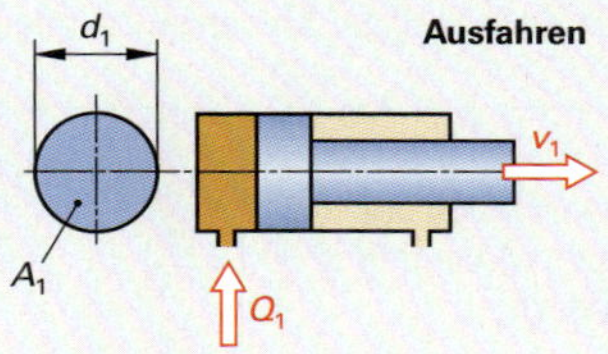	$$v_1 = \frac{Q_1}{A_1}$$	v_1 Kolbengeschwindigkeit (Ausfahren)	$\frac{cm}{s}, \frac{dm}{s}, \frac{m}{s}$
	$Q_1 = v_1 \cdot A_1$	v_2 Kolbengeschwindigkeit (Einfahren)	$\frac{cm}{s}, \frac{dm}{s}, \frac{m}{s}$
	$A_1 = \frac{Q_1}{v_1}$	Q_1 Volumenstrom 1	$\frac{cm^3}{s}, \frac{dm^3}{s}$
	$A_1 = \frac{d_1^2 \cdot \pi}{4}$	Q_2 Volumenstrom 2	$\frac{cm^3}{s}, \frac{dm^3}{s}$
	$d_1 = \sqrt{\frac{4 \cdot A_1}{\pi}}$	A_1 Wirksame Kolbenfläche (Kreisfläche)	cm^2, dm^2
		d_1 Kolbendurchmesser	cm, dm
		A_2 Wirksame Kolbenfläche (Kreisringfläche)	cm^2, dm^2, m^2
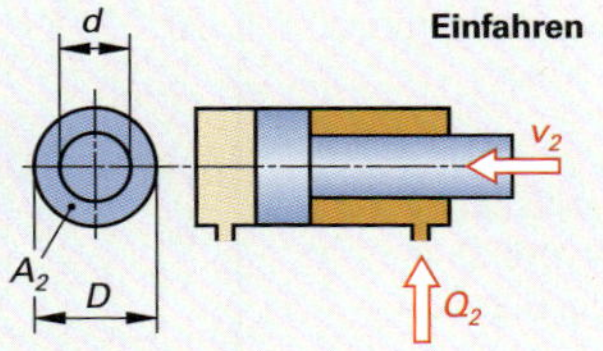	$$v_2 = \frac{Q_2}{A_2}$$	D Kolbendurchmesser des Kolbens mit Kreisringfläche	cm, dm, m
	$Q_2 = A_2 \cdot v_2$	d Durchmesser der Kolbenstange	cm, dm, m
	$A_2 = \frac{Q_2}{v_2}$		
	$A_2 = \frac{(D^2 - d^2) \cdot \pi}{4}$		
	$D = \sqrt{\frac{4 \cdot A_2}{\pi} + d^2}$		
	$d = \sqrt{D^2 - \frac{4 \cdot A_2}{\pi}}$		

Hydraulik und Pneumatik Fortsetzung

Bild Grafik	Formel Gleichung	Formelzeichen Bezeichnung	Einheit

6.3.9 Luftverbrauch pneumatischer Zylinder

Luftverbrauch für doppeltwirkende Zylinder

Die Kolbengeschwindigkeit bezieht sich auf die Geschwindigkeit, mit der sich der Kolben in einem Zylinder bewegt. Sie ist ein Maß dafür, wie schnell der Kolben im Zylinder aus- bzw. einfährt.

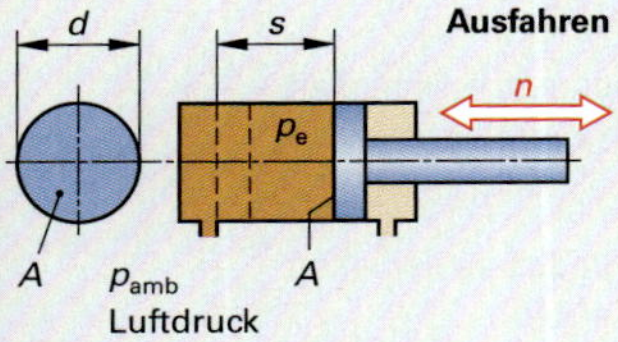

$$Q = 2 \cdot s \cdot n \cdot A \cdot \frac{p_e + p_{amb}}{p_{amb}}$$

$$s = \frac{Q}{2 \cdot n \cdot A \cdot \frac{p_e + p_{amb}}{p_{amb}}}$$

$$n = \frac{Q}{2 \cdot s \cdot A \cdot \frac{p_e + p_{amb}}{p_{amb}}}$$

$$A = \frac{Q}{2 \cdot s \cdot n \cdot \frac{p_e + p_{amb}}{p_{amb}}}$$

Mit $A \cdot \frac{p_e + p_{amb}}{p_{amb}} = q$ gilt:

$$Q = 2 \cdot s \cdot n \cdot q$$

$$s = \frac{Q}{2 \cdot n \cdot q}$$

$$n = \frac{Q}{2 \cdot s \cdot q}$$

$$q = \frac{Q}{2 \cdot s \cdot n}$$

Luftverbrauch für einfachwirkende Zylinder

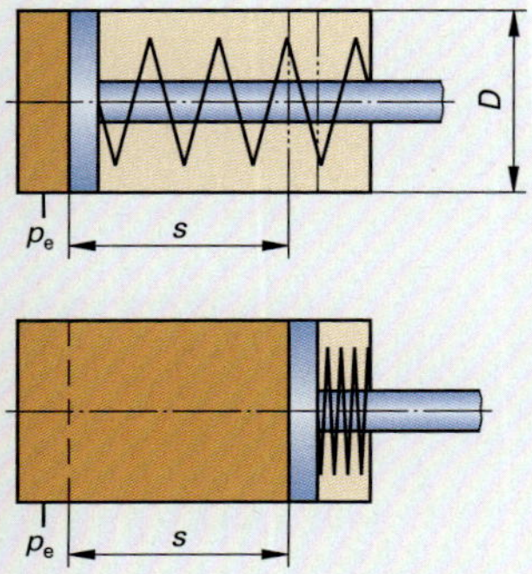

$$Q_1 = s \cdot n \cdot q$$

$$s = \frac{Q_1}{n \cdot q}$$

$$n = \frac{Q_1}{s \cdot q}$$

$$q = \frac{Q_1}{s \cdot n}$$

Formelzeichen	Bezeichnung	Einheit
Q	Luftverbrauch bei doppeltwirkenden Zylindern	$\frac{l}{cm}$
Q_1	Luftverbrauch bei einfachwirkenden Zylindern	$\frac{l}{cm}$
A	Kolbenfläche (Kreisfläche)	cm^2, dm^2
s	Hublänge	cm
n	Hubzahl	–
p_e	Überdruck	bar
p_{amb}	Atmosphärendruck ca. 1 bar	bar
q	Spezifischer Luftverbrauch je cm Hub [1]	$\frac{l}{cm}$
D	Kolbendurchmesser	mm

[1] Die Werte für q können der Tabelle Seite 153 entnommen werden.

7 Logische Grundfunktionen

e, e_1, e_2 Eingangssignale A, A_1, A_2 Ausgangssignale

Funktion	Bildzeichen DIN 40900	Arbeitstabelle Gleichung	Realisierung DIN 40713	Realisierung DIN/ISO 1219
JA	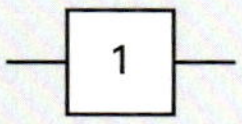	e ‖ A 0 ‖ 0 1 ‖ 1 $e = A$	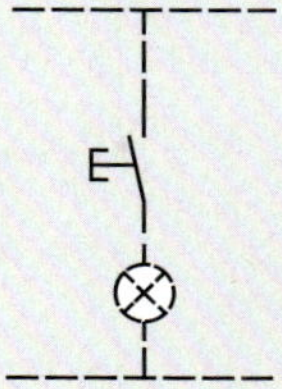	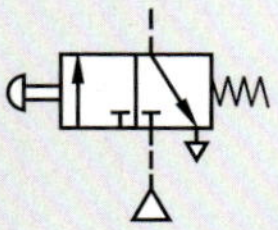
NEIN NICHT	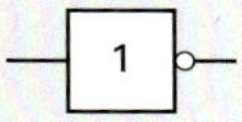	e ‖ A 0 ‖ 1 1 ‖ 0 $e = \overline{A}$	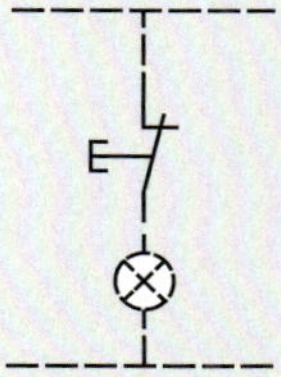	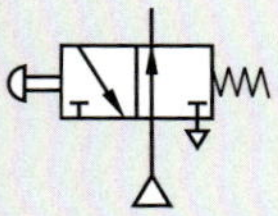
UND	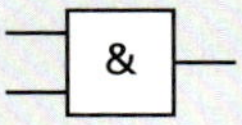	e_1 e_2 ‖ A 0 0 ‖ 0 1 0 ‖ 0 0 1 ‖ 0 1 1 ‖ 1 $e_1 \cdot e_2 = A$	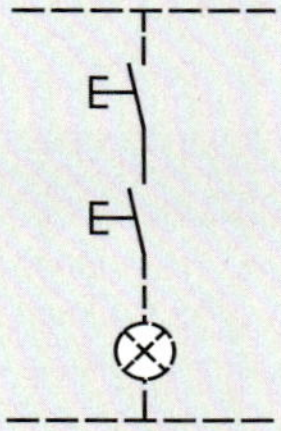	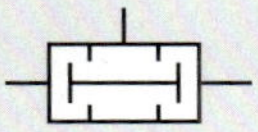
ODER	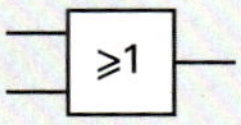	e_1 e_2 ‖ A 0 0 ‖ 0 1 0 ‖ 1 0 1 ‖ 1 1 1 ‖ 1 $e_1 + e_2 = A$	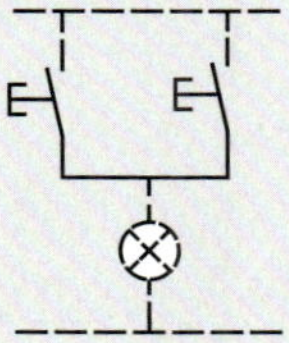	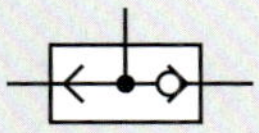
WECHSLER	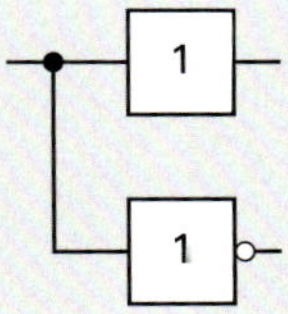	e_1 ‖ A_1 ‖ A_2 0 ‖ 0 ‖ 1 1 ‖ 1 ‖ 0	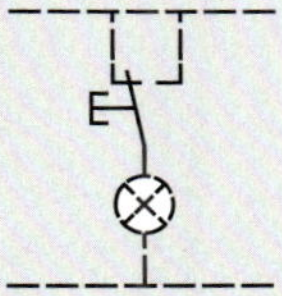	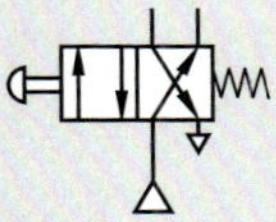

8.1 Ohmsches Gesetz

Bild Grafik	Formel Gleichung	Formelzeichen Bezeichnung	Einheit
Geschlossener Stromkreis 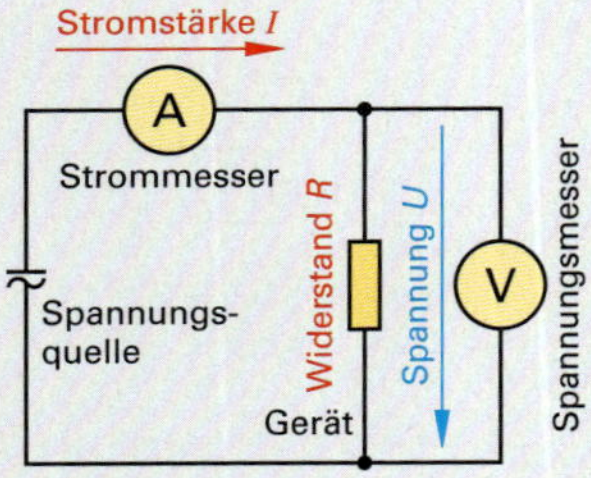	Das Ohmsche Gesetz drückt den Zusammenhang zwischen der Stromstärke *I*, der Spannung *U* und dem Widerstand *R* in einem geschlossenen Stromkreis aus.		
	$I = \frac{U}{R}$	*I* Strom	A
	$U = R \cdot I$	*U* Spannung	V
	$R = \frac{U}{I}$	*R* Widerstand	Ω
		Umrechnung: $1\,A = \frac{1\,V}{1\,\Omega}$ $1\,V = 1\,\Omega \cdot 1\,A$ $1\,\Omega = \frac{1\,V}{1\,A}$	

8.2 Leiterwiderstand

Bild Grafik	Formel Gleichung	Formelzeichen Bezeichnung	Einheit
Maße für den Leiterwiderstand 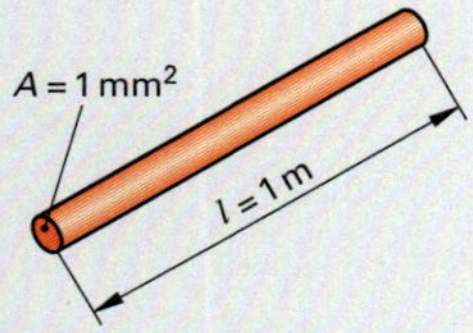	Jeder elektrische Leiter besitzt einen Widerstand. Dieser Widerstand hängt von der Länge *l*, der Querschnittsfläche *A* und dem spezifischen Widerstand *ϱ* des Leiters ab.		
	$R = \frac{\varrho \cdot l}{A}$	*R* Leiterwiderstand	Ω
	$\varrho = \frac{R \cdot A}{l}$	*ϱ* spezifischer Widerstand*	$\frac{\Omega \cdot mm^2}{m}$
	$l = \frac{R \cdot A}{\varrho}$	*l* Leiterlänge	m
	$A = \frac{\varrho \cdot l}{R}$	*A* Leiterquerschnitt	mm^2

* Werte für Leiterwiderstände siehe Tabelle Seite 153

8.3 Reihenschaltung von elektrischen Widerständen

Bild Grafik	Formel Gleichung	Formelzeichen Bezeichnung	Einheit
Widerstände in Reihenschaltung 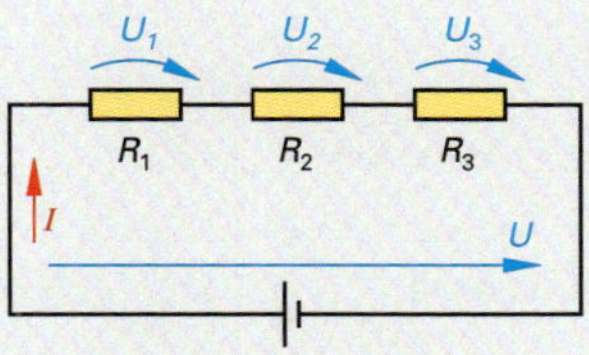 	Bei einer Reihenschaltung von Widerständen fließt in einem geschlossenen Stromkreis durch alle Widerstände derselbe Strom. Die angelegte Spannung teilt sich auf die einzelnen Widerstände auf.		
	$R = R_1 + R_2 + R_3$	R Gesamtwiderstand	Ω
	$R_1 = R - R_2 - R_3$	R_1 Teilwiderstand	Ω
	$R_2 = R - R_1 - R_3$	R_2 Teilwiderstand	Ω
	$R_3 = R - R_1 - R_2$	R_3 Teilwiderstand	Ω
		I Gesamtstrom	Ω
	$I = I_1 = I_2 = I_3$	I_1 Teilstrom	A
		I_2 Teilstrom	A
	$U = U_1 + U_2 + U_3$	I_3 Teilstrom	A
	$U_1 = U - U_2 - U_3$	U Gesamtspannung	V
	$U_2 = U - U_1 - U_3$	U_1 Teilspannung	V
	$U_3 = U - U_1 - U_2$	U_2 Teilspannung	V
		U_3 Teilspannung	V
	$\frac{U}{R} = \frac{U_1}{R_1} = \frac{U_2}{R_2} = \frac{U_3}{R_3}$		
	$U_1 = \frac{R_1}{R} \cdot U$		
	$U_2 = \frac{R_2}{R} \cdot U$		
	$U_3 = \frac{R_3}{R} \cdot U$		
	$R_1 = \frac{U_1}{U} \cdot R$		
	$R_2 = \frac{U_2}{U} \cdot R$		
	$R_3 = \frac{U_3}{U} \cdot R$		

8.4 Parallelschaltung von elektrischen Widerständen

Bild Grafik	Formel Gleichung	Formelzeichen Bezeichnung	Einheit
Zwei Widerstände in Parallelschaltung	Bei einer Parallelschaltung von Widerständen liegt in einem geschlossenen Stromkreis an allen Widerständen dieselbe Spannung U an.		
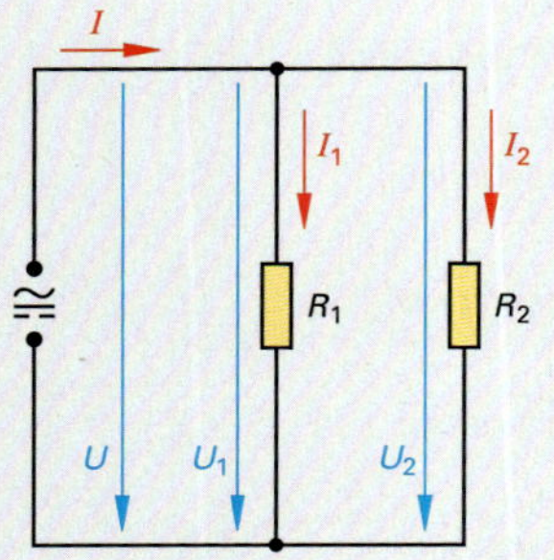	Zwei Widerstände $$\frac{1}{R} = \frac{1}{R_1} + \frac{1}{R_2}$$	R Gesamtwiderstand	Ω
	$$\frac{1}{R_1} = \frac{1}{R} - \frac{1}{R_2}$$	R_1 Teilwiderstand	Ω
	$$\frac{1}{R_2} = \frac{1}{R} - \frac{1}{R_1}$$	R_2 Teilwiderstand	Ω
	$$R = \frac{1}{\frac{1}{R_1} + \frac{1}{R_2}}$$	I Gesamtstrom	A
		I_1 Teilstrom	A
		I_2 Teilstrom	A
		U Gesamtspannung	V
		U_1 Teilspannung	V
	$$R = \frac{R_1 \cdot R_2}{R_1 + R_2}$$	U_2 Teilspannung	V
	$$R_1 = \frac{-R \cdot R_2}{R - R_2}$$		
	$$R_2 = \frac{-R \cdot R_1}{R - R_1}$$		
	$$U = U_1 = U_2$$		
	$$I = I_1 + I_2$$		
	$$I_1 = I - I_2$$		
	$$I_2 = I - I_1$$		

Parallelschaltung von elektrischen Widerständen Fortsetzung

Bild Grafik	Formel Gleichung	Formelzeichen Bezeichnung	Einheit
n-Widerstände in Parallelschaltung 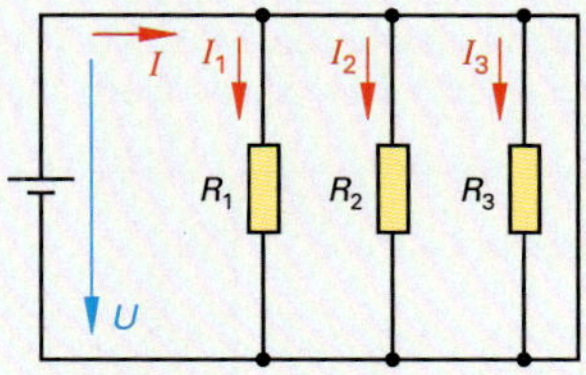	n-Widerstände		
	$\frac{1}{R} = \frac{1}{R_1} + \frac{1}{R_2} + \ldots + \frac{1}{R_n}$	R Gesamtwiderstand	Ω
	$\frac{1}{R_1} = \frac{1}{R} - \frac{1}{R_2} - \ldots - \frac{1}{R_n}$	R_1 Teilwiderstand	Ω
	$\frac{1}{R_2} = \frac{1}{R} - \frac{1}{R_1} - \ldots - \frac{1}{R_n}$	R_2 Teilwiderstand	Ω
	$\frac{1}{R_n} = \frac{1}{R} - \frac{1}{R_1} - \frac{1}{R_2} - \ldots$	R_n Teilwiderstand	Ω
	$R = \frac{1}{\frac{1}{R_1} + \frac{1}{R_2} + \ldots + \frac{1}{R_n}}$	I Gesamtstrom	Ω
		I_1 Teilstrom	A
		I_2 Teilstrom	A
		I_n Teilstrom	A
	$U = U_1 = U_2 = \ldots = U_n$	U Gesamtspannung	V
		U_1 Teilspannung	V
		U_2 Teilspannung	V
	$I = I_1 + I_2 + \ldots + I_n$	U_n Teilspannung	V
	$I_1 = I - I_2 - \ldots - I_n$		
	$I_2 = I - I_1 - \ldots - I_n$		
	$I_n = I - I_1 - I_2 - \ldots$		
	$\frac{U}{R} = \frac{U_1}{R_1} = \frac{U_2}{R_2} = \ldots = \frac{U_n}{R_n}$		

8.5 Elektrische Leistung bei Gleichstrom und Wechselstrom mit Ohmscher Belastung

Bild Grafik	Formel Gleichung	Formelzeichen Bezeichnung	Einheit
Ohmscher Widerstand bei Gleichstrom oder Wechselstrom	Das Produkt aus Spannung *U* und Strom *I* wird als elektrische Leistung *P* bezeichnet. Bei elektrischen Geräten (z. B. Heizöfen) wird die zugeführte elektrische, bei elektrischen Maschinen (z. B. Motoren) wird die abgegebene mechanische Leistung (in Watt) angegeben.		
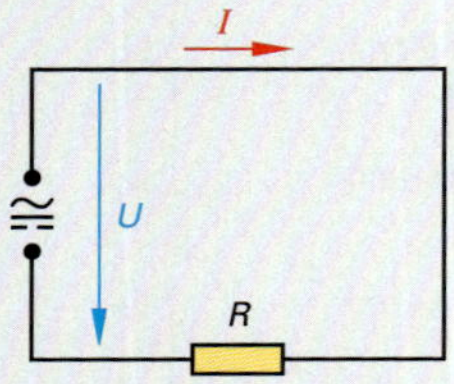 	$P = U \cdot I$ $U = \frac{P}{I}$ $I = \frac{P}{U}$	P Elektrische Leistung U Spannung I Strom R Leiterwiderstand	W V A Ω
Leistungsschild bei Elektromotoren mit Gleichstrom 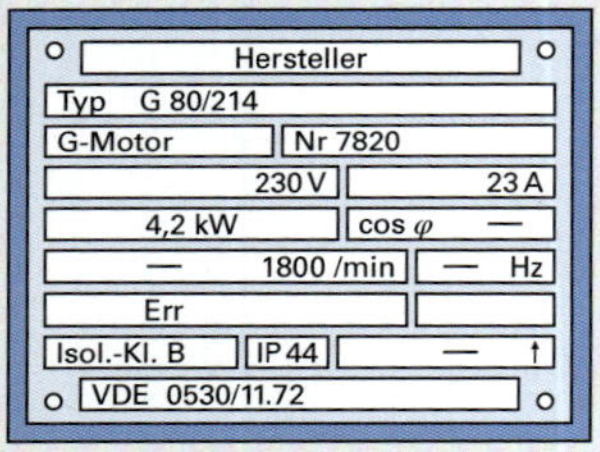 	$P = I^2 \cdot R$ $I = \sqrt{\frac{P}{R}}$ $R = \frac{P}{I^2}$		
	$P = \frac{U^2}{R}$ $U = \sqrt{P \cdot R}$ $R = \frac{U^2}{P}$	Umrechnung: $1\,W = 1\,V \cdot 1\,A$ $1\,W = 1\,\frac{N \cdot m}{s} = 1\,\frac{J}{s}$	

8.6 Elektrische Leistung bei Wechselstrom mit induktiver oder kapazitiver Belastung

Bild Grafik	Formel Gleichung	Formelzeichen Bezeichnung	Einheit
Induktive und kapazitive Belastung bei Wechselstrom	Bei Wechselstrom ist die elektrische Leistung kleiner als mit Ohmscher Belastung. Die Leistungsminderung wird durch den Leistungsfaktor $\cos\varphi$ berücksichtigt.		
	$P = U \cdot I \cdot \cos\varphi$	P Elektrische Leistung	W
	$U = \frac{P}{I \cdot \cos\varphi}$	U Spannung	V
	$I = \frac{P}{U \cdot \cos\varphi}$	I Strom	A
	$\cos\varphi = \frac{P}{U \cdot I}$	$\cos\varphi$ Leistungsfaktor	–

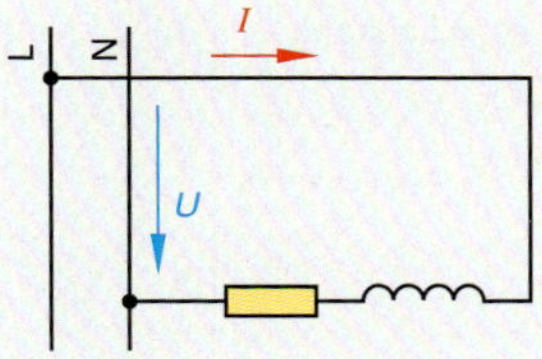

Leistungsschild bei Wechselstrom

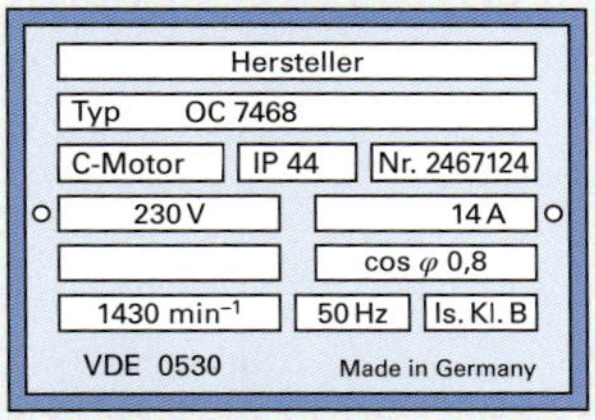

8.7 Elektrische Leistung bei Drehstrom

Bild Grafik	Formel Gleichung	Formelzeichen Bezeichnung	Einheit
Drehstrom	Bei Drehstrom wird in jedem der drei Leiter eine Wechselstromleistung erzeugt, die mit dem Verkettungsfaktor $\sqrt{3}$ berücksichtigt wird.		
	$P = \sqrt{3} \cdot U \cdot I \cdot \cos\varphi$	P Elektrische Leistung	W
	$U = \frac{P}{\sqrt{3} \cdot I \cdot \cos\varphi}$	U Spannung	V
	$I = \frac{P}{\sqrt{3} \cdot U \cdot \cos\varphi}$	I Strom	A
	$\cos\varphi = \frac{P}{\sqrt{3} \cdot U \cdot I}$	$\cos\varphi$ Leistungsfaktor	–
		$\sqrt{3}$ Verkettungsfaktor	–

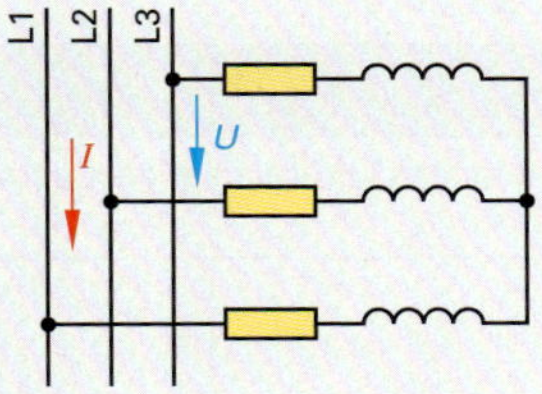

Leistungsschild bei Elektromotoren mit Drehstrom

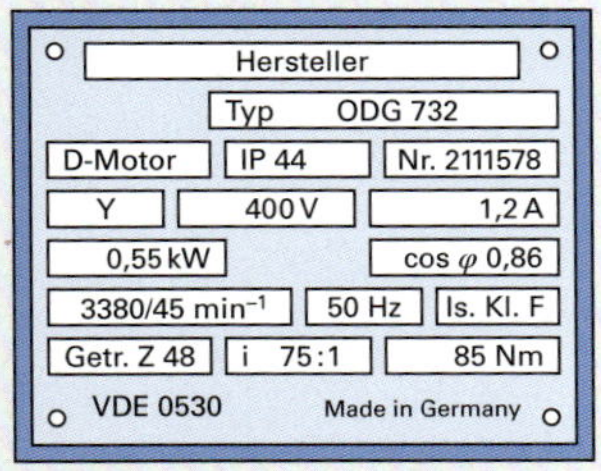

8.8 Elektrische Arbeit

Bild Grafik	Formel Gleichung	Formelzeichen Bezeichnung	Einheit
Stromzähler	Die elektrische Arbeit *W* ist das Produkt aus der elektrischen Leistung *P* und der Zeit *t*.		
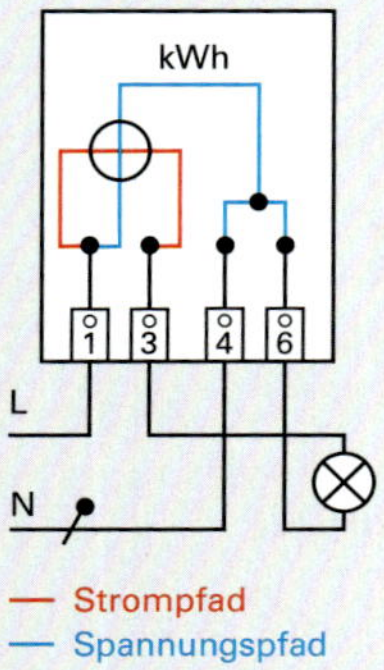	$W = P \cdot t$ $P = \frac{W}{t}$ $t = \frac{W}{P}$ $W = U \cdot I \cdot t$ $U = \frac{W}{I \cdot t}$ $I = \frac{W}{U \cdot t}$ $t = \frac{W}{U \cdot I}$	*W* Elektrische Arbeit *P* Elektrische Leistung *U* Spannung *I* Strom *t* Zeit (Einschaltdauer)	W · h; W · s W V A h; s
		Umrechnung: 1 kWh = 1000 Wh = 3600000 Ws = 3600000 J 1 W · s = 1 J = 1 N · m 1 kW · h = 3600 kJ 1 kW · h = $3{,}6 \cdot 10^6$ J	

8.9 Energiekosten

Bild Grafik	Formel Gleichung	Formelzeichen Bezeichnung	Einheit
Stromzähler	Die Energie-Versorgungs-Unternehmer (EVU) berechnen dem Verbraucher die Kosten der entnommenen Arbeit.		
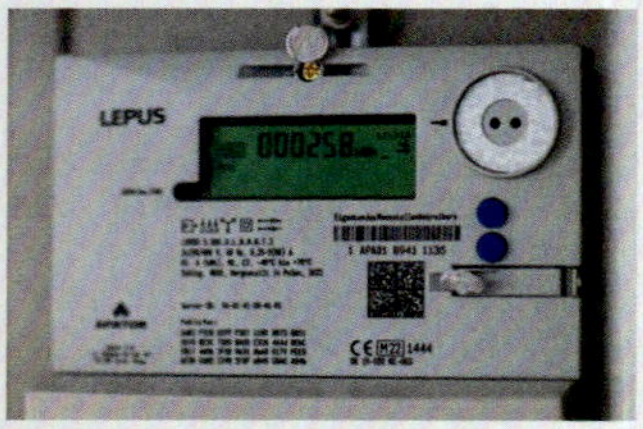 © M. Schoeffler – stock.adobe.com	$K = W \cdot K_P$ $W = \frac{K}{K_P}$ $K_P = \frac{K}{W}$	*K* Kosten *W* Elektrische Arbeit K_P Verbraucherpreis	€ W · h; W · s $\frac{€}{kW \cdot h}$

8.10 Transformator

Bild / Grafik	Formel / Gleichung	Formelzeichen / Bezeichnung	Einheit

Aufbau eines Transformators

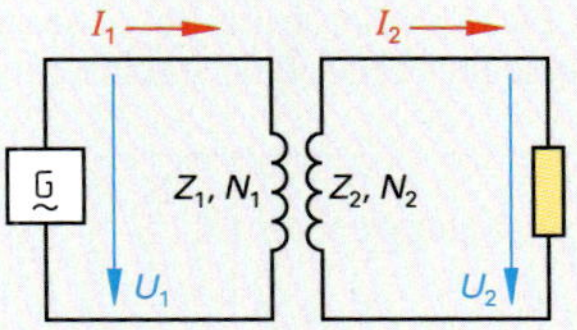

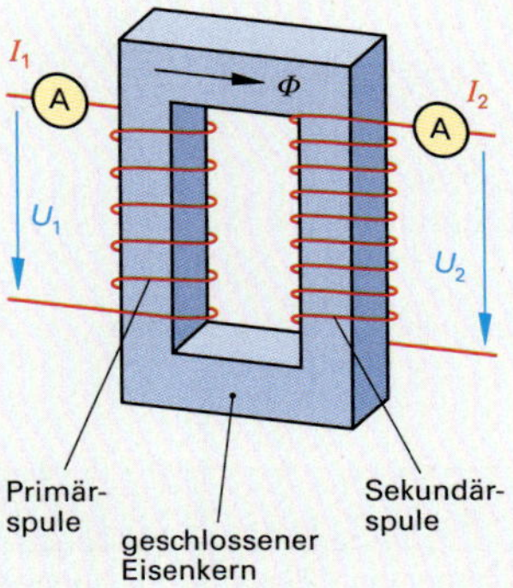

Wechselspannung kann mit einem Transformator von niedriger Spannung auf hohe Spannung und umgekehrt umgeformt werden. Der Transformator besteht aus einer Primär- und einer Sekundärspule auf einem geschlossenen Eisenkern.

Spannungen

$$\frac{U_1}{U_2} = \frac{N_1}{N_2}$$

$$U_1 = U_2 \cdot \frac{N_1}{N_2}$$

$$U_2 = U_1 \cdot \frac{N_2}{N_1}$$

$$N_1 = N_2 \cdot \frac{U_1}{U_2}$$

$$N_2 = N_1 \cdot \frac{U_2}{U_1}$$

Ströme

$$\frac{I_1}{I_2} = \frac{N_2}{N_1}$$

$$I_1 = I_2 \cdot \frac{N_2}{N_1}$$

$$I_2 = I_1 \cdot \frac{N_1}{N_2}$$

$$N_1 = N_2 \cdot \frac{I_2}{I_1}$$

$$N_2 = N_1 \cdot \frac{I_1}{I_2}$$

Übersetzungsverhältnis

$$ü = \frac{U_1}{U_2}$$

$$U_1 = ü \cdot U_2$$

$$U_2 = \frac{U_1}{ü}$$

Formelzeichen	Bezeichnung	Einheit
U_1	Primärspannung Eingangsspannung	V
U_2	Sekundärspannung Ausgangsspannung	V
N_1	Windungszahl der Primärspule	–
N_2	Windungszahl der Sekundärspule	–
I_1	Primärstrom Eingangsstrom	A
I_2	Sekundärstrom Ausgangsstrom	A
$ü$	Übersetzungsverhältnis	–

9.1 Betriebskosten

Bild / Grafik	Formel / Gleichung	Formelzeichen / Bezeichnung	Einheit

9.1.1 Einzelkosten

Übersicht verschiedener Kostenarten

A Kostenartenrechnung	**B** Kostenstellenrechnung	**C** Kostenträgerrechnung
• Material • Personal • Fremdleistungen • ...	• Fertigung • Lager • Konstruktion • Verwaltung • ...	• Produkt • Stück • Dienstleistung • ...

Schmiedeteil Gitterfüllung

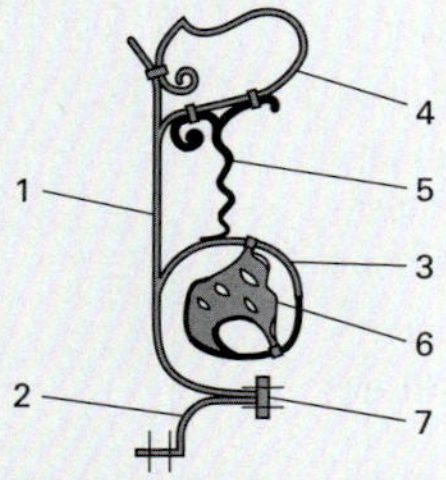

Im Betrieb fallen an verschiedenen Stellen Kosten an. Diese werden in drei Bereiche eingeteilt und errechnet. Man unterscheidet: **A** was verursacht Kosten, **B** wo treten Kosten auf und **C** von wem werden die Kosten getragen.

$$MEK = m_M \cdot K_M$$

$$m_M = \frac{MEK}{K_M}$$

$$K_M = \frac{MEK}{m_M}$$

$$FLK = n_h \cdot LK$$

$$n_h = \frac{FLK}{LK}$$

$$LK = \frac{FLK}{n_h}$$

Formelzeichen	Bezeichnung	Einheit
MEK	Material-Einzelkosten	€
m_M	verbrauchtes Material	kg
K_M	Materialpreis	€/kg
FLK	Fertigungslohnkosten	€
n_h	Anzahl der Arbeitsstunden	
LK	Stundenlohn	€

9.1.2 Gemeinkostenzuschlagssätze

Beispiel für Betriebsabrechnungsbogen

Tabelle 1: Betriebsabrechnungsbogen

Zeile	Kostenarten	Fertigung	Materialbereich	Verwaltung	Vertrieb
1	Fertigungslöhne	40980,–	–	–	–
2	Fertigungsmaterial	–	122715,–	–	–
3	Hilfslöhne	8103,–	1202,6	–	2410,–
4	Gehälter	4474,–	3580,–	15850,–	9715,–
5	Gesetzl. Sozialstg.	9782,–	956,–	3487,–	2666,–
26	Gemeinkostensumme	64956,–	12765,–	28950,–	27800,–
27	Zuschlagssätze	FGKZ?	MGKZ?	VwGKZ?	VtGKZ?

Die Kostenstellenrechnung liefert Zuschlagssätze, die für die Kalkulation die entsprechenden Zuschläge ergeben. Zur Berechnung der Zuschlagssätze werden die jeweiligen Summen einem Betriebsabrechnungsbogen für einen festgelegten Abrechnungszeitraum entnommen.

$$FGKZ = \frac{\sum FGK \cdot 100\,\%}{\sum FLK}$$

$$\sum FGK = \frac{\sum FLK \cdot FGKZ}{100\,\%}$$

$$\sum FLK = \frac{\sum FGK \cdot 100\,\%}{FGKZ}$$

$$MGKZ = \frac{\sum MGK \cdot 100\,\%}{MEK}$$

$$\sum MGK = \frac{MGKZ \cdot MEK}{100\,\%}$$

$$MEK = \frac{\sum MGK \cdot 100\,\%}{MGKZ}$$

$$VwGKZ = \frac{\sum VwGK \cdot 100\,\%}{\sum HK}$$

$$\sum VwGK = \frac{\sum HK \cdot VwGKZ}{100\,\%}$$

$$\sum HK = \frac{\sum VwGK \cdot 100\,\%}{VwGKZ}$$

Formelzeichen	Bezeichnung	Einheit
$FGKZ$	Fertigungsgemeinkostenzuschlag	%
FGK	Fertigungsgemeinkosten	€
FLK	Fertigungslohnkosten	€
$MGKZ$	Materialgemeinkostenzuschlag	%
MGK	Materialgemeinkosten	€
MEK	Materialeinzelkosten (Lagerbestand)	€
$VwGKZ$	Verwaltungsgemeinkostenzuschlag	%
$VwGK$	Verwaltungsgemeinkosten	€
HK	Herstellkosten	€

Betriebskosten (Fortsetzung)

Bild Grafik	Formel Gleichung	Formelzeichen Bezeichnung	Einheit

9.1.3 Herstellkosten und Selbstkosten

Fertigung, Werkstatt

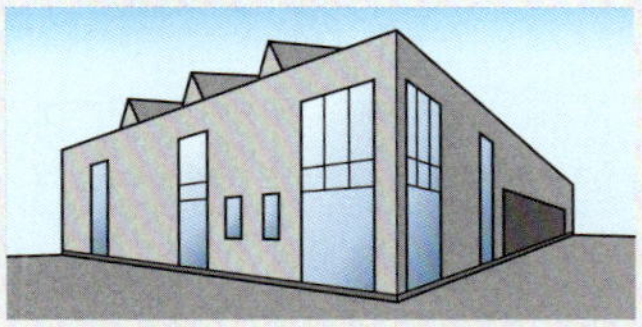

Material, Normteile, Lager

Verwaltung, Büro, Verkauf

Einfache Zuschlagskalkulation

Bei der einfachen Zuschlagskalkulation (im Handwerk gebräuchlich) werden alle Gemeinkosten mit einem einzigen Zuschlagssatz einer Kostengröße zugerechnet. Bei lohnintensiven Betrieben erfolgt der Zuschlag auf die Fertigungslöhne, bei materialintensiven Produktionen auf das Fertigungmaterial.

Lohnintensive Fertigung

$$GK = FLK \cdot GKZ$$

$$FLK = \frac{GK}{FLK}$$

$$FLK = \frac{GK}{GKZ}$$

Materialintensive Fertigung

$$GK = MK \cdot GKZ$$

$$MK = \frac{GK}{GKZ}$$

$$GKZ = \frac{GK}{MK}$$

$$HK = MEK + FLK + GK$$

$$MEK = HK - FLK - GK$$

$$FLK = HK - MEK - GK$$

$$GK = HK - MEK - FLK$$

Formelzeichen	Bezeichnung	Einheit
GK	Gemeinkostensatz	€
FLK	Fertigungslohnkosten	€
GKZ	Gemeinkosten-zuschlag	%
MK	Materialkosten	€
HK	Herstellkosten	€
MEK	Materialeinzelkosten	€

Differenzierte Zuschlagskalkulation

Bei der differenzierten Zuschlagskalkulation werden die Gemeinkosten auf die einzelnen Posten aufgeteilt. Die Gemeinkosten-Zuschlagssätze werden aus dem Betriebs-Abrechnungsbogen ermittelt.

Schema des Berechnungsweges

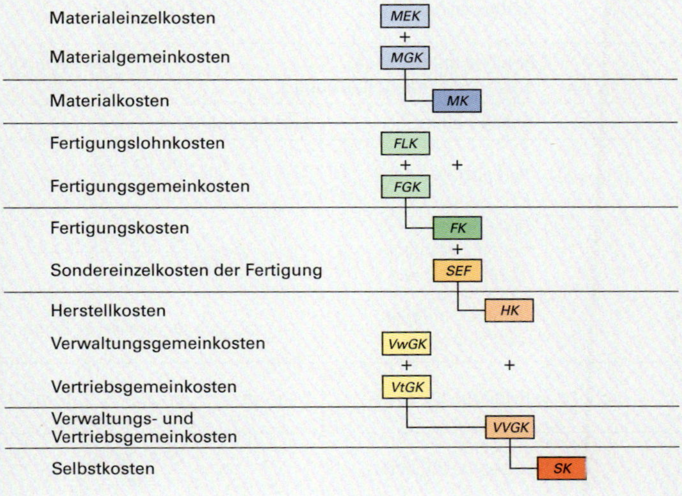

$$SK = HK + VVGK$$

$$VVGK = VwGK + VtGK$$

$$HK = FK + SEF$$

$$FK = FLK + FGK$$

$$MK = MEK + MGK$$

10.1 Umstellen von Formeln

Steht die zu berechnende Größe in einer Formel nicht allein auf einer Seite, so muss die Formel umgestellt werden. Hier gelten die gleichen Regeln wie beim Lösen von Gleichungen. Damit der Aussagewert zwischen der linken und der rechten Formelseite **(Bild 1)** erhalten bleibt, gilt für alle Schritte einer Umstellung:

Veränderung auf der linken Formelseite = Veränderung auf der rechten Formelseite

Bei der Umstellung kann jeder Schritt rechts von der Formel angegeben werden, z. B.

$| \cdot b$ → beide Formelseiten werden mit dem Faktor b multipliziert.

$| : A$ → beide Formelseiten werden durch A dividiert.

Die Umstellung wichtiger Formelarten zeigen folgende Beispiele.

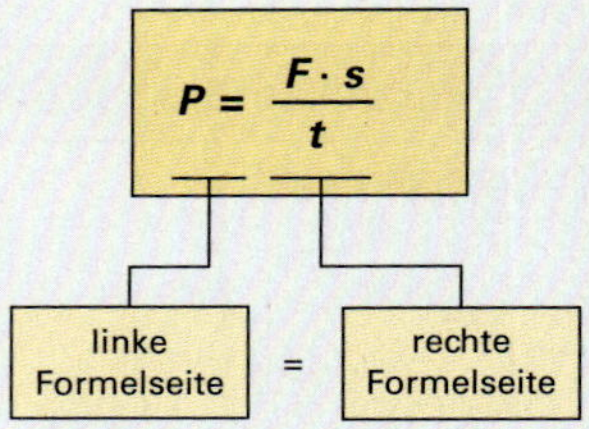

Bild 1: Formel

Umstellung wichtiger Formelarten

Formeln mit Summen: z. B.: Formel umstellen nach l_1 $\qquad L = l_1 + l_2$

Beschreibung	Lösungsschritt
l_2 subtrahieren	$L = l_1 + l_2 \qquad \mid - l_2$
auf beiden Seiten subtrahieren	$L - l_2 = l_1 + l_2 - l_2$ $L - l_2 = l_1$
Seiten vertauschen	$\mathbf{l_1 = L - l_2}$

Formeln mit Produkten: z. B.: Formel umstellen nach b $\qquad A = l \cdot b$

Beschreibung	Lösungsschritt
dividieren durch l	$A = l \cdot b \qquad \mid : l$
auf beiden Seiten dividieren und kürzen	$\frac{A}{l} = \frac{l \cdot b}{l}$
Seiten vertauschen	$\mathbf{b = \frac{A}{l}}$

Formeln mit Brüchen: z. B.: Formel umstellen nach h $\qquad V = \frac{A \cdot h}{3}$

Beschreibung	Lösungsschritt
multiplizieren mit 3	$V = \frac{A \cdot h}{3} \qquad \mid \cdot 3$
auf beiden Seiten mit 3 multiplizieren und kürzen dividieren durch A	$V \cdot 3 = \frac{A \cdot h \cdot \cancel{3}}{\cancel{3}} \qquad \mid : A$
beide Seiten durch A dividieren und kürzen	$\frac{3 \cdot V}{A} = \frac{\cancel{A} \cdot h}{\cancel{A}}$
Seiten vertauschen	$\mathbf{h = \frac{3 \cdot V}{A}}$

Formeln mit Brüchen: z. B.: Formel umstellen nach d_1 $\qquad d_m = \frac{d_1 + d_2}{2}$

Beschreibung	Lösungsschritt
multiplizieren mit 2	$d_m = \frac{d_1 + d_2}{2} \qquad \mid \cdot 2$
auf beiden Seiten mit 2 multiplizieren und kürzen d_2 subtrahieren	$2 \cdot d_m = \frac{(d_1 + d_2)}{\cancel{2}} \cdot \cancel{2} \qquad \mid - d_2$
auf beiden Seiten d_2 subtrahieren	$2 \cdot d_m - d_2 = d_1 + d_2 - d_2$
Seiten vertauschen	$\mathbf{d_1 = 2 \cdot d_m - d_2}$

Formeln mit Brüchen: z. B.: Formel umstellen nach s $\qquad n = \frac{l}{l_1 + s}$

Beschreibung	Lösungsschritt
multiplizieren mit $(l_1 + s)$	$n = \frac{l}{l_1 + s} \qquad \mid \cdot (l_1 + s)$
beide Seiten mit $(l_1 + s)$ multiplizieren und kürzen	$n \cdot (l_1 + s) = \frac{l \cdot \cancel{(l_1 + s)}}{\cancel{(l_1 + s)}}$
Klammer auflösen $n \cdot l_1$ subtrahieren	$n \cdot l_1 + n \cdot s = l \qquad \mid - n \cdot l_1$
dividieren durch n	$n \cdot s = l - n \cdot l_1 \qquad \mid : n$
Ausdruck vereinfachen	$\mathbf{s = \frac{l - n \cdot l_1}{n}}$

Formeln mit Brüchen: z. B.: Formel umstellen nach z_1 $\qquad a = \frac{m \cdot (z_1 + z_2)}{2}$

Beschreibung	Lösungsschritt
multiplizieren mit 2	$a = \frac{m \cdot (z_1 + z_2)}{2} \qquad \mid \cdot 2$
beide Seiten mit 2 multiplizieren und kürzen	$2 \cdot a = \frac{m \cdot (z_1 + z_2) \cdot \cancel{2}}{\cancel{2}}$
Klammer auflösen $m \cdot z_2$ subtrahieren	$2 \cdot a = m \cdot z_1 + m \cdot z_2 \mid - m \cdot z_2$
dividieren durch m	$2 \cdot a - m \cdot z_2 = m \cdot z_1 \qquad \mid : m$
Seiten vertauschen	$\mathbf{z_1 = \frac{2 \cdot a - m \cdot z_2}{m}}$

Umstellung wichtiger Formelarten (Fortsetzung)

Formeln mit Winkelfunktionen:
z. B.: Formel umstellen nach I $\quad \boldsymbol{P = U \cdot I \cdot \cos\varphi}$

Beschreibung	Lösungsschritt
dividieren durch U	$P = U \cdot I \cdot \cos\varphi \quad \vert : U$
dividieren durch $\cos\varphi$	$\frac{P}{U} = I \cdot \cos\varphi \quad \vert : \cos\varphi$
Seiten vertauschen	$\frac{P}{U} \cdot \cos\varphi = I$
	$\boldsymbol{I = \frac{P}{U \cdot \cos\varphi}}$

Formeln mit Winkelfunktionen:
z. B.: Formel umstellen nach $\sin\alpha$ $\quad \boldsymbol{\frac{a}{\sin\alpha} = \frac{c}{\sin\gamma}}$

Beschreibung	Lösungsschritt
multiplizieren mit $\sin\alpha$ und kürzen	$\frac{a}{\sin\alpha} = \frac{c}{\sin\gamma} \quad \vert \cdot \sin\alpha$
multiplizieren mit $\sin\gamma$ und kürzen	$\frac{a \cdot \cancel{\sin\alpha}}{\cancel{\sin\alpha}} = \frac{c \cdot \sin\alpha}{\sin\gamma} \quad \vert \cdot \sin\gamma$
dividieren durch c Seitenvertauschen	$a \cdot \sin\gamma = \frac{c \cdot \sin\alpha \cdot \cancel{\sin\gamma}}{\cancel{\sin\gamma}}$ $a \cdot \sin\gamma = c \cdot \sin\alpha \quad \vert : c$
	$\boldsymbol{\sin\alpha = \frac{a \cdot \sin\gamma}{c}}$

Formeln mit Potenzen:
z. B.: Formel umstellen nach U $\quad \boldsymbol{P = \frac{U^2}{R}}$

Beschreibung	Lösungsschritt
multiplizieren mit R und kürzen	$P = \frac{U^2}{R} \quad \vert \cdot R$
radizieren Seiten vertauschen	$P \cdot R = \frac{U_2 \cdot \cancel{R}}{\cancel{R}} = U_2 \quad \vert \sqrt{\ }$
	$\boldsymbol{\sqrt{U^2} = U = \sqrt{P \cdot R}}$

Formeln mit Brüchen:
z. B.: Formel umstellen nach a $\quad \boldsymbol{c = \sqrt{a^2 + b^2}}$

Beschreibung	Lösungsschritt
quadrieren	$c = \sqrt{a^2 + b^2} \quad \vert ^2$
b^2 subtrahieren radizieren	$c^2 = \left(\sqrt{a^2 - b^2}\right)^2 = a^2 + b^2 \quad \vert - b^2$ $c^2 - b^2 = a^2 + b^2 - b^2 = a^2$ $c^2 - b^2 = a^2 \quad \vert \sqrt{\ }$
Seiten vertauschen	$\sqrt{c^2 - b^2} = \sqrt{a^2}$ $\boldsymbol{\sqrt{a^2} = a = \sqrt{c^2 - b^2}}$

Formeln, in denen die gesuchte Größe mehrfach vorkommt:
z. B.: Formel umstellen nach R_2 $\quad \boldsymbol{R = \frac{R_1 \cdot R_2}{R_1 + R_2}}$

Beschreibung	Lösungsschritt
multiplizieren mit $(R_1 + R_2)$ und kürzen	$R \cdot (R_1 + R_2) = \frac{R_1 \cdot R_2 \cdot \cancel{(R_1 + R_2)}}{\cancel{R_1 + R_2}}$ $R \cdot (R_1 + R_2) = R_1 \cdot R_2$
Klammer berechnen	$R \cdot R_1 + R \cdot R_2 = R_1 \cdot R_2$
$R \cdot R_2$ subtrahieren	$R \cdot R_2 + R \cdot R_1 - R \; R_2 = R_1 \cdot R_2 - R \cdot R_2$
R_2 ausklammern durch $(R_1 - R)$ dividieren	$R \cdot R_1 = R_2 \cdot (R_1 - R)$ $\frac{R \cdot R_1}{R_1 - R} = R_2$
Seiten vertauschen	$\boldsymbol{R_2 = \frac{R \cdot R_1}{R_1 - R}}$

Formeln mit Summe und Produkt:
z. B.: Formel umstellen nach l_2 $\quad \boldsymbol{F_B = \frac{F_1 \cdot l_1 + F_2 \cdot l_2}{l}}$

Beschreibung	Lösungsschritt
multiplizieren mit l und kürzen	$F_B = \frac{F_1 \cdot l_1 + F_2 \cdot l_2}{l} \quad \vert \cdot l$ $F_B \cdot l = \frac{(F_1 + l_1 + F_2 \cdot l_2) \cdot \cancel{l}}{\cancel{l}} \quad \vert - F_1 \cdot l_1$
$F_1 \cdot l_1$ subtrahieren	$F_B \cdot l - F_1 \cdot l_1 = F_1 \cdot l_1 + F_2 \cdot l_2 - F_1 \cdot l_1 \quad \vert : F_2$
F_2 dividieren und kürzen	$\frac{F_B \cdot l - F_1 \cdot l_1}{F_2} = \frac{\cancel{F_2} \cdot l_2}{\cancel{F_2}}$
Seiten vertauschen	$\boldsymbol{l_2 = \frac{F_B \cdot l - F_1 \cdot l_1}{F_2}}$

10.2 Stoffwerte

Stoff	Dichte bei 0 °C ϱ kg/m³	Schmelztemperatur ϑ_m °C	Siedetemperatur ϑ_b °C	Spezif. Schmelzenthalpie Δh_s kJ/kg	Wärmeleitfähigkeit bei 20 °C λ W/m · K	Mittlere spezif. Wärmekapazität bei 0 … 100 °C c kJ/kg · K	Spezif. elektr. Widerstand bei 20 °C ϱ_{eL} Ω · mm²/m	Längenausdehnungskoeffizient zwischen 0 … 100 °C α_l 1/°C o. 1/K
Feststoffe (bei 1,013 bar)								
Aluminium (Al)	2,70	659	2467	356	204	0,94	0,03	0,0000238
Antimon (Sb)	6,69	631	1637	163	22	0,21	0,39	0,0000108
Asbest	2,1…2,8	≈ 1300	–	–	–	0,81	–	–
Beryllium (Be)	1,85	1280	≈ 3000	–	165	1,02	0,04	0,0000123
Beton	1,8…2,2	–	–	–	1,1…2,3	0,88	–	0,0000100
Bismut (Bi)	9,78	271	1560	59	8,1	0,12	1,25	0,0000125
Blei (Pb)	11,34	327	1751	24	35	0,13	0,21	0,0000290
Cadmium (Cd)	8,64	321	765	54	91	0,23	0,08	0,0000300
Chrom (Cr)	7,15	1903	2642	134	69	0,46	0,13	0,0000084
Cobalt (Co)	8,9	1493	2880	268	69	0,43	0,06	0,0000127
CuAl-Legierungen	7,4…7,7	1040	2300	–	61	0,44	–	0,0000195
CuSn-Legierungen	7,4…8,9	900	2300	–	46	0,38	0,02…0,03	0,0000175
CuZn-Legierungen	8,4…8,7	900…1000	2300	167	105	0,39	0,05…0,07	0,0000185
Eis	0,92	0	100	332	2	2,09	–	0,0000510
Eisen, rein (Fe)	7,87	1536	3070	276	81	0,47	1,000	0,0000120
Eisenoxid (Rost)	4,98	1570	–	–	0,58 (pulv.)	0,67	–	–
Fette	0,92…0,94	30…175	≈ 300	–	0,21	–	–	–
Gips	2,31	1200	–	–	0,45	1,09	–	–
Glas (Quarzglas)	2,4…2,7	520…550[1]	–	–	0,79…1,00	0,83	10^{18}	0,0000090
Gold (Au)	19,32	1064	2707	67	310	0,13	0,022	0,0000142
Grafit (C)	2,26	≈ 3800	≈ 4200	–	168	0,71	8,000	0,0000078
Gusseisen	7,25	1150…1200	2500	125	58	0,50	0,6…1,6	0,0000105
Hartmetall (K 20)	14,81	> 2000	≈ 4000	–	81	0,80	–	0,0000050
Holz (lufttrocken)	0,2…0,7	–	–	–	0,06…0,17	2,1…2,9	–	≈ 0,000004[2]
Iridium (Ir)	22,56	2443	> 4350	135	59	0,13	0,053	0,0000065
Iod (I)	4,94	113	183	62	0,44	0,23	–	–
Kohlenstoff (C)	3,51	3800	–	–	–	0,52	–	0,00000118
Koks	1,6…1,9	–	–	–	0,18	0,83	–	–
Konstantan	8,89	1260	≈ 2400	–	23	0,41	0,492	0,0000152
Kork	0,1…0,3	–	–	–	0,04…0,06	1,7…2,1	–	–
Korund (Al2O3)	3,9…4,0	2050	2700	–	12…23	0,96	–	0,0000065
Kupfer (Cu)	8,96	1083	≈ 2595	213	384	0,39	0,017	0,0000168
Magnesium (Mg)	1,74	650	1120	195	172	1,04	0,044	0,0000260
Magnesium-Leg.	≈ 1,81	≈ 630	1500	–	46…139	–	–	0,0000245
Mangan (Mn)	7,43	1244	2095	251	21	0,48	0,391	0,0000230
Molybdän (Mo)	10,22	2620	4800	287	145	0,26	0,053	0,0000052
Natrium (Na)	0,97	98	890	113	126	1,30	0,040	0,0000710
Nickel (Ni)	8,91	1455	2730	306	59	0,45	0,101	0,0000130
Niob (Nb)	8,55	2468	≈ 4800	288	53	0,27	0,221	0,0000071
Phosphor, gelb (P)	1,82	44	280	21	–	0,80	–	–
Platin (Pt)	21,45	1769	4300	113	70	0,13	0,101	0,0000090
Polyurethan	1,23	–	–	–	0,024	2,09i	10^{10}	0,0001800
Polyvinylchlorid	1,38	–	–	–	0,15	0,85	10^{13}	0,0000800
Porzellan	2,3…2,5	≈ 1600	–	–	2[3]	1,22[3]	10^{12}	0,0000040
Quarz, Flint (SiO_2)	2,1…2,5	1480	2230	–	10	0,74	–	0,0000080
Schaumgummi	0,1…0,3	–	–	–	0,04…0,06	–	–	–
Schwefel (S)	2,07	113	444,6	49	0,2	0,70	–	–
Selen, rot (Se)	4,40	220	688	83	0,2	0,33	–	–
Silber (Ag)	10,49	961	2180	105	407	0,23	0,017	0,0000193
Silicium (Si)	2,33	1423	2355	1658	83	0,75	2,3 · 10^9	0,0000042
Siliciumkarbid (SiC)	3,21	zerfällt über 3000 °C in C und Si			9[4]	1,05[4]	–	–
Stahl unlegiert	7,85	≈ 1500	2500	205	48…58	0,49	0,14…0,18	0,0000119
Stahl nichtrostend	7,87	≈ 1500	–	–	14	0,51	0,700	0,0000161
Steinkohle	1,35	–	–	–	0,24	1,02	–	–
Tantal (Ta)	16,60	2996	5400	172	54	0,14	0,124	0,0000065
Titan (Ti)	4,50	1670	3280	88	16	0,47	0,081	0,0000082
Titanzink	7,14	418	905	101	109	0,4	0,06	0,0000220
Uran (U)	19,16	1133	≈ 3800	356	28	0,12	–	–
Vanadium (V)	6,12	1890	≈ 3380	343	31	0,50	0,208	–
Wolfram (W)	19,27	3390	5500	54	130	0,13	0,055	0,0000045
Zink (Zn)	7,13	420	907	101	113	0,39	0,064	0,0000290
Zinn (Sn)	7,29	232	2687	59	66	0,24	0,114	0,0000230

[1] Transformationstemperatur [2] quer zur Faser [3] bei 800 °C [4] über 100 °C

Stoffwerte Fortsetzung

Stoff	Dichte bei 0°C ϱ kg/m³	Zündtemperatur ϑ °C	Gefrier- bzw. Schmelztemperatur ϑ_m °C	Siedetemperatur ϑ_b °C	Spezif. Verdampfungswärme[1] Δh_v kJ/kg	Wärmeleitfähigkeit bei 20 °C λ W/m · K	Spezif. Wärmekapazität bei 20 °C c kJ/kg · K	Volumenausdehnungskoeffizient γ 1/°C o. 1/K
Flüssigkeiten (bei 1,013 bar)								
Diethyläther $(C_2H_5)_2O$	0,71	170	– 116	35	377	0,13	2,37	0,00160
Benzin	0,72…0,75	220	– 30…– 50	25…210	419	0,13	2,02	0,00110
Dieselkraftstoff	0,81…0,85	220	– 30	150…360	628	0,15	2,05	0,00096
Heizöl EL	≈ 0,83	220	– 10	> 175	628	0,14	2,07	0,00096
Petroleum	0,76…0,86	550	– 70	> 150	314	0,13	2,16	0,00100
Spiritus 95 %	0,81	520	– 114	78	854	0,17	2,43	0,00110
Wasser, destilliert	1,00[2]	–	0	100	2256	0,60	4,19	0,00018

[1] bei Siedetemperatur [2] bei 4°C

Gase (bei 1,013 bar)

Stoff	Dichte bei 0°C ϱ kg/m³	Dichtezahl[1] ϱ/ϱ_L	Schmelztemperatur ϑ_m °C	Siedetemperatur ϑ_b °C	Wärmeleitfähigkeit bei 20 °C λ W/m · K	Wärmeleitzahl[2] λ/λ_L	Spezifische Wärmekapazität bei 20 °C c_p[3] kJ/kg · K	c_v[4]
Acetylen (C_2H_2)	1,17	0,905	– 84	– 82	0,021	0,81	1,64	1,33
Butan (C_4H_{10})	2,70	2,088	– 135	– 1	0,016	0,62	1,70	–
Kohlenmonoxid (CO)	1,25	0,967	– 205	– 190	0,025	0,96	1,05	0,75
Kohlendioxid (CO_2)	1,98	1,531	– 57[5]	– 78	0,016	0,62	0,82	0,63
Luft (trocken)	1,29	1,0	– 220	– 191	0,026	1,00	1,01	0,72
Methan (CH_4)	0,72	0,557	– 183	– 162	0,033	1,27	2,19	1,68
Propan (C_3H_8)	2,00	1,547	– 190	– 43	0,018	0,69	1,70	–
Sauerstoff (O_2)	1,43	1,106	– 219	– 183	0,026	1,00	0,91	0,65
Wasserstoff (H_2)	0,09	0,07	– 259	– 253	0,180	6,92	14,24	10,10

[1] Dichtezahl = Dichte eines Gases ϱ geteilt durch die Dichte der Luft ϱ_L
[2] Wärmeleitzahl = Wärmeleitfähigkeit λ eines Gases geteilt durch die Wärmeleitfähigkeit λ_L der Luft
[3] bei konst. Druck [4] bei konst. Volumen [5] bei 5,3 bar

10.3 Heizwerte

Feste Brennstoffe bei Normalbedingungen: Brennstoff	Heizwert in MJ/kg	Flüssige Brennstoffe bei 25° C: Brennstoff	Heizwert in MJ/kg	Gasförmige Stoffe bei 25° C: Brennstoff	Heizwert in MJ/kg	Heizwert in MJ/m³
Luftgetrocknetes Holz	14,4 – 15,8	Benzin	40,1 – 41,8	Wasserstoff	119,97	10,78
Holzpellets	18 – 18,7	Ethanol	26,8	Gichtgas	1,5 – 2,1	2,5 – 3,3
Braunkohlebriketts	19 – 21,6	Methanol	19,9	Stadtgas	16,34	17 – 18
Steinkohle	25 – 32,7	Diesel	42,6	Erdgas	32 – 45	31 – 41
Verpackung Polyethylen	25,0 – 46,2	Biodiesel	37	Methan	50,013	35,883
Verpackung Polypropylen	42,4 – 46,4	Heizöl EL	42,6	Ethan	47,486	64,345
Schaumkunststoffe	27,3 – 38,1	Heizöl S (schwer)	40,0	Acetylen	48,222	56,493
Hausmülle	2,5 - 12	Isopropanol	30,5	Propan	46,354	93,215

1 MJ/kg = 1000 kJ/kg, 1 MJ = 0,27778 kWh, 1 kWh = 3,6 MJ

10.4 Längenbezogene Massen Rund-, Vierkantstahl

Maße *d*, *a* mm	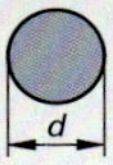	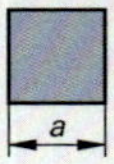	Maße *d*, *a* mm	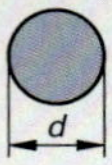	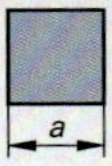	Maße *d*, *a* mm	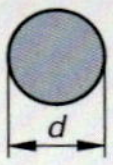	
	m' in kg/m			*m'* in kg/m			*m'* in kg/m	
8	0,395	0,502	28	4,83	6,15	50	15,4	19,6
10	0,617	0,785	30	5,55	7,07	52	16,7	–
12	0,888	1,13	31	5,92	–	55	18,7	23,7
14	1,21	1,54	32	6,31	8,4	60	22,2	28,3
16	1,58	2,01	35	7,55	9,62	65	26,0	33,2
18	2,00	2,54	37	8,44	–	70	30,2	38,5
20	2,47	3,14	38	8,90	–	75	34,7	–
22	2,98	3,80	40	9,86	12,6	80	39,5	50,2
24	3,55	4,52	42	10,9	–	90	49,9	63,6
25	3,85	4,91	44	11,9	–	100	61,7	78,5
27	4,49	–	45	12,5	15,9	110	74,6	95,0

Werkstoff: Unlegierter Baustahl nach DIN EN 10025
Bezeichnung eines warmgewalzten Rundstahles mit dem Durchmesser *d* = 20 mm aus S235JR:
Rd 20 DIN EN 10060 - S235JR

10.5 Warmgewalzter Flachstahl

Warmgewalzter Flachstahl vgl. DIN EN 10058 (2004-02)

Breite *b* in mm	Längenbezogene Masse *m* in kg/m – Dicke *s* in mm: 5	6	8	10	12	15	20	25	30	35	40	50
10	0,39	—	–	–	–	–						
12	0,47	0,57	0,75	–	–	–						
15	0,59	0,71	0,94	1,18	–	–						
16	0,63	0,75	1,00	1,26	–	–						
18	0,71	0,85	1,13	1,41	1,70	–	–	–	–	–	–	–
20	0,79	0,94	1,26	1,57	1,88	2,36	–	–	–	–	–	–
25	0,98	1,18	1,57	1,96	2,36	2,94	3,93	–	–	–	–	–
30	1,18	1,41	1,88	2,36	2,83	3,53	4,71	5,89	–	–	–	–
35	1,37	1,65	2,20	2,75	3,30	4,12	5,50	6,87	–	–	–	–
40	1,57	1,88	2,51	3,14	3,77	4,71	6,28	7,85	9,42	–	–	–
45	1,77	2,12	2,83	3,53	4,24	5,30	7,07	8,83	10,60	–	–	–
50	1,96	2,36	3,14	3,93	4,71	5,89	7,85	9,81	11,80	–	15,70	–
55	2,16	2,59	3,45	4,32	5,18	6,48	8,64	10,80	13,00			
60	2,36	2,83	3,77	4,71	5,65	7,07	9,42	11,80	14,10	16,50	18,80	23,60
65	2,55	3,06	4,08	5,10	6,12	7,65	10,20	12,80	15,30	–	20,40	–
70	2,75	3,30	4,40	5,50	6,59	8,24	11,00	13,70	16,50	19,20	22,50	27,50
75	2,94	3,53	4,71	5,89	7,07	8,83	11,80	14,70	17,70	–	–	–
80	3,14	3,77	5,02	6,28	7,54	9,42	12,60	15,70	18,80	22,00	25,10	31,40
90	3,53	4,24	5,65	7,07	8,48	10,60	14,10	17,70	21,20	24,70	28,30	35,30
100	3,93	4,71	6,28	7,85	9,42	11,00	15,70	19,60	23,60	27,50	31,40	39,30
110	–	–	6,91	8,64	10,40	13,00	17,30	21,60	25,90	–	34,50	43,20
120	–	–	7,54	9,42	11,30	14,10	18,80	23,60	28,30	–	37,70	47,10
130	–	–	8,16	10,20	12,20	15,30	20,40	25,50	30,60	–	40,80	51,00
140	–	–	8,75	11,00	13,20	16,50	22,00	27,50	33,00	–	44,00	55,00

Werkstoff: Stahlsorten nach DIN EN 10025, DIN EN10 083, DIN EN 10084 und DIN EN 10087
Bezeichnung: Warmgewalzter Flachstahl mit 40 mm Breite und 12 mm Dicke aus S235JR:
FL DIN EN 10058 – 40 × 12 – S235JR

10.6 Richtwerte zum Schweißen

Spezifischer Elektrodenbedarf z_S für V-Nähte und Kehlnähte bei Standardbedingungen
(Standardbedingungen: Elektrodenlänge 450 mm, Stummellänge 50 mm, Ausbringung 100 %)

W Wurzellage F Füllage D Decklage **Nahtform**	Blechdicke *a* mm	Spaltbreite *s* mm	Anzahl und Art der Lagen	Elektrodendurchmesser *d* mm	**Spezifischer Elektrodenbedarf z_S** Wurzel 3,2 mm Ø Elektr./m	Hauptnaht 4 mm Ø Elektr./m	 5 mm Ø Elektr./m
V-Naht, 60° 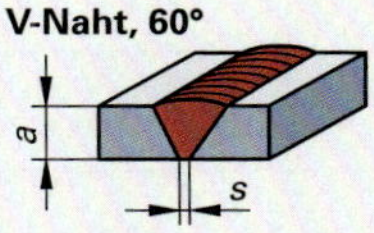	4	1	1 W, 1 D	3,2; 4	3	2	–
	5	1.5	1 W, 1D	3,2; 4	4	2,9	–
	6	2	1 W, 2 D	3,2; 4	4	4,7	–
	8	2	1 W, 1 F, 1 D	3,2; 4; 5	4	3,7	3,5
	10	2	1 W, 1 F, 1 D	3,2; 4; 5	4	4	6,2
Kehlnaht, 90°, waagerecht 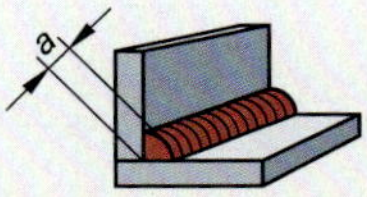	Nahtdicke *a* in mm					3,2 mm Ø	4 mm Ø
	4		1	4	–	–	3,6
	5		3	3,2	–	8,6	–
	6		3	4	–	–	8,0
					4 mm Ø	5 mm Ø	6 mm Ø
	8		1 W, 2 D	4; 5	3	7	–
	10		1 W, 4 D	4; 5	3	12,3	

Spezifische Nahtmasse *m'* von V- und Kehlnähten bei Standardbedingungen
(Elektrodenlänge 450 mm, Stummellänge 50 mm, Ausbringung 100 %)

Blechdicke *a* mm	Spaltbreite *s* mm	Nahtquerschnitt mm²	**Spezifische Nahtmasse *m'* in g/m** bei Nahtüberhöhung *h* 0 mm	 1 mm	 1,5 mm	 2 mm	 2,5 mm
V-Naht, 60°							
6	1	26,8	210	252	273	294	314
8	1,5	48,9	384	441	469	496	525
10	2,0	77,7	610	681	716	752	788
12	2,0	107,1	841	925	965	1010	1050
14	2,0	141	1110	1205	1254	1300	1345

Kehlnaht, 90°, waagrecht		bei Nahtüberhöhung *h*			
Nahtdicke *a* in mm		0 mm	0,5 mm	1 mm	1,5 mm
4	16	125,6	147	167,5	188,5
6	36	282	314	346	377
8	64	503	544	587	628
10	100	785	836	890	943

Einstellgrößen und Richtwerte für das MAG-Schweißen (Beispiele) Herstellerangaben

Werkstoffe: Unlegierte Baustähle, Schweißzusatz: Drahtelektrode ISO 14341-A – G 42 Z G3Si1,
Schutzgas ISO 14175 – M21, Schweißposition: PB(h)

Nahtform	**Nahtmaß *t*** mm	**Spaltmaß *b*** mm	**Lagenzahl**	**Drahtelektroden Ø** mm	**Schweißspannung** V	**Stromstärke** A	**Elektrodenvorschub** m/min	**Schutzgasverbrauch** l/min	**Abschmelzleistung *p*** kg/h
I-Naht 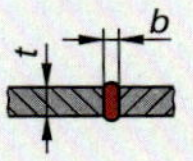	2	2	1	0,8	19	70	3,1	10	0,8
	4	4	1	1,0; 1,2	20	130	4,3	12	1,2
	6	6	2	1,2; 1,6	21	150	3,4	15	1,5
V-Naht 60° 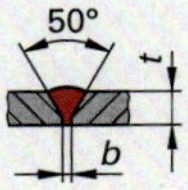	4	2	2	1,2	19	130	3,1	12	1,2
	6	2	2	1,2; 1,6	21; 26	150	3,4	15	1,5
	12	2,5	3 { 1 2	1,2 1,6 1,2 1,6	21; 26 26	150 250	3,4 7,6	17 17	1,5 3,5
	20	3	5 { 1 2 2	1,2; 1,6 1,6 1,6	21 28 33	150 320 400	3,4 5,4 7,7	20 20 20	1,5 4,5 6,4
Kehlnaht 90° 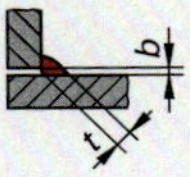	2	< 2	1	0,8	20	110	7	10	1,5
	4	< 2	1	1,0	23	220	10	10	2,5
	6	< 2	1	1,0	30	300	10	15	4,0
	8	< 2	3	1,2	30	300	10	15	4,6
	10	< 2	4	1,2	30	300	10	15	4,6

10.7 Werte zur Berechnung thermischer Verluste

Mindestwerte für Wärmedurchlasswiderstände *R* von Bauteilen vgl. DIN 4108-2 (2013-02)

Art des Bauteils	Beschreibung der Lage des Bauteils	Wärmedurchlasswiderstand *R* in $m^2 \cdot K/W$
Wände beheizter Räume	gegen Außenluft, Erdreich, Tiefgaragen, nicht beheizte Räume (auch nicht beheizte Dachräume oder nicht beheizte Kellerräume außerhalb der wärmeübertragenden Umfassungsfläche)	1,2
Dachschrägen beheizter Räume	gegen Außenluft	1,2
Decken beheizter Räume nach oben und Flachdächer		
	gegen Außenluft	1,2
	zu belüfteten Räumen zwischen Dachschrägen und Abseitenwänden bei ausgebauten Dachräumen	0,90
	zu nicht beheizten Räumen, zu bekriechbaren oder noch niedrigeren Räumen	0,90
	zu Räumen zwischen gedämmten Dachschrägen und Abseitenwänden bei ausgebauten Dachräumen	0,35
Decken beheizter Räume nach unten		
	gegen Außenluft, gegen Tiefgarage, gegen Garagen (auch beheizte), Durchfahrten (auch verschließbare) und belüftete Kriechkeller	1,75
	gegen nicht beheizten Kellerraum	0,90
	unterer Abschluss (z. B. Sohlplatte) von Aufenthaltsräumen unmittelbar an das Erdreich grenzend bis zu einer Raumtiefe von 5 m	
	über einem nicht belüfteten Hohlraum, z. B. Kriechkeller, an das Erdreich grenzend	
Bauteile an Treppenräumen		
	Wände zwischen beheiztem Raum und direkt beheiztem Treppenraum, Wände zwischen beheiztem Raum und indirekt beheiztem Treppenraum, sofern die anderen Bauteile des Treppenraums die Anforderungen der Tabelle 3 erfüllen	0,07
	Wände zwischen beheiztem Raum und indirekt beheiztem Treppenraum, wenn nicht alle anderen Bauteile des Treppenraums die Anforderungen der Tabelle 3 erfüllen.	0,25
	oberer und unterer Abschluss eines beheizten oder indirekt beheizten Treppenraumes	wie Bauteile beheizter Räume
Bauteile zwischen beheizten Räumen		
	Wohnungs- und Gebäudetrennwände zwischen beheizten Räumen	0,07
	Wohnungstrenndecken, Decken zwischen Räumen unterschiedlicher Nutzung	0,35

Werte für längenbezogene Wärmedurchgangskoeffizienten **vgl. DIN 10077-1 (2020-10)**

Rahmenwerkstoff und Bauart	Zweischeiben- oder Dreischeibenverglasung unbeschichtet, Luft- oder Gasfüllung Ψ_g in W/m · K	Zweischeiben[1]- oder Dreischeibenverglasung[2] mit niedrigem Emissionsgrad, Luft- oder Gasfüllung Ψ_g in W/m · K
Holz oder PVC	0,06	0,08
Metallrahmen mit thermischer Trennung	0,08	0,11
Metallrahmen ohne thermische Trennung	0,02	0,05

[1] Bei Zweischeibenverglasung eine beschichtete Scheibe
[2] Bei Dreischeibenverglasung zwei beschichtete Scheiben

Werte zur Berechnung thermischer Verluste (Fortsetzung)

Wärmedurchgangskoeffizienten U_w für Fenster einschließlich Rahmen vgl. DIN 10077-1 (2020-10)

Verglasung	U_g-Wert des Glases in $W/m^2 \cdot K$	U_f-Wert des Rahmens in $W/m^2 \cdot K$ bei 20 % Flächenanteil der Gesamtfenster-Fläche mit typischen Abstandshaltern												
		0,80	1,0	1,2	1,4	1,6	1,8	2,0	2,2	2,6	3,0	3,4	3,8	7,0
Einscheiben-verglasung	5,8	4,8	4,8	4,9	4,9	5,0	5,0	5,0	5,1	5,2	5,2	5,3	5,4	6,0
Zweischeiben- oder Dreischeiben-Isolier-verglasung	3,3	3,0	3,0	3,0	3,1	3,2	3,2	3,2	3,3	3,4	3,5	3,5	3,6	4,1
	3,2	2,9	2,9	3,0	3,0	3,0	3,1	3,1	3,2	3,3	3,4	3,5	3,5	4,0
	3,1	2,8	2,8	2,9	2,9	3,0	3,0	3,0	3,1	3,2	3,3	3,4	3,5	3,9
	3,0	2,7	2,8	2,8	2,8	2,9	2,9	3,0	3,1	3,1	3,2	3,3	3,4	3,9
	2,9	2,6	2,7	2,7	2,8	2,8	2,8	2,9	3,0	3,1	3,1	3,2	3,3	3,8
	2,8	2,6	2,6	2,6	2,7	2,7	2,8	2,8	2,9	3,0	3,1	3,1	3,2	3,7
	2,7	2,5	2,5	2,6	2,6	2,6	2,7	2,7	2,8	2,9	3,0	3,1	3,1	3,6
	2,6	2,4	2,4	2,5	2,5	2,6	2,6	2,6	2,7	2,6	2,9	3,0	3,1	3,5
	2,5	2,3	2,4	2,4	2,4	2,5	2,5	2,6	2,7	2,5	2,8	2,9	3,0	3,5
	2,4	2,2	2,3	2,3	2,4	2,4	2,4	2,5	2,6	2,4	2,7	2,8	2,9	3,4
	2,3	2,2	2,2	2,2	2,3	2,3	2,4	2,4	2,5	2,4	2,7	2,7	2,8	3,3
	2,2	2,1	2,1	2,2	2,2	2,2	2,3	2,3	2,4	2,3	2,6	2,7	2,7	3,2
	2,1	2,0	2,0	2,1	2,1	2,2	2,2	2,2	2,3	2,2	2,5	2,6	2,7	3,1
	2,0	2,0	2,0	2,1	2,1	2,1	2,2	2,2	2,3	2,4	2,5	2,6	2,7	3,1
	1,9	1,9	1,9	2,0	2,0	2,1	2,1	2,1	2,3	2,3	2,4	2,5	2,6	3,1
	1,8	1,8	1,9	1,9	1,9	2,0	2,0	2,1	2,2	2,3	2,3	2,4	2,5	3,0
	1,7	1,7	1,3	1,8	1,9	1,9	1,9	2,0	2,1	2,2	2,3	2,3	2,4	2,9
	1,6	1,7	1,7	1,7	1,8	1,8	1,9	1,9	2,0	2,1	2,2	2,3	2,3	2,8
	1,5	1,6	1,6	1,7	1,7	1,7	1,8	1,8	1,9	2,0	2,1	2,2	2,3	2,7
	1,4	1,5	1,5	1,6	1,6	1,7	1,7	1,7	1,9	1,9	2,0	2,1	2,2	2,7
	1,3	1,4	1,5	1,5	1,5	1,6	1,6	1,7	1,8	1,9	1,9	2,0	2,1	2,6
	1,2	1,3	1,4	1,4	1,5	1,5	1,5	1,6	1,7	1,8	1,9	1,9	2,0	2,5
	1,1	1,3	1,3	1,3	1,4	1,4	1,5	1,5	1,6	1,7	1,8	1,9	1,9	2,4
	1,0	1,2	1,2	1,3	1,3	1,3	1,4	1,4	1,5	1,6	1,7	1,8	1,9	2,3
	0,9	1,1	1,1	1,2	1,2	1,3	1,3	1,3	1,5	1,5	1,6	1,7	1,8	2,3
	0,8	1,0	1,1	1,1	1,1	1,2	1,2	1,3	1,4	1,5	1,5	1,6	1,7	2,2
	0,7	0,93	0,97	1,0	1,1	1,1	1,1	1,2	1,3	1,4	1,5	1,5	1,6	2,1
	0,6	0,85	0,89	0,93	0,97	1,0	1,1	1,1	1,2	1,3	1,4	1,5	1,5	2,0
	0,5	0,77	0,81	0,85	0,89	0,93	0,97	1,0	1,1	1,2	1,3	1,4	1,5	1,9

Die Werte sind gültig für Fenster mit:

- vertikaler Anordnung
- Fenstermaße 1,23 m · 1,48 m
- Art der Verglasung und des Rahmens

  Verglasung: $U_g \geq 2{,}1\ W/m^2 \cdot K$ unbeschichtetes Glas
  $U_g \leq 2{,}0\ W/m^2 \cdot K$ Glas niedrigen Emissionsgrades

  Rahmen: $U_f = 7{,}0\ W/m^2 \cdot K$ für Metallrahmen ohne thermische Trennung
  $2{,}2\ W/m^2 \cdot K \leq U_f \leq 3{,}8\ W/m^2 \cdot K$
  $U_f \leq 2{,}0\ W/m^2 \cdot K$ für Holz- oder PVC-Rahmen
- einem Fensterflügel

Werte zur Berechnung thermischer Verluste (Fortsetzung)

Wärmedurchgangskoeffizienten U_w für Fenster einschließlich Rahmen vgl. DIN 10077-1 (2020-10)

Verglasung	U_g-Wert des Glases in $W/m^2 \cdot K$	U_f-Wert des Rahmens in $W/m^2 \cdot K$ bei 20 % Flächenanteil der Gesamtfenster-Fläche mit thermisch verbesserten Abstandshaltern												
		0,80	1,0	1,2	1,4	1,6	1,8	2,0	2,2	2,6	3,0	3,4	3,8	7,0
Einscheibenverglasung	5,8	4,8	4,8	4,9	4,9	5,0	5,0	5,0	5,1	5,2	5,2	5,3	5,4	6,0
Zweischeiben- oder Dreischeiben-Isolierverglasung	3,3	2,9	3,0	3,0	3,1	3,1	3,1	3,2	3,2	3,3	3,4	3,5	3,6	4,1
	3,2	2,9	2,9	2,9	3,0	3,0	3,1	3,1	3,2	3,2	3,3	3,4	3,5	4,0
	3,1	2,8	2,8	2,9	2,9	2,9	3,0	30	3,1	3,2	3,2	3,3	3,4	3,9
	3,0	2,7	2,7	2,8	2,8	2,9	2,9	2,9	3,0	3,1	3,2	3,2	3,3	3,8
	2,9	2,6	2,7	2,7	2,7	2,8	2,8	2,9	2,9	3,0	3,1	3,2	3,2	3,7
	2,8	2,5	2,6	2,6	2,7	2,7	2,7	2,8	2,8	2,9	3,0	3,1	3,2	3,7
	2,7	2,5	2,5	2,5	2,6	2,6	2,7	2,7	2,8	2,8	2,9	3,0	3,1	3,6
	2,6	2,4	2,4	2,5	2,5	2,5	2,6	2,6	2,7	2,6	2,8	2,9	3,0	3,5
	2,5	2,3	2,3	2,4	2,4	2,5	2,5	2,5	2,6	2,5	2,8	2,8	2,9	3,4
	2,4	2,2	2,3	2,3	2,3	2,4	2,4	2,5	2,5	2,4	2,7	2,8	2,8	3,3
	2,3	2,1	2,2	2,2	2,3	2,3	2,3	2,4	2,4	2,4	2,6	2,7	2,8	3,3
	2,2	2,1	2,1	2,1	2,2	2,2	2,3	2,3	2,4	2,3	2,5	2,6	2,7	3,2
	2,1	2,0	2,0	2,1	2,1	2,1	2,2	2,2	2,3	2,2	2,4	2,5	2,6	3,1
	2,0	1,9	2,0	2,0	2,0	2,1	2,1	2,2	2,3	2,3	2,4	2,5	2,6	3,1
	1,9	1,8	1,9	1,9	2,0	2,0	2,0	2,1	2,2	2,3	2,3	2,5	2,5	3,0
	1,8	1,8	1,8	1,8	1,9	1,9	2,0	2,0	2,1	2,2	2,3	2,3	2,4	2,9
	1,7	1,7	1,7	1,8	1,8	1,8	1,9	1,9	2,0	2,1	2,2	2,3	2,3	2,9
	1,6	1,6	1,6	1,7	1,7	1,8	1,8	1,8	1,9	2,0	2,1	2,2	2,3	2,8
	1,5	1,5	1,6	1,6	1,6	1,7	1,7	1,8	1,9	1,9	2,0	2,1	2,2	2,7
	1,4	1,4	1,5	1,5	1,6	1,6	1,6	1,7	1,8	1,9	1,9	2,0	2,1	2,6
	1,3	1,4	1,4	1,4	1,5	1,5	1,6	1,6	1,7	1,8	1,9	1,9	2,0	2,5
	1,2	1,3	1,3	1,4	1,4	1,4	1,5	1,5	1,6	1,7	1,8	1,9	1,9	2,5
	1,1	1,2	1,2	1,3	1,3	1,4	1,4	1,4	1,5	1,6	1,7	1,8	1,9	2,4
	1,0	1,1	1,2	1,2	1,2	1,3	1,3	1,4	1,5	1,5	1,6	1,7	1,8	2,3
	0,9	1,0	1,1	1,1	1,2	1,2	1,2	1,3	1,4	1,5	1,5	1,6	1,7	2,2
	0,8	0,96	1,0	1,0	1,1	1,1	1,2	1,2	1,3	1,4	1,5	1,5	1,6	2,1
	0,7	0,88	0,92	0,96	1,0	1,0	1,1	1,1	1,2	1,3	1,4	1,5	1,5	2,1
	0,6	0,80	0,84	0,88	0,92	0,96	1,0	1,0	1,1	1,2	1,3	1,4	1,5	2,0
	0,5	0,72	0,76	0,80	0,84	0,88	0,92	0,96	1,1	1,1	1,2	1,3	1,4	1,9

Die Werte sind gültig für Fenster mit:

- vertikaler Anordnung
- Fenstermaße 1,23 m · 1,48 m
- Art der Verglasung und des Rahmens

  Verglasung: $U_g \geq 2{,}1\ W/m^2 \cdot K$ unbeschichtetes Glas
  $U_g \leq 2{,}0\ W/m^2 \cdot K$ Glas niedrigen Emissionsgrades

  Rahmen: $U_f = 7{,}0\ W/m^2 \cdot K$ für Metallrahmen ohne thermische Trennung
  $2{,}2\ W/m^2 \cdot K \leq U_f \leq 3{,}8\ W/m^2 \cdot K$
  $U_f \leq 2{,}0\ W/m^2 \cdot K$ für Holz- oder PVC-Rahmen
- einem Fensterflügel

Werte zur Berechnung thermischer Verluste (Fortsetzung)

Wärmedurchgangskoeffizienten U_w für Fenster einschließlich Rahmen vgl. DIN 10077-1 (2020-10)

Verglasung	U_g-Wert des Glases in W/m² · K	U_f-Wert des Rahmens in W/m² · K bei 30 % Flächenanteil der Gesamtfenster-Fläche mit typischen Abstandshaltern												
		0,80	1,0	1,2	1,4	1,6	1,8	2,0	2,2	2,6	3,0	3,4	3,8	7,0
Einscheiben-verglasung	5,8	4,8	4,8	4,9	4,9	5,0	5,0	5,0	5,1	5,2	5,2	5,3	5,4	6,0
Zweischeiben- oder Dreischeiben-Isolier-verglasung	3,3	2,7	2,8	2,8	2,9	2,9	3,0	3,1	3,2	3,3	3,4	3,5	3,6	4,5
	3,2	2,6	2,7	2,7	2,8	2,9	2,9	3,0	3,1	3,2	3,3	3,5	3,6	4,4
	3,1	2,6	2,6	2,7	2,7	2,8	2,9	2,9	3,0	3,1	3,3	3,4	3,5	4,3
	3,0	2,5	2,5	2,6	2,7	2,7	2,8	2,8	3,0	3,1	3,2	3,3	3,4	4,2
	2,9	2,4	2,5	2,5	2,6	2,7	2,7	2,8	2,9	3,0	3,1	3,2	3,4	4,2
	2,8	2,3	2,4	2,5	2,5	2,6	2,6	2,7	2,8	2,9	3,1	3,2	3,3	4,1
	2,7	2,3	2,3	2,4	2,5	2,5	2,6	2,6	2,7	2,9	3,0	3,1	3,2	4,0
	2,6	2,2	2,3	2,3	2,4	2,4	2,5	2,6	2,7	2,6	2,9	3,0	3,2	4,0
	2,5	2,1	2,2	2,3	2,3	2,4	2,4	2,5	2,6	2,5	2,8	3,0	3,1	3,9
	2,4	2,1	2,1	2,2	2,2	2,3	2,4	2,4	2,5	2,5	2,8	2,9	3,0	3,8
	2,3	2,0	2,1	2,1	2,2	2,2	2,3	2,4	2,5	2,4	2,7	2,8	3,0	3,8
	2,2	1,9	2,0	2,0	2,1	2,2	2,2	2,3	2,4	2,3	2,6	2,8	2,9	3,7
	2,1	1,9	1,9	2,0	2,0	2,1	2,2	2,2	2,3	2,3	2,6	2,7	2,8	3,6
	2,0	1,8	1,9	2,0	2,0	2,1	2,1	2,2	2,3	2,5	2,6	2,7	2,8	3,6
	1,9	1,8	1,8	1,9	1,9	2,0	2,1	2,1	2,3	2,4	2,5	2,5	2,7	3,6
	1,8	1,7	1,8	1,8	1,9	1,9	2,0	2,1	2,2	2,3	2,4	2,6	2,7	3,5
	1,7	1,6	1,7	1,7	1,8	1,9	1,9	2,0	2,1	2,2	2,4	2,5	2,6	3,4
	1,6	1,6	1,6	1,7	1,7	1,8	1,9	1,9	2,1	2,2	2,3	2,4	2,5	3,3
	1,5	1,5	1,5	1,6	1,7	1,7	1,8	1,8	2,0	2,1	2,2	2,3	2,5	3,3
	1,4	1,4	1,5	1,5	1,6	1,7	1,7	1,8	1,9	2,0	2,2	2,3	2,4	3,2
	1,3	1,3	1,4	1,5	1,5	1,6	1,6	1,7	1,8	2,0	2,1	2,2	2,3	3,1
	1,2	1,3	1,3	1,4	1,5	1,5	1,6	1,6	1,8	1,9	2,0	2,1	2,3	3,1
	1,1	1,2	1,3	1,3	1,4	1,4	1,5	1,6	1,7	1,8	1,9	2,1	2,2	3,0
	1,0	1,1	1,2	1,3	1,3	1,4	1,4	1,5	1,6	1,8	1,9	2,0	2,1	2,9
	0,9	1,1	1,1	1,2	1,2	1,3	1,4	1,4	1,6	1,7	1,8	1,9	2,0	2,9
	0,8	1,0	1,1	1,1	1,2	1,2	1,3	1,4	1,5	1,6	1,7	1,9	2,0	2,8
	0,7	0,93	0,99	1,0	1,1	1,2	1,2	1,3	1,4	1,5	1,7	1,8	1,9	2,7
	0,6	0,86	0,92	0,98	1,0	1,1	1,2	1,2	1,4	1,5	1,6	1,7	1,8	2,7
	0,5	0,79	0,85	0,91	0,97	1,0	1,1	1,2	1,3	1,4	1,5	1,6	1,8	2,6

Die Werte sind gültig für Fenster mit:

- vertikaler Anordnung
- Fenstermaße 1,23 m · 1,48 m
- Art der Verglasung und des Rahmens

  Verglasung: $U_g \geq 2{,}1$ W/m² · K unbeschichtetes Glas
  $U_g \leq 2{,}0$ W/m² · K Glas niedrigen Emissionsgrades

  Rahmen: $U_f = 7{,}0$ W/m² · K für Metallrahmen ohne thermische Trennung
  2,2 W/m² · K $\leq U_f \leq$ 3,8 W/m² · K
  $U_f \leq 2{,}0$ W/m² · K für Holz- oder PVC-Rahmen
- einem Fensterflügel

Werte zur Berechnung thermischer Verluste (Fortsetzung)

Wärmedurchgangskoeffizienten U_w für Fenster einschließlich Rahmen vgl. DIN 10077-1 (2020-10)

Verglasung	U_g-Wert des Glases in $W/m^2 \cdot K$	U_f-Wert des Rahmens in $W/m^2 \cdot K$ bei 30 % Flächenanteil der Gesamtfenster-Fläche mit thermisch verbesserten Abstandshaltern												
		0,80	**1,0**	**1,2**	**1,4**	**1,6**	**1,8**	**2,0**	**2,2**	**2,6**	**3,0**	**3,4**	**3,8**	**7,0**
Einscheiben-verglasung	5,8	4,8	4,8	4,9	4,9	5,0	5,0	5,0	5,1	5,2	5,2	5,3	5,4	6,0
Zweischeiben- oder Dreischeiben-Isolier-verglasung	3,3	2,7	2,7	2,8	2,9	2,9	3,0	3,0	31	3,2	3,4	3,5	3,6	4,4
	3,2	2,6	2,7	2,7	2,8	2,8	2,9	3,0	3,0	3,2	3,3	3,4	3,5	4,4
	3,1	2,5	2,6	2,7	2,7	2,8	2,8	2,9	3,0	3,1	3,2	3,3	3,5	4,3
	3,0	2,5	2,5	2,6	2,6	2,7	2,8	2,8	2,9	3,0	3,1	3,3	3,4	4,2
	2,9	2,4	2,5	2,5	2,6	2,6	2,7	2,8	2,8	3,0	3,1	3,2	3,3	4,2
	2,8	2,3	2,4	2,4	2,5	2,6	2,6	2,7	2,8	2,9	3,0	3,1	3,2	4,1
	2,7	2,3	2,3	2,4	2,4	2,5	2,6	2,6	2,7	2,8	2,9	3,1	3,2	4,0
	2,6	2,2	2,2	2,3	2,4	2,4	2,5	2,5	2,6	2,6	2,9	3,0	3,1	3,9
	2,5	2,1	2,2	2,2	2,3	2,4	2,4	2,5	2,6	2,5	2,8	2,9	3,0	3,9
	2,4	2,0	2,1	2,2	2,2	2,3	2,3	2,4	2,5	2,5	2,7	2,8	3,0	3,8
	2,3	2,0	2,0	2,1	2,2	2,2	2,3	2,3	2,4	2,4	2,7	2,8	2,9	3,7
	2,2	1,9	2,0	2,0	2,1	2,1	2,2	2,3	2,3	2,3	2,6	2,7	2,8	3,7
	2,1	1,8	1,9	2,0	2,0	2,1	2,1	2,2	2,3	2,2	2,5	2,6	2,8	3,6
	2,0	1,8	1,8	1,9	2,0	2,0	2,1	2,1	2,3	2,4	2,5	2,6	2,7	3,6
	1,9	1,7	1,8	1,8	1,9	2,0	2,0	2,1	2,2	2,3	2,4	2,5	2,7	3,5
	1,8	1,6	1,7	1,8	1,8	1,9	1,9	2,0	2,1	2,2	2,4	2,5	2,6	3,5
	1,7	1,6	1,6	1,7	1,8	1,8	1,9	1,9	2,0	2,2	2,3	2,4	2,5	3,4
	1,6	1,5	1,6	1,6	1,7	1,7	1,8	1,9	2,0	2,1	2,2	2,3	2,5	3,3
	1,5	1,4	1,5	1,6	1,6	1,7	1,7	1,8	1,9	2,0	2,1	2,3	2,4	3,2
	1,4	1,4	1,4	1,5	1,5	1,6	1,7	1,7	1,8	2,0	2,1	2,2	2,3	3,2
	1,3	1,3	1,4	1,4	1,5	1,5	1,6	1,7	1,8	1,9	2,0	2,1	2,2	3,1
	1,2	1,2	1,3	1,3	1,4	1,5	1,5	1,6	1,7	1,8	1,9	2,1	2,2	3,0
	1,1	1,2	1,2	1,3	1,3	1,4	1,5	1,5	1,6	1,7	1,9	2,0	2,1	3,0
	1,0	1,1	1,1	1,2	1,3	1,3	1,4	1,4	1,6	1,7	1,8	1,9	2,0	2,9
	0,9	1,0	1,1	1,1	1,2	1,3	1,3	1,4	1,5	1,6	1,7	1,8	2,0	2,8
	0,8	0,95	1,0	1,1	1,1	1,2	1,2	1,3	1,4	1,5	1,7	1,8	1,9	2,8
	0,7	0,88	0,94	1,0	1,1	1,1	1,2	1,2	1,3	1,5	1,6	1,7	1,8	2,7
	0,6	0,81	0,87	0,93	0,99	1,0	1,1	1,2	1,3	1,4	1,5	1,6	1,8	2,6
	0,5	0,74	0,80	0,86	0,92	0,98	1,0	1,1	1,2	1,3	1,4	1,6	1,7	2,5

Die Werte sind gültig für Fenster mit:

- vertikaler Anordnung
- Fenstermaße 1,23 m · 1,48 m
- Art der Verglasung und des Rahmens

  Verglasung: $U_g \geq 2{,}1\ W/m^2 \cdot K$ unbeschichtetes Glas
  $U_g \leq 2{,}0\ W/m^2 \cdot K$ Glas niedrigen Emissionsgrades

  Rahmen: $U_f = 7{,}0\ W/m^2 \cdot K$ für Metallrahmen ohne thermische Trennung
  $2{,}2\ W/m^2 \cdot K \leq U_f \leq 3{,}8\ W/m^2 \cdot K$
  $U_f \leq 2{,}0\ W/m^2 \cdot K$ für Holz- oder PVC-Rahmen
- einem Fensterflügel

10.8 Richtwerte zum Trennen

Richtwerte für das Bohren

Herstellerangaben

Werkstoff des Werkstücks	mit Zugfestigkeit in N/mm²	Schnittgeschwindigkeit v_c in m/min		Vorschub *f* in mm je Bohrerumdrehung für folgende Bohrerdurchmesser in mm: 2,5	4	6	10	16	25	40	63	Kühlschmierstoff
Mit Spiralbohrer aus Schnellarbeitsstahl HSS, beschichtet												
Unlegierte Baustähle	bis 500	30 … 40		0,05	0,10	0,12	0,20	0,25	0,40	0,5	–	Kühlschmieremulsion
	500 … 800	25 … 35		0,03	0,06	0,08	0,12	0,16	0,25	0,3	–	
Unleg. Werkz.-Stahl	bis 800	20 … 30		0,02	0,04	0,05	0,08	0,10	0,16	0,2	–	
Leg. Werkz.-Stahl	700 … 900	10 … 15		0,02	0,04	0,05	0,08	0,10	0,16	0,2	–	
Nichtrostende Stähle		3 … 8		0,02	0,04	0,05	0,08	0,12	0,16	0,2	–	
Gusseisen	bis 250 HB	15 … 25		0,05	0,08	0,10	0,16	0,20	0,30	0,4	–	Druckluft
	über 250 HB	5 … 15		0,03	0,06	0,08	0,12	0,16	0,25	0,3	–	
Al-Legierungen		40 … 65		0,05	0,12	0,20	0,28	0,38	0,50	0,6	–	Emulsion
CuZn-Legierungen, kurzspanend		60 … 80		0,05	0,12	0,20	0,28	0,38	0,50	0,6	–	Druckluft
Mit Voll-Hartmetall-Spiralbohrer[1)] oder mit Spiralbohrer mit Hartmetall-Wendeschneidplatten[2)]												
Unleg. Baustähle	über 500	40 … 80[1)]	150 … 350[2)]	0,03[1)]	0,03[1)]	0,04[1)]	0,04[1)]	0,04[1)]	0,06[2)]	0,08[2)]	0,12[2)]	Kühlschmieremulsion
Legierte Stähle	bis 800	60 … 80[1)]	120 … 300[2)]	0,02[1)]	0,03[1)]	0,04[1)]	0,04[1)]	0,05[1)]	0,07[2)]	0,10[2)]	0,14[2)]	
	über 800	50 … 80[1)]	100 … 250[2)]	0,02[1)]	0,02[1)]	0,03[1)]	0,03[1)]	0,03[1)]	0,08[2)]	0,12[2)]	0,18[2)]	
Nichtrostende Stähle		25 … 45[1)]	120 … 300[2)]	0,01[1)]	0,01[1)]	0,015[1)]	0,02[1)]	0,03[1)]	0,04[2)]	0,06[2)]	0,1[2)]	
Gusseisen	bis 220 HB	80 … 120[1)]	80 … 140[2)]	0,03[1)]	0,04[1)]	0,04[1)]	0,05[1)]	0,08[1)]	0,15[2)]	0,01 … 0,04[2)]		Druckluft
	über 220 HB	70 … 100[1)]	70 … 130[2)]	0,02[1)]	0,03[1)]	0,03[1)]	0,04[1)]	0,05[1)]	0,08[2)]			
Al-Legierungen		100 … 200[1)]	–	0,125[1)]	0,20[1)]	0,25[1)]	0,40[1)]	0,50[1)]	0,80[1)]	1,0[1)]	1,6[1)]	Emulsion

1) Richtwerte für Voll-Hartmetall-Spiralbohrer, beschichtet 2) Richtwerte für Spiralbohrer mit Hartmetall-Wendeschneidplatten

Sägen

Sägen mit der Bügelsägemaschine

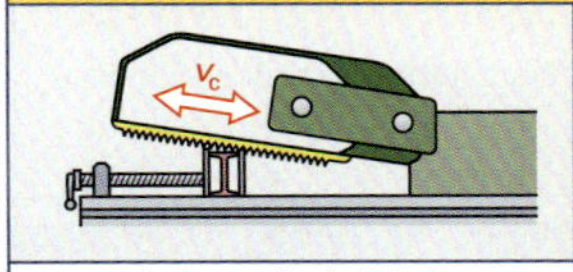

v_c Schnittgeschwindigkeit

Schnittwerte: Werkstoff des Werkstücks	Schnittgeschwindigkeit m/min	Hubfrequenz Hübe/min	Herstellerangaben
Unlegierte Baustähle	25 … 35	80 … 100	Angaben zur Schnittflächenleistung und Standzeit können nicht gemacht werden. Sie sind von der Sägeblattgröße und der Maschinenleistung abhängig.
Nichtrostende Stähle	16 … 24	40 … 60	
Al-Legierungen	40 … 60	80 … 120	

Sägen mit der Kreissäge

Herstellerangaben

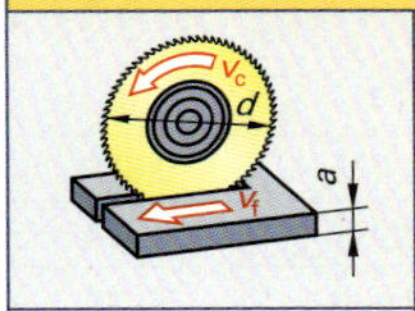

Drehfrequenz $n = \frac{v_c}{\pi \cdot d}$

v_c Schnittgeschw.
a Schnitttiefe
v_f Vorschubgeschw.

Schnittwerte für das Sägen mit Schnellarbeitsstahl-Kreissägeblatt

Werkstoff des Werkstücks	Schnittgeschwindigkeit v_c in m/min	Vorschubgeschwindigkeit v_f in mm/min	Vorschub pro Zahn mm/Zahn	Standzeitfläche m²
Unlegierte Baustähle	20 … 40	100 … 250	≈ 0,06	Die Standzeiten hängen sehr stark von der Qualität der HS-Sägeblätter ab.
Unlegierte Baustähle, Vergütungsstähle	20 … 30 15 … 25	80 … 200	≈ 0,06	
Werkzeugstähle	10 … 20	60 … 120	≈ 0,05	
Nichtrostende Stähle	7 … 15	30 … 90	≈ 0,04	
Al-Legierungen	500 … 1000	400 … 2000	≈ 0,05 … 0,1	
Cu-Legierungen	150 … 400	300 … 1000	≈ 0,05 … 0,1	

Sägen mit der Bandsäge

Herstellerangaben

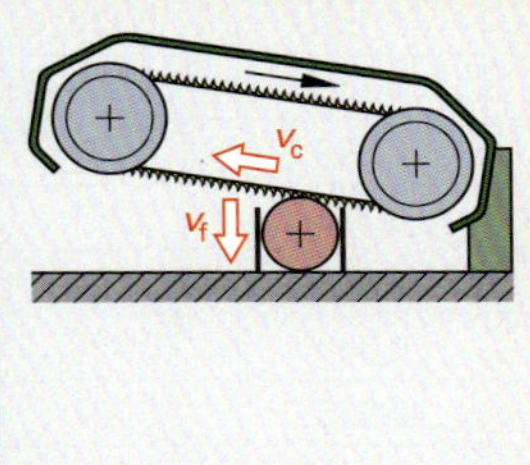

v_f Vorschubgeschwindigkeit
v_c Schnittgeschwindigkeit

Schnittwerte für das Bandsägen mit HS-Sägeband (Bimetall-Sägeband)

Werkstoff des Werkstücks	Vorschubgeschwindigkeit mm/min ⌀ 100 mm	Vorschubgeschwindigkeit mm/min ⌀ 200 mm	Schnittgeschwindigkeit v_c m/min	Schnittflächenleistung P_S ⌀ 100 mm cm²/min	Standzeitfläche m²
Unlegierte Baustähle R_m < 500 N/mm²	63 … 95	32 … 50	85 … 95	50 … 75	7
Baustähle, Vergütungsstähle R_m < 750 N/mm²	51 … 70	25 … 35	65 … 85	40 … 55	6
Werkzeugstähle	25 … 42	13 … 21	40 … 45	20 … 33	5
Nichtrostende Stähle	15 … 19	8 … 10	25	12 … 15	5
Al- und Cu-Legierungen	140 … 160	70 … 77	100 … 500	110 … 120	10

10.9 Richtwerte zur Reibung

Reibungszahlen (Richtwerte)[1]

Werkstoffpaarung	Anwendungsbeispiel	Haftreibungszahl μ trocken	Haftreibungszahl μ geschmiert	Gleitreibungszahl μ trocken	Gleitreibungszahl μ geschmiert
Stahl/Stahl	Bremsbacke an Stahlschiene	0,25	0,10	0,15	0,10 ... 0,05
Stahl/Gusseisen	Maschinenführung	0,20	0,10	0,18	0,10 ... 0,05
Stahl/Cu-Sn-Legierung	Welle in Massivgleitlager	0,20	0,10	0,10	0,06 ... 0,03[2]
Stahl/Pb-Sn-Legierung	Welle in Verbundgleitlager	0,15	0,10	0,10	0,05 ... 0,03[2]
Stahl/Polyamid	Welle in PA-Gleitlager	0,30	0,15	0,30	0,12 ... 0,03[2]
Stahl/PTFE	Tieftemperaturlager	0,04	0,04	0,04	0,04[3]
Stahl/Reibbelag	Backenbremse	0,60	0,30	0,55	0,3 ... 0,2
Stahl/Holz	Bauteil auf Montagebock	0,55	0,10	0,35	0,05
Holz/Holz	Unterleghölzer	0,50	0,20	0,30	0,10
Gusseisen/Cu-Sn-Legierung	Einstellleiste an Führung	0,25	0,16	0,20	0,10
Gummi/Gusseisen	Riemen auf Riemenscheibe	0,50	–	0,45	–
Walzkörper/Stahl	Wälzlager[3], Wälzfürung[3]	–	–	–	0,003 ... 0,001

Rollreibungszahlen (Richtwerte)[4]

Werkstoffpaarung	Anwendungsbeispiel	Reibungszahl *f* in mm
Stahl/Stahl	Stahlrad auf Führungsschiene	0,5
Kunststoff/Beton	Transportrollen auf Hallenboden	5
Gummi/Asphalt	Autoreifen auf Straße	8

[1] Die Richtwerte der Reibungszahlen stellen lediglich Tendenzen dar und unterliegen insbesondere bei der Haftreibung großen Schwankungen. Verlässliche Reibzahlen können nur anwendungsspezifische Versuche liefern.
[2] Mit zunehmender Gleitgeschwindigkeit und sich einstellender Misch- und Flüssigkeitsreibung verliert die Werkstoffpaarung ihren Einfluss.
[3] Berechnung erfolgt trotz rollender Bewegung üblicherweise wie bei Haft- bzw. Gleitreibung.
[4] Angaben zu Rollreibungszahlen schwanken in der Fachliteratur z. T. beträchtlich.

10.10 Richtwerte zur Pneumatik

Spezifischer Luftverbrauch *q* in l/cm Kolbenhub

D in mm	Druckbeaufschlagung	Betriebsdruck p_e in bar: 3	4	5	6	7	8
20	kolbenseitig	0,013	0,016	0,019	0,022	0,025	0,029
	stangenseitig	0,011	0,014	0,016	0,019	0,021	0,024
25	kolbenseitig	0,021	0,025	0,029	0,035	0,039	0,044
	stangenseitig	0,017	0,021	0,025	0,029	0,033	0,038
32	kolbenseitig	0,032	0,040	0,048	0,056	0,064	0,072
	stangenseitig	0,028	0,035	0,042	0,049	0,056	0,062
40	kolbenseitig	0,050	0,063	0,075	0,088	0,100	0,113
	stangenseitig	0,043	0,053	0,064	0,074	0,085	0,091
50	kolbenseitig	0,078	0,098	0,118	0,137	0,157	0,177
	stangenseitig	0,066	0,083	0,100	0,116	0,132	0,149
63	kolbenseitig	0,125	0,156	0,187	0,218	0,250	0,281
	stangenseitig	0,113	0,141	0,160	0,197	0,225	0,253
80	kolbenseitig	0,201	0,253	0,302	0,352	0,403	0,453
	stangenseitig	0,182	0,227	0,272	0,318	0,364	0,408
100	kolbenseitig	0,315	0,393	0,471	0,550	0,628	0,707
	stangenseitig	0,294	0,366	0,440	0,516	0,585	0,658

Bei einfachwirkenden Zylindern ist der spezifische Luftverbrauch *q* aus der Zeile „kolbenseitig" zu entnehmen.